SILVER SURFER

REQUIEM

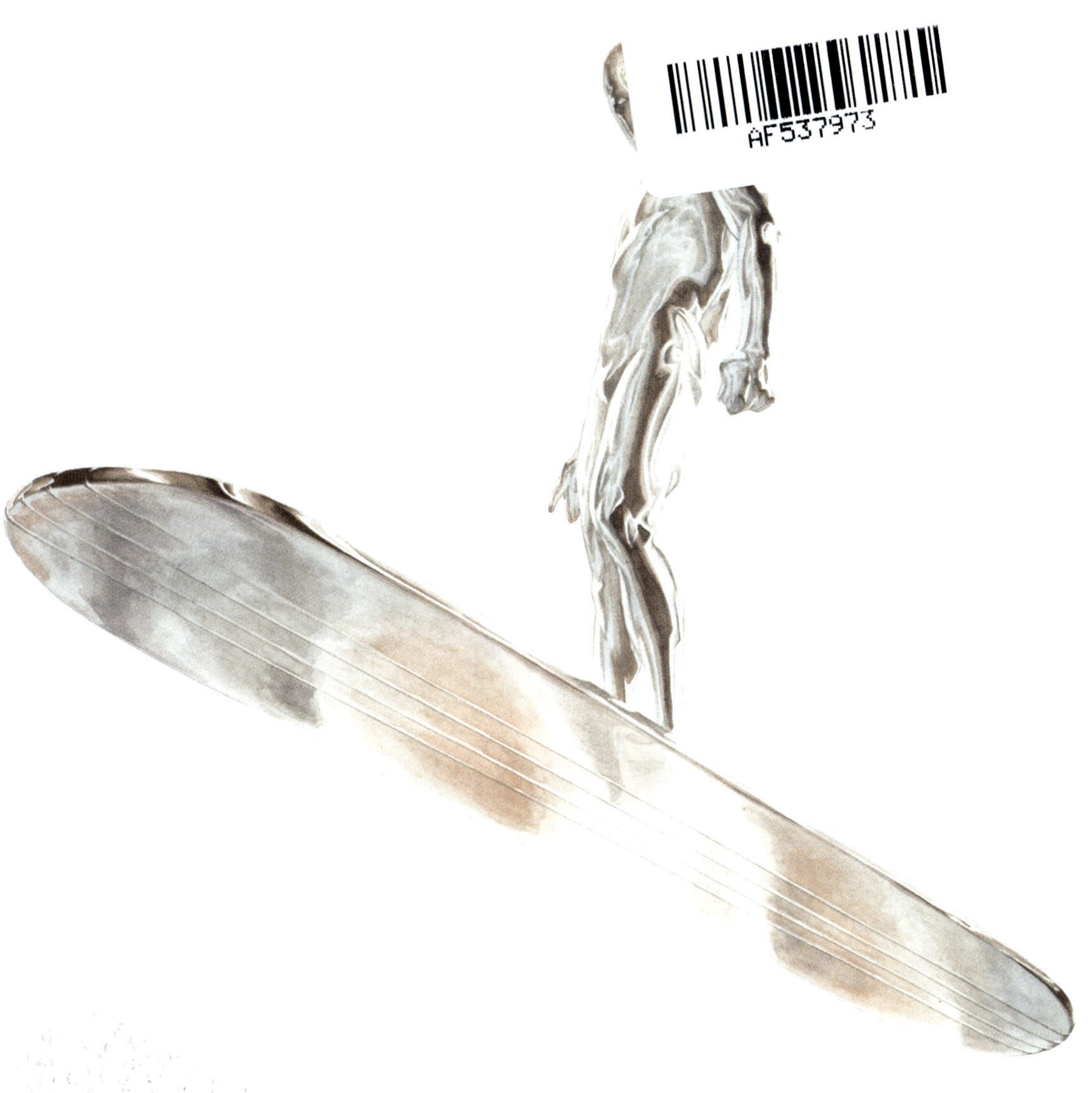

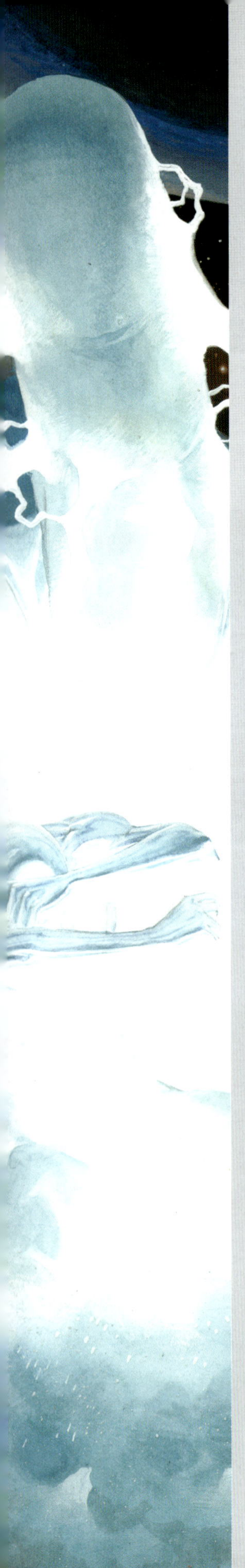

INHALT

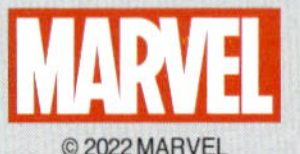
MARVEL

FSC
www.fsc.org
MIX
Paper from
responsible sources
FSC® C115044

SILVER SURFER
REQUIEM

J. MICHAEL STRACZYNSKI
STORY

ESAD RIBIĆ
KÜNSTLER

ALESSANDRA GOZZI
STUDIO RAM
LETTERING

REINHARD SCHWEIZER
ÜBERSETZUNG

AXEL ALONSO
DANIEL KETCHUM
CORY SEDLMEIER
REDAKTION USA

C. B. CEBULSKI
CHEFREDAKTEUR USA

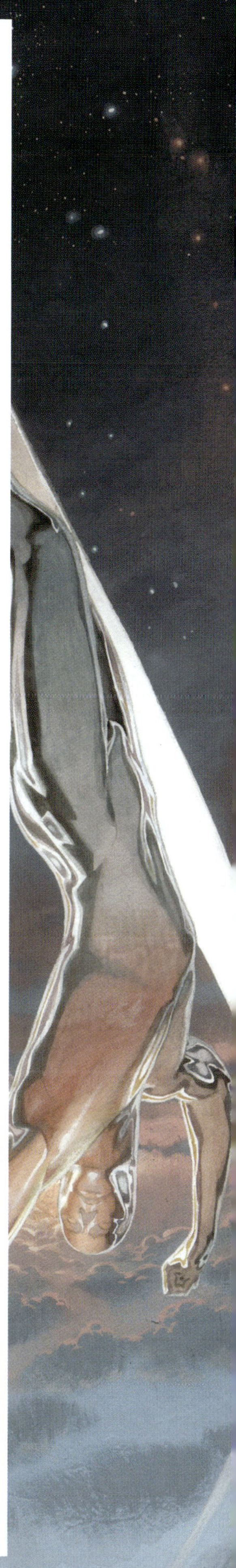

MARVEL MUST-HAVE: SILVER SURFER – REQUIEM erscheint bei **PANINI COMICS**, Schloßstraße 76, D-70176 Stuttgart. Druck: Lito Terrazzi Industria Grafica. Pressevertrieb: Stella Distribution GmbH, D-22297 Hamburg. Direkt-Abos auf **www.paninicomics.de.** Anzeigenverkauf: BLAUFEUER VERLAGSVERTRETUNGEN GmbH, info@blaufeuer.com. Es gilt die Anzeigenpreisliste Nr. 19 vom 01.10.2021. Geschäftsführer **Hermann Paul**, Publishing Director Europe **Marco M. Lupoi**, Finanzen **Felix Bauer**, Marketing Director **Holger Wiest**, Marketing **Fabio Cunetto**, Vertrieb **Alexander Bubenheimer**, Logistik **Ronald Schäffer**, PR/Presse **Steffen Volkmer**, Publishing Manager **Lisa Pancaldi**, Redaktion **Christian Endres**, **Harald Gantzberg**, **Matthias Korn**, **Anja Seiffert**, **Kristina Starschinski**, **Ilaria Tavoni**, **Daniela Uhlmann**, Übersetzung **Bernd Kronsbein**, **Reinhard Schweizer**, Proofreading **ENZA**, Lettering **Alessandra Gozzi**, **Studio RAM**, grafische Gestaltung **Marco Paroli**, **Barbara Sarti**, Art Director **Alessandro Gucciardo**, Redaktion Panini Comics **Annalisa Califano**, **Beatrice Doti**, Prepress **Cristina Bedini**, **Andrea Lusoli**, **Nicola Soressi**, Repro/Packager **Alessandro Nalli** (coordinator), **Mario Da Rin Zanco**, **Valentina Esposito**, **Luca Ficarelli**, **Linda Leporati**. Deutsche Edition bei Panini Verlags-GmbH unter Lizenz von Marvel Characters B.V. Cover von **Esad Ribić**, *Silver Surfer: Requiem* (2007) 1.

Bibliografische Information der Deutschen Nationalbibliothek
Die Deutsche Nationalbibliothek verzeichnet diese Publikation in der Deutschen Nationalbibliografie; detaillierte bibliografische Daten sind im Internet über dnb.d-nb.de abrufbar.

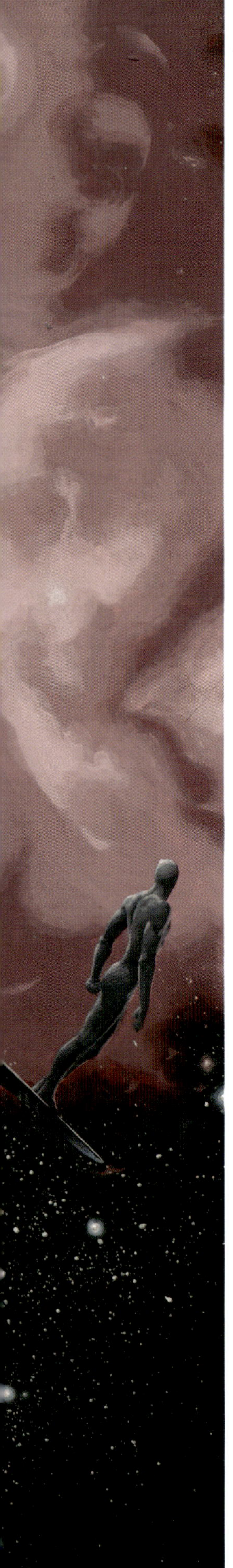

ABSCHIED IN SILBER

Manchmal hat man den Eindruck, dass es so viele Comics wie Sterne gibt. Und dennoch ist es oft gar nicht so leicht, den perfekten ersten Comic über eine bestimmte Figur zu empfehlen – besonders, wenn er zugänglich, eigenständig zu lesen und am besten noch ein unvergessliches, zeitloses Meisterwerk sein soll. Zum Glück gibt es Bildergeschichten wie SILVER SURFER: REQUIEM von Autor **J. Michael Straczynski** und dem Künstler **Esad Ribić**. Dieser Comic hat alles, was man sich von einer grafischen Erzählung über Marvels noblen kosmischen Grübler auf dem Brett wünscht. Deshalb ist es mehr als verdient, dass der Silberne mit dem goldenen Etikett eines Bandes der PANINI-Reihe MARVEL MUST-HAVE geadelt wird.

Apropos Etikett. Ursprünglich erschien die Geschichte 2007 als vierteilige Heft-Miniserie unter dem Banner von **Marvel Knights**. Die Serien und Storys mit diesem Label hatten Ende der 1990er, Anfang der 2000er dabei geholfen, Marvel wieder auf Kurs für das neue Jahrtausend zu bringen, das die Marvel-Legenden tiefer denn je in die multimedialen Weiten unserer Popkultur vordringen lassen sollte, wie wir heute wissen. Gleichzeitig stand das Marvel Knights-Imprint für besondere Geschichten, die unabhängig vom restlichen Seriengeschehen erzählt wurden und in einer eigenen alternativen Wirklichkeit angesiedelt waren. Das gab den Comic-Schaffenden viele kreative Freiheiten, weshalb Straczynski und Ribić in ihrem Fall die letzte Reise des **Silver Surfers** in Szene setzen konnten. Dass die Story keine Auswirkungen auf die fortlaufende Marvel-Kontinuität hatte und der Surfer in anderen Titeln weiter durch die Gegend flog und fliegt, nimmt dem Highlight nichts von seinem Glanz.

Die Reise des Surfers begann 1966, als Comic-König und Marvel-Vater **Jack Kirby** ihn für *Fantastic Four* 48 kreierte. Damals bauten Kirby und **Stan Lee** das junge Marvel-Universum speziell in den Science-Fiction-Abenteuern von Marvels First Family kontinuierlich aus und schufen viele der bis heute so beliebten Ikonen aus dem Haus der Ideen. In jener denkwürdigen Ära debütierte der Silver Surfer als Herold des gigantischen Weltenverschlingers **Galactus**, der die Erde in seinem gnadenlosen Hunger zu vernichten drohte – ein Schicksal, dass **Norrin Radd** einst von seinem Heimatplaneten Zenn-La und seiner Geliebten **Shalla-Bal** abgewandt hatte, indem er zum Silver Surfer und zu Galactus' Vorreiter wurde.

Doch der Silberne mit der kosmischen Kraft half dem Genie **Reed Richards**, der Unsichtbaren **Sue Storm** (heute Richards), ihrem feurigen Bruder **Johnny** und dem Ding **Ben Grimm** letztlich dabei, die Erde zu retten. Später kam er immer wieder auf den blauen Planeten und gehörte neben Meisterzauberer **Dr. Strange** sogar eine Weile zum Superheldenteam **Defenders**. All dies und noch viel mehr hat der kosmische Beobachter **Uatu** gesehen. Im heutigen Bewusstsein der Streaming-Ära und der Marvel-2020er könnte man vermutlich sagen, dass SILVER SURFER: REQUIEM in der Tradition von Marvels *What If…?*-Reihe die Frage stellt: „Was wäre, wenn der Silver Surfer wüsste, dass er bald stirbt?" Richten wir also den Blick in eine Wirklichkeit, in welcher der Silberne auf seine unvergessliche Abschiedstour geht …

Christian Endres

TEIL 1: KYRIE

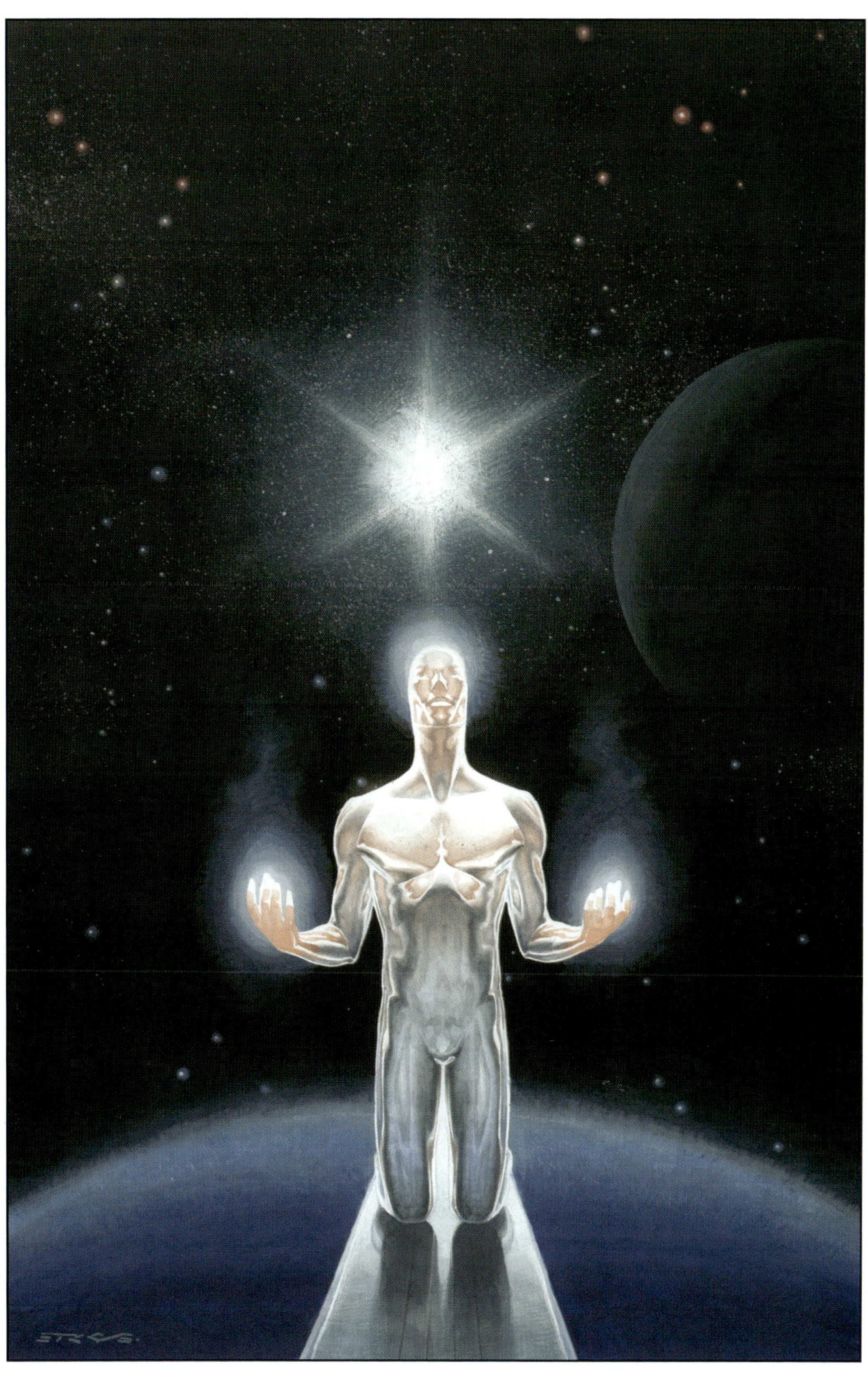

Silver Surfer: Requiem (2007) 1
Cover von **ESAD RIBIĆ**

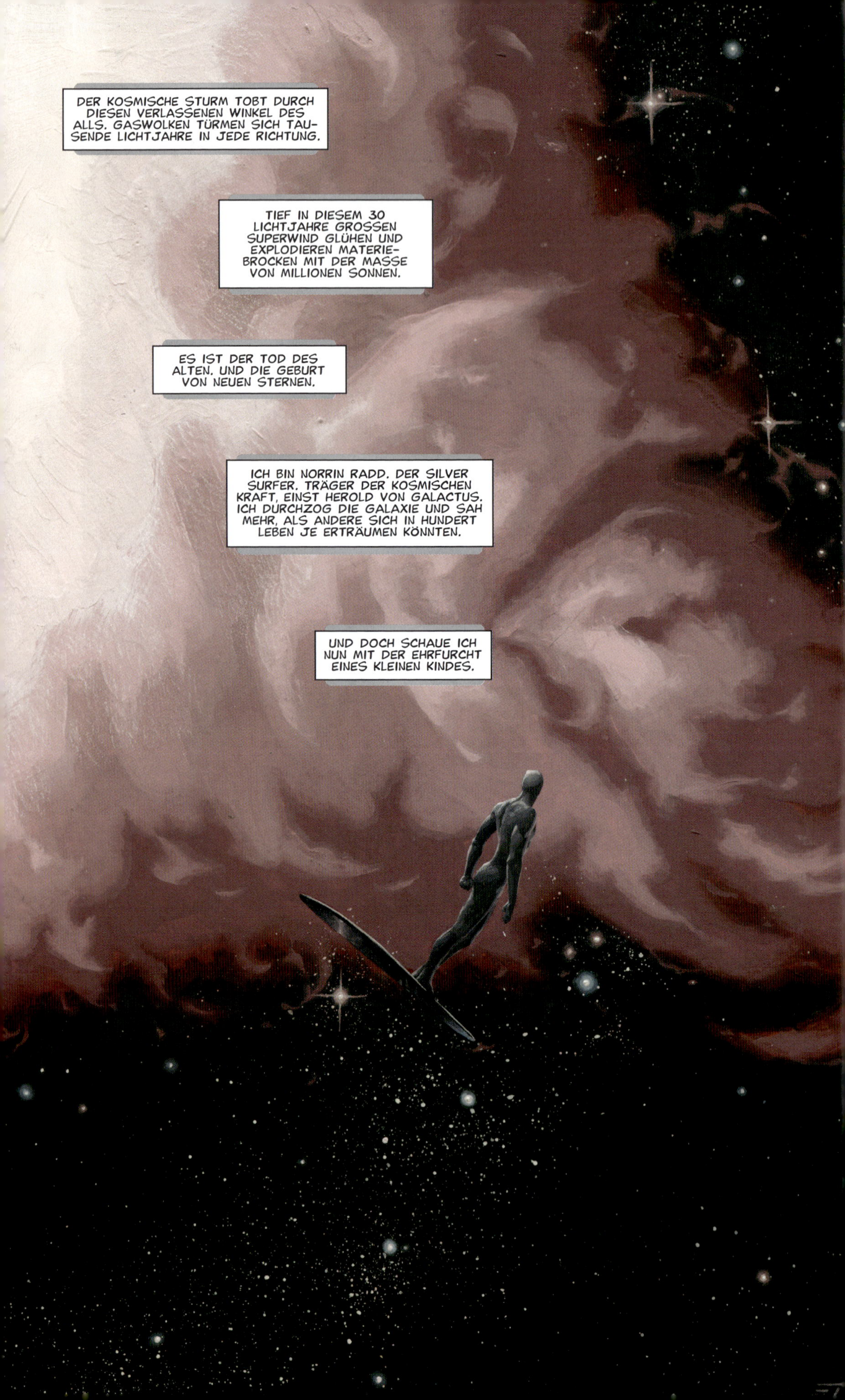

DER KOSMISCHE STURM TOBT DURCH DIESEN VERLASSENEN WINKEL DES ALLS. GASWOLKEN TÜRMEN SICH TAUSENDE LICHTJAHRE IN JEDE RICHTUNG.

TIEF IN DIESEM 30 LICHTJAHRE GROSSEN SUPERWIND GLÜHEN UND EXPLODIEREN MATERIEBROCKEN MIT DER MASSE VON MILLIONEN SONNEN.

ES IST DER TOD DES ALTEN. UND DIE GEBURT VON NEUEN STERNEN.

ICH BIN NORRIN RADD. DER SILVER SURFER. TRÄGER DER KOSMISCHEN KRAFT, EINST HEROLD VON GALACTUS. ICH DURCHZOG DIE GALAXIE UND SAH MEHR, ALS ANDERE SICH IN HUNDERT LEBEN JE ERTRÄUMEN KÖNNTEN.

UND DOCH SCHAUE ICH NUN MIT DER EHRFURCHT EINES KLEINEN KINDES.

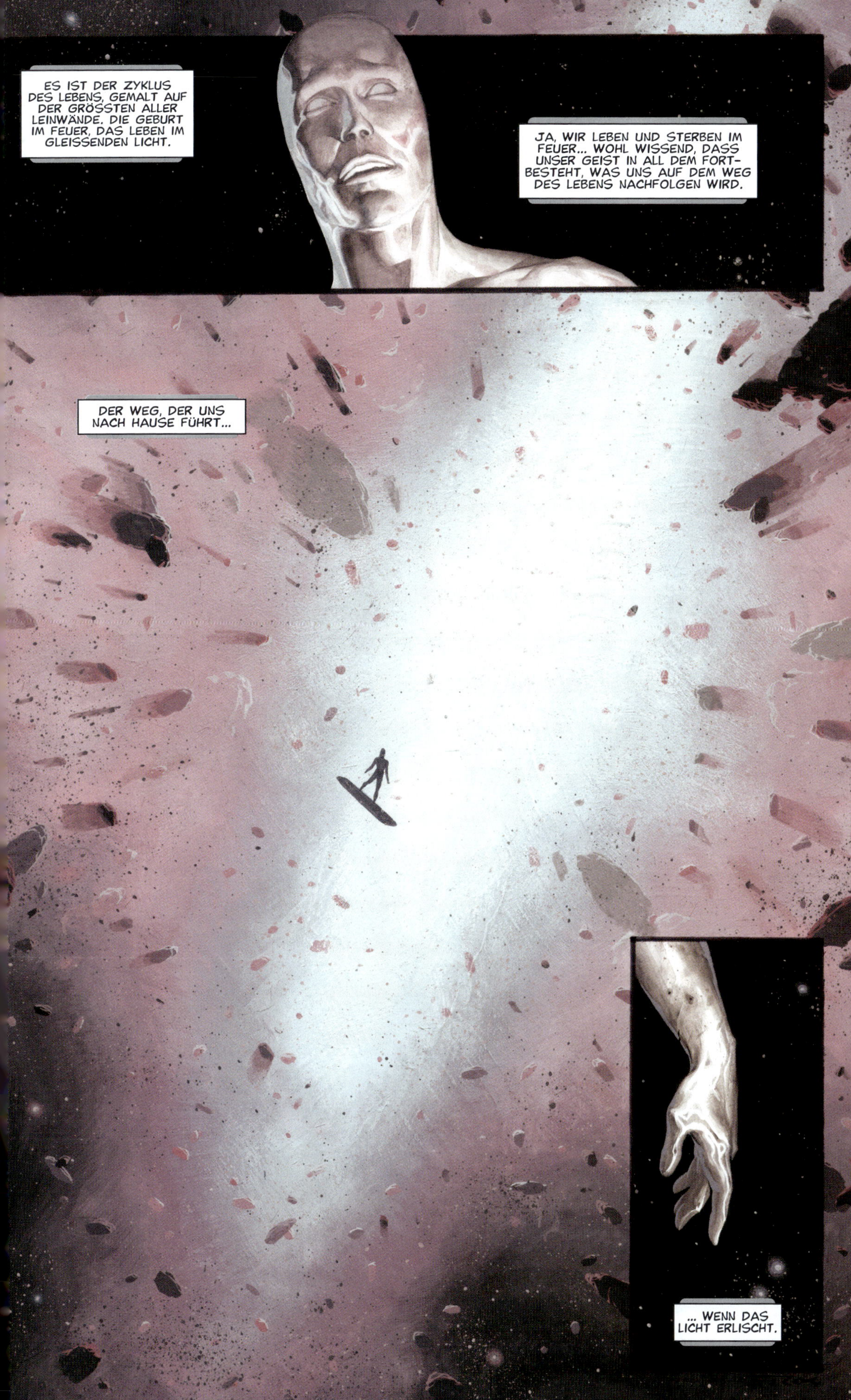
ES IST DER ZYKLUS DES LEBENS, GEMALT AUF DER GRÖSSTEN ALLER LEINWÄNDE. DIE GEBURT IM FEUER, DAS LEBEN IM GLEISSENDEN LICHT.
JA, WIR LEBEN UND STERBEN IM FEUER... WOHL WISSEND, DASS UNSER GEIST IN ALL DEM FORT-BESTEHT, WAS UNS AUF DEM WEG DES LEBENS NACHFOLGEN WIRD.
DER WEG, DER UNS NACH HAUSE FÜHRT...
... WENN DAS LICHT ERLISCHT.

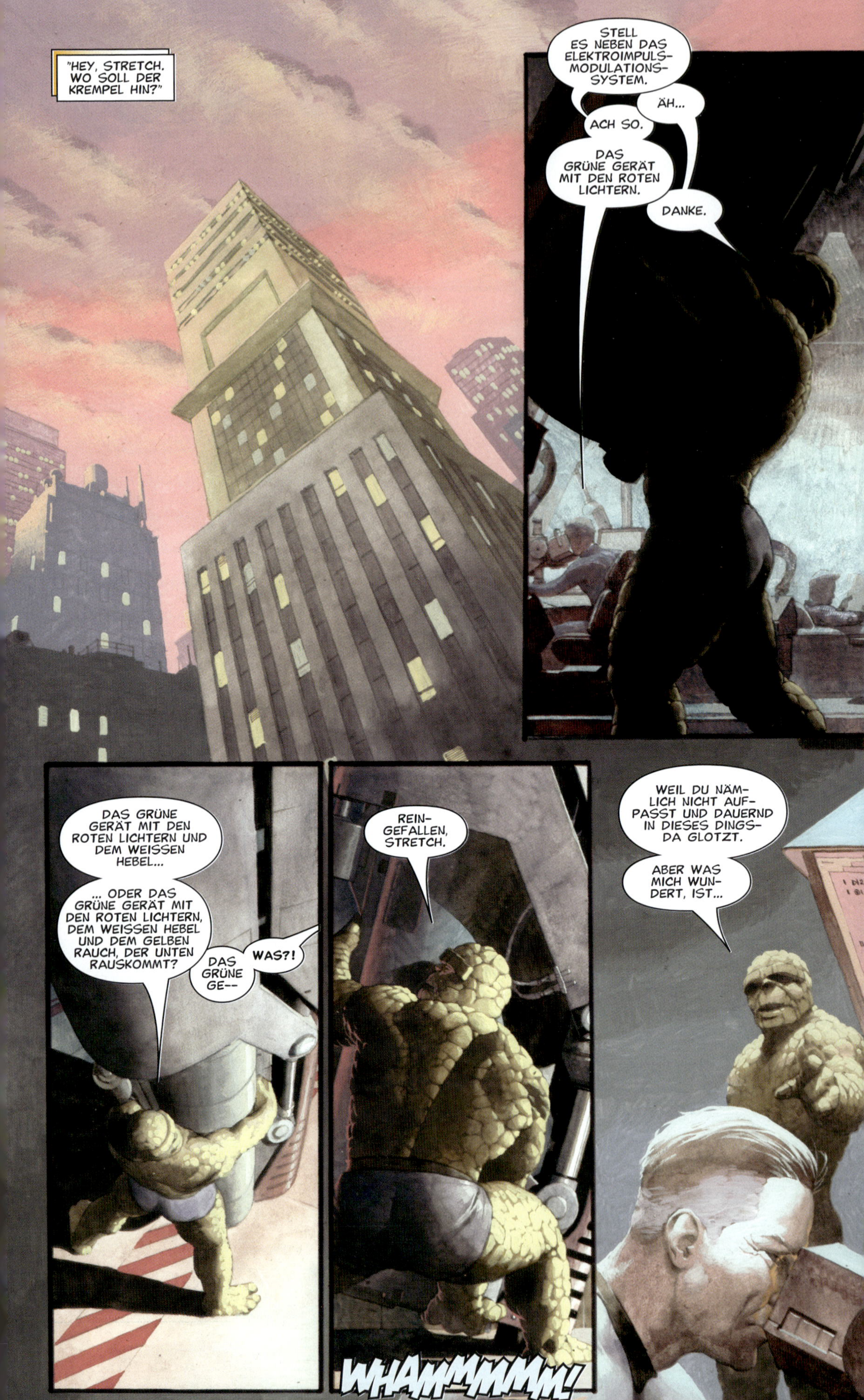
"HEY, STRETCH. WO SOLL DER KREMPEL HIN?"
STELL ES NEBEN DAS ELEKTROIMPULS-MODULATIONS-SYSTEM.
ÄH...
ACH SO.
DAS GRÜNE GERÄT MIT DEN ROTEN LICHTERN.
DANKE.
DAS GRÜNE GERÄT MIT DEN ROTEN LICHTERN UND DEM WEISSEN HEBEL...
... ODER DAS GRÜNE GERÄT MIT DEN ROTEN LICHTERN, DEM WEISSEN HEBEL UND DEM GELBEN RAUCH, DER UNTEN RAUSKOMMT?
DAS GRÜNE GE--
WAS?!
REIN-GEFALLEN, STRETCH.
WHAMMMMM!
WEIL DU NÄMLICH NICHT AUFPASST UND DAUERND IN DIESES DINGSDA GLOTZT.
ABER WAS MICH WUNDERT, IST...

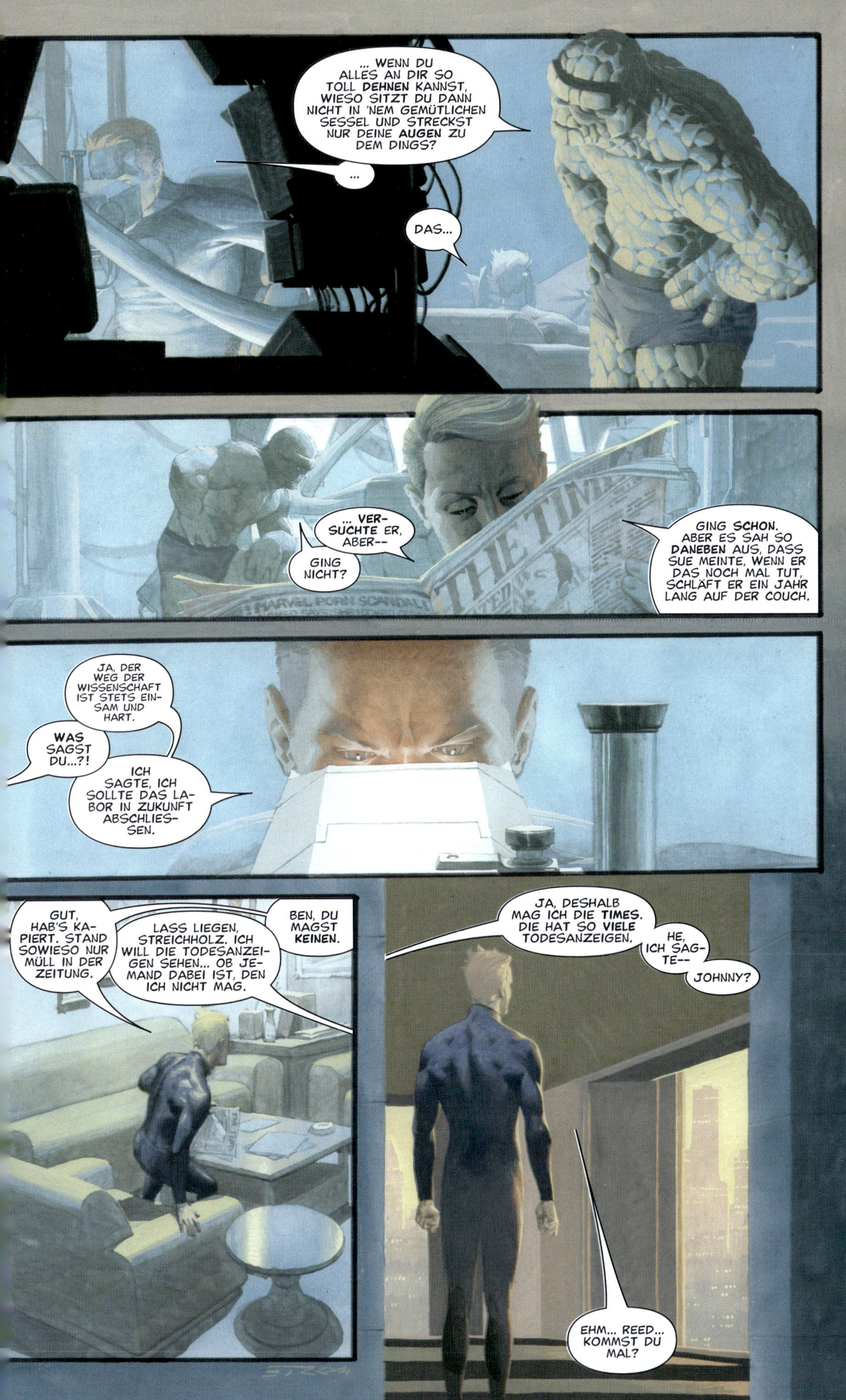
... WENN DU ALLES AN DIR SO TOLL DEHNEN KANNST, WIESO SITZT DU DANN NICHT IN 'NEM GEMÜTLICHEN SESSEL UND STRECKST NUR DEINE AUGEN ZU DEM DINGS?
...
DAS...
... VERSUCHTE ER, ABER--
GING NICHT?
GING SCHON. ABER ES SAH SO DANEBEN AUS, DASS SUE MEINTE, WENN ER DAS NOCH MAL TUT, SCHLÄFT ER EIN JAHR LANG AUF DER COUCH.
JA, DER WEG DER WISSENSCHAFT IST STETS EINSAM UND HART.
WAS SAGST DU...?!
ICH SAGTE, ICH SOLLTE DAS LABOR IN ZUKUNFT ABSCHLIESSEN.
GUT, HAB'S KAPIERT. STAND SOWIESO NUR MÜLL IN DER ZEITUNG.
LASS LIEGEN, STREICHHOLZ. ICH WILL DIE TODESANZEIGEN SEHEN... OB JEMAND DABEI IST, DEN ICH NICHT MAG.
BEN, DU MAGST KEINEN.
JA, DESHALB MAG ICH DIE TIMES. DIE HAT SO VIELE TODESANZEIGEN.
HE, ICH SAGTE--
JOHNNY?
EHM... REED... KOMMST DU MAL?

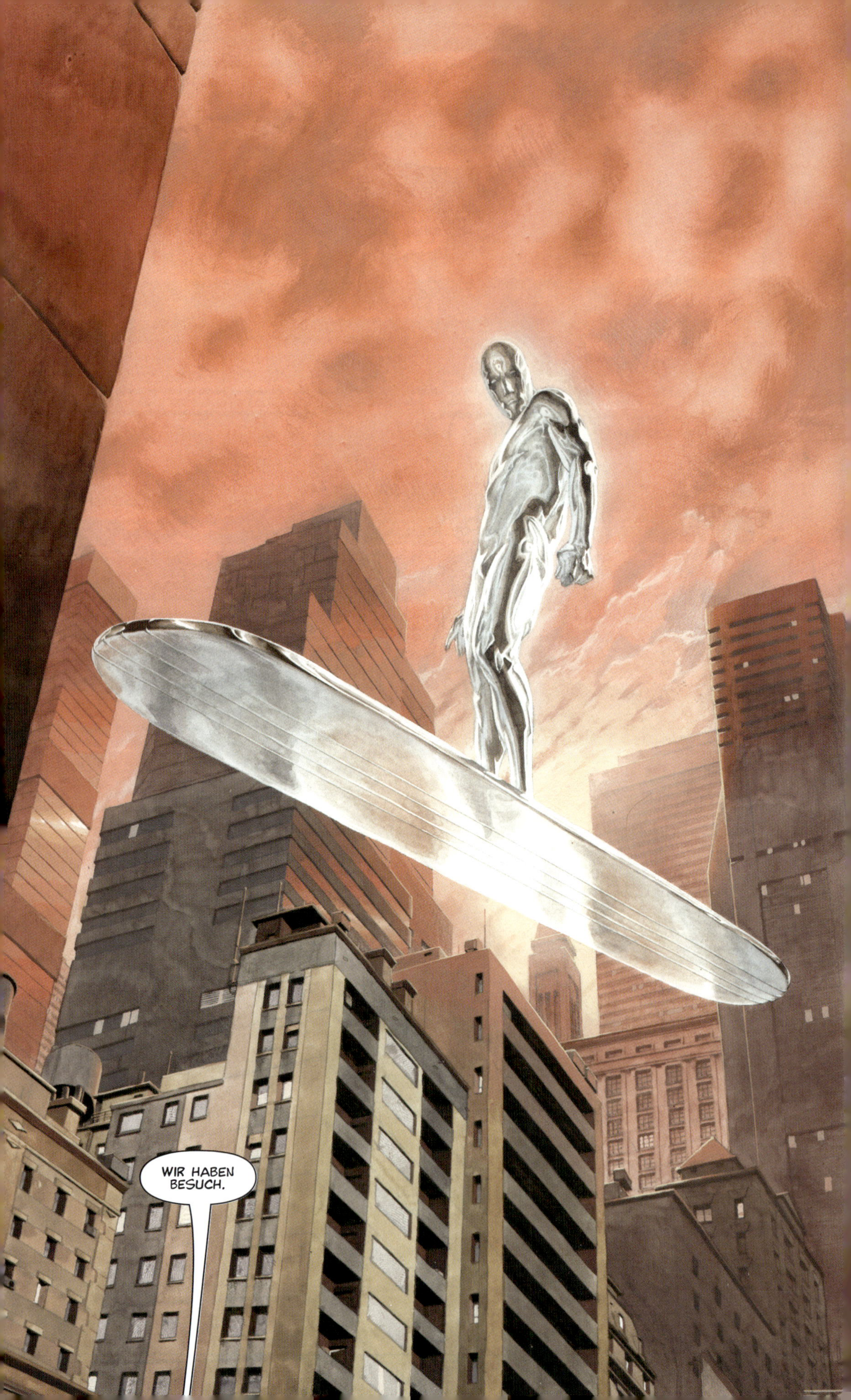
WIR HABEN BESUCH.

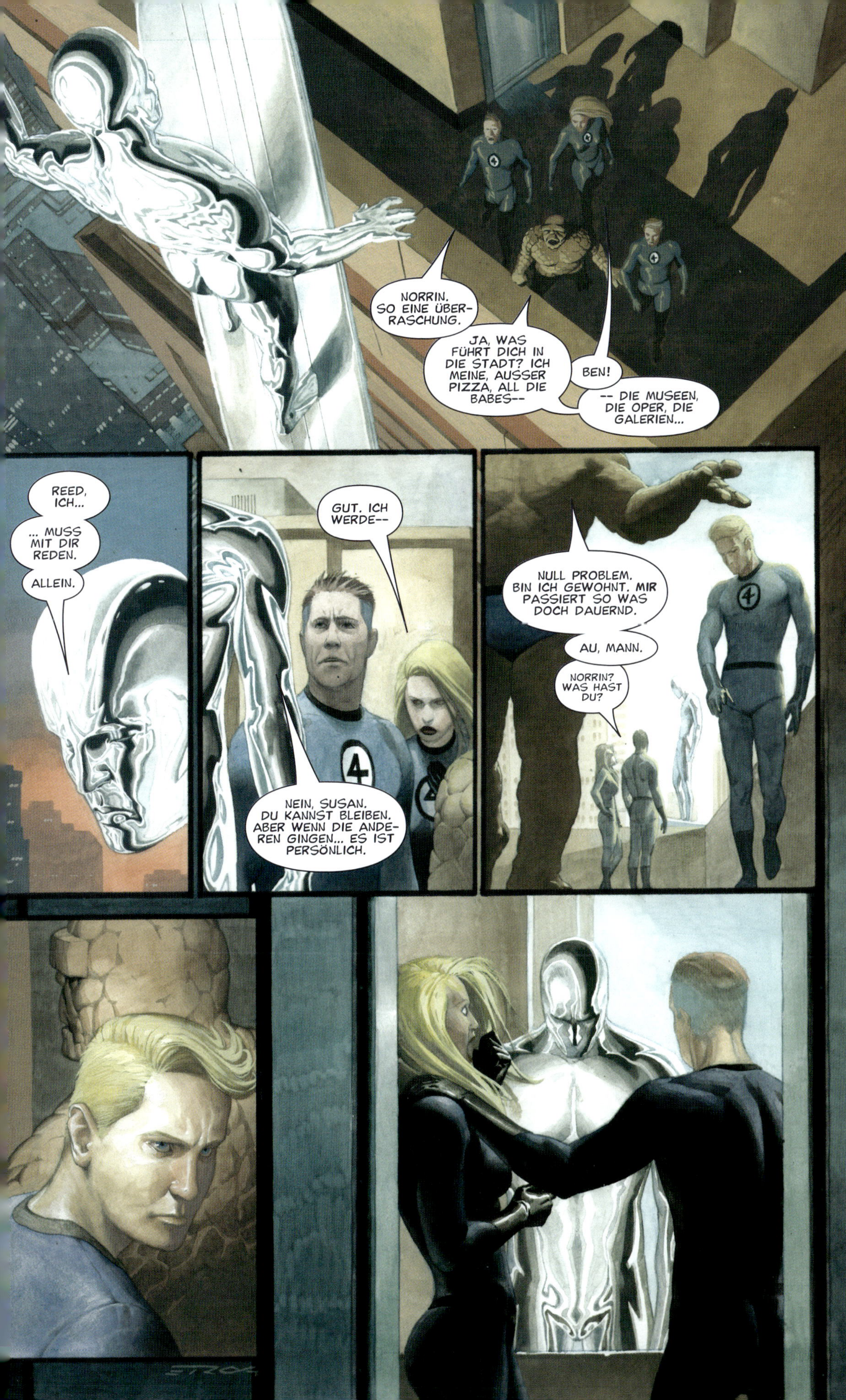
NORRIN. SO EINE ÜBER-RASCHUNG.
JA, WAS FÜHRT DICH IN DIE STADT? ICH MEINE, AUSSER PIZZA, ALL DIE BABES--
BEN!
-- DIE MUSEEN, DIE OPER, DIE GALERIEN...
REED, ICH...
... MUSS MIT DIR REDEN.
ALLEIN.
GUT. ICH WERDE--
NEIN, SUSAN. DU KANNST BLEIBEN. ABER WENN DIE ANDEREN GINGEN... ES IST PERSÖNLICH.
NULL PROBLEM. BIN ICH GEWOHNT. MIR PASSIERT SO WAS DOCH DAUERND.
AU, MANN.
NORRIN? WAS HAST DU?

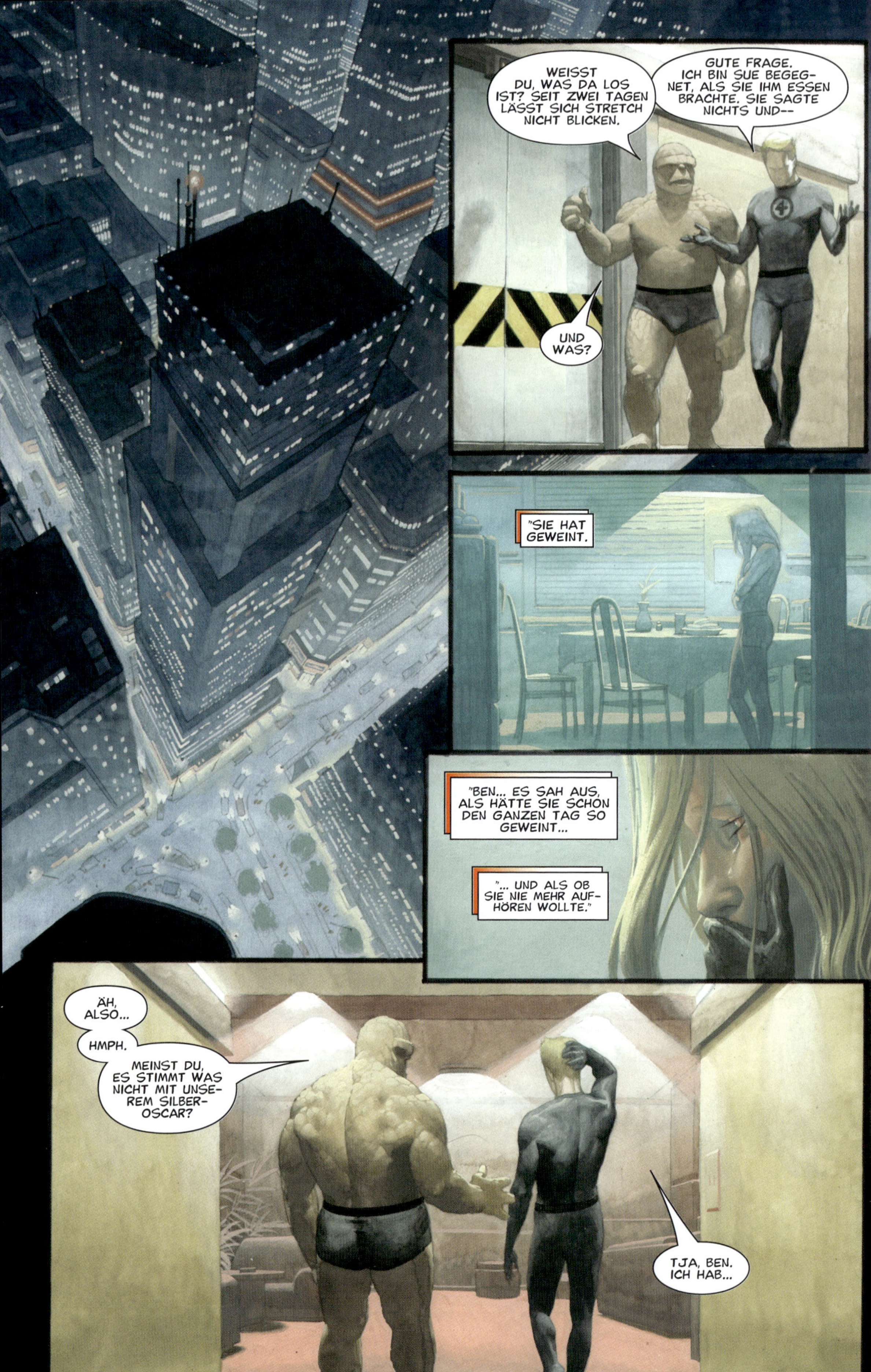
WEISST DU, WAS DA LOS IST? SEIT ZWEI TAGEN LÄSST SICH STRETCH NICHT BLICKEN.
GUTE FRAGE. ICH BIN SUE BEGEGNET, ALS SIE IHM ESSEN BRACHTE. SIE SAGTE NICHTS UND--
UND WAS?
"SIE HAT GEWEINT.
"BEN... ES SAH AUS, ALS HÄTTE SIE SCHON DEN GANZEN TAG SO GEWEINT...
"... UND ALS OB SIE NIE MEHR AUFHÖREN WOLLTE."
ÄH, ALSO...
HMPH.
MEINST DU, ES STIMMT WAS NICHT MIT UNSEREM SILBER-OSCAR?
TJA, BEN. ICH HAB...

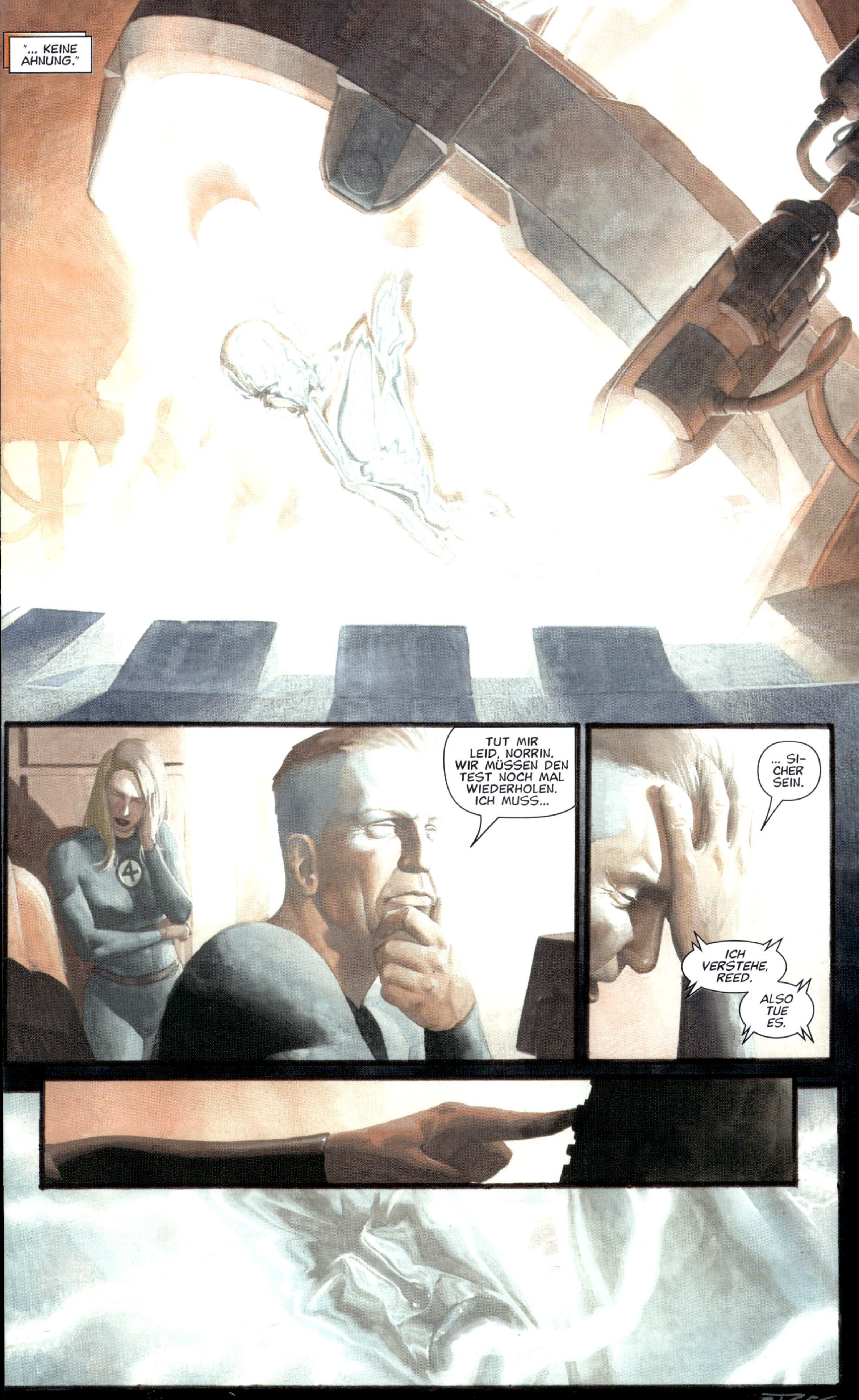
"... KEINE AHNUNG."
TUT MIR LEID, NORRIN. WIR MÜSSEN DEN TEST NOCH MAL WIEDERHOLEN. ICH MUSS...
... SICHER SEIN.
ICH VERSTEHE, REED.
ALSO TUE ES.

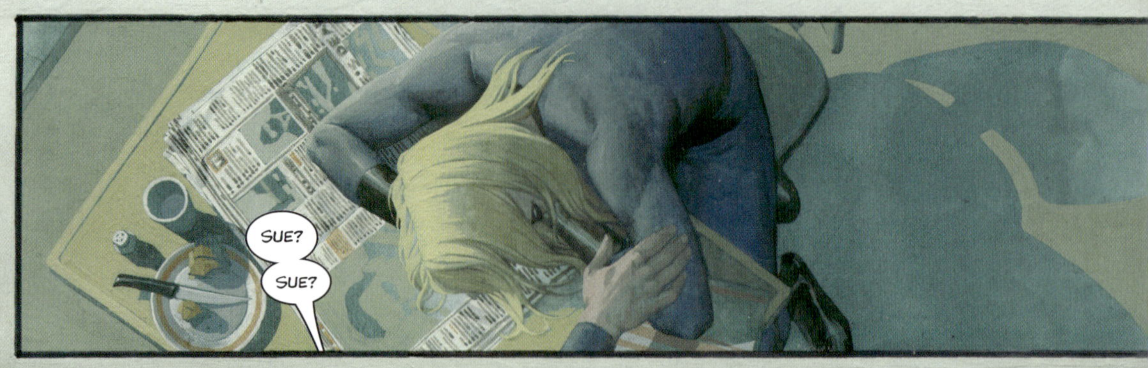
SUE?
SUE?

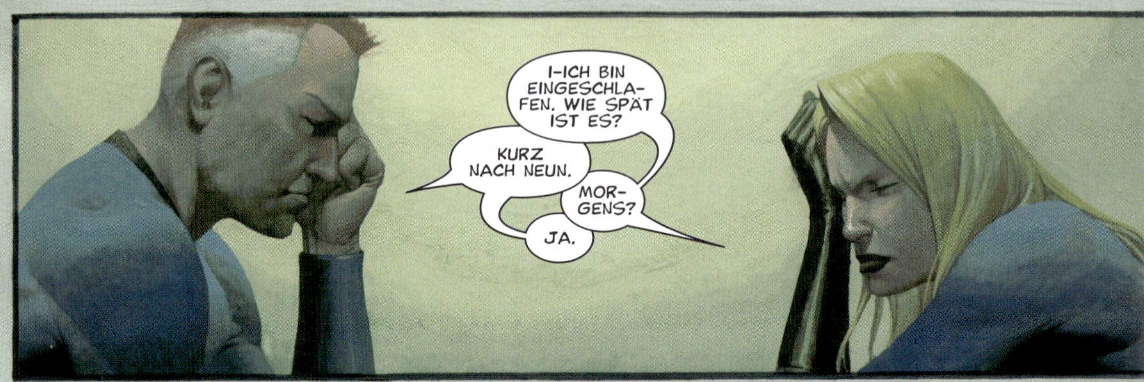
I-ICH BIN EINGESCHLAFEN. WIE SPÄT IST ES?
KURZ NACH NEUN.
MORGENS?
JA.

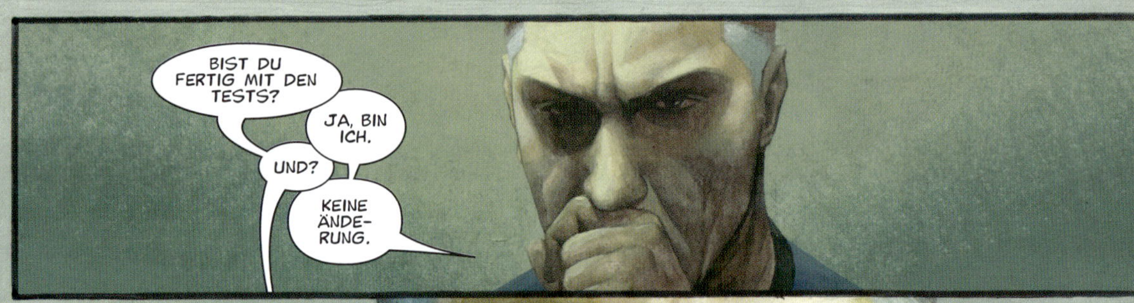
BIST DU FERTIG MIT DEN TESTS?
JA, BIN ICH.
UND?
KEINE ÄNDERUNG.

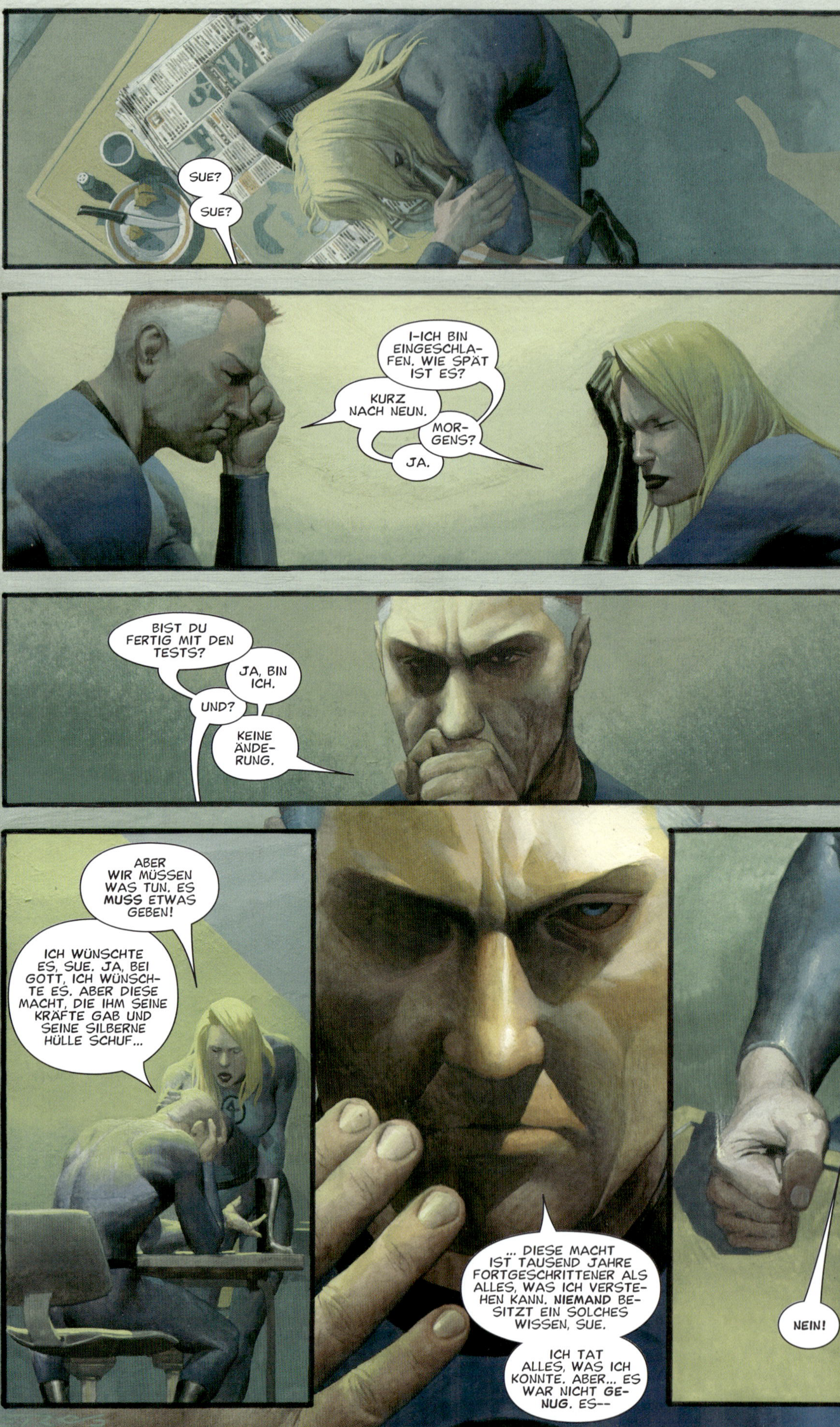

ABER WIR MÜSSEN WAS TUN. ES MUSS ETWAS GEBEN!
ICH WÜNSCHTE ES, SUE. JA, BEI GOTT, ICH WÜNSCHTE ES. ABER DIESE MACHT, DIE IHM SEINE KRÄFTE GAB UND SEINE SILBERNE HÜLLE SCHUF...
... DIESE MACHT IST TAUSEND JAHRE FORTGESCHRITTENER ALS ALLES, WAS ICH VERSTEHEN KANN. NIEMAND BESITZT EIN SOLCHES WISSEN, SUE.
ICH TAT ALLES, WAS ICH KONNTE. ABER... ES WAR NICHT GENUG. ES--
NEIN!

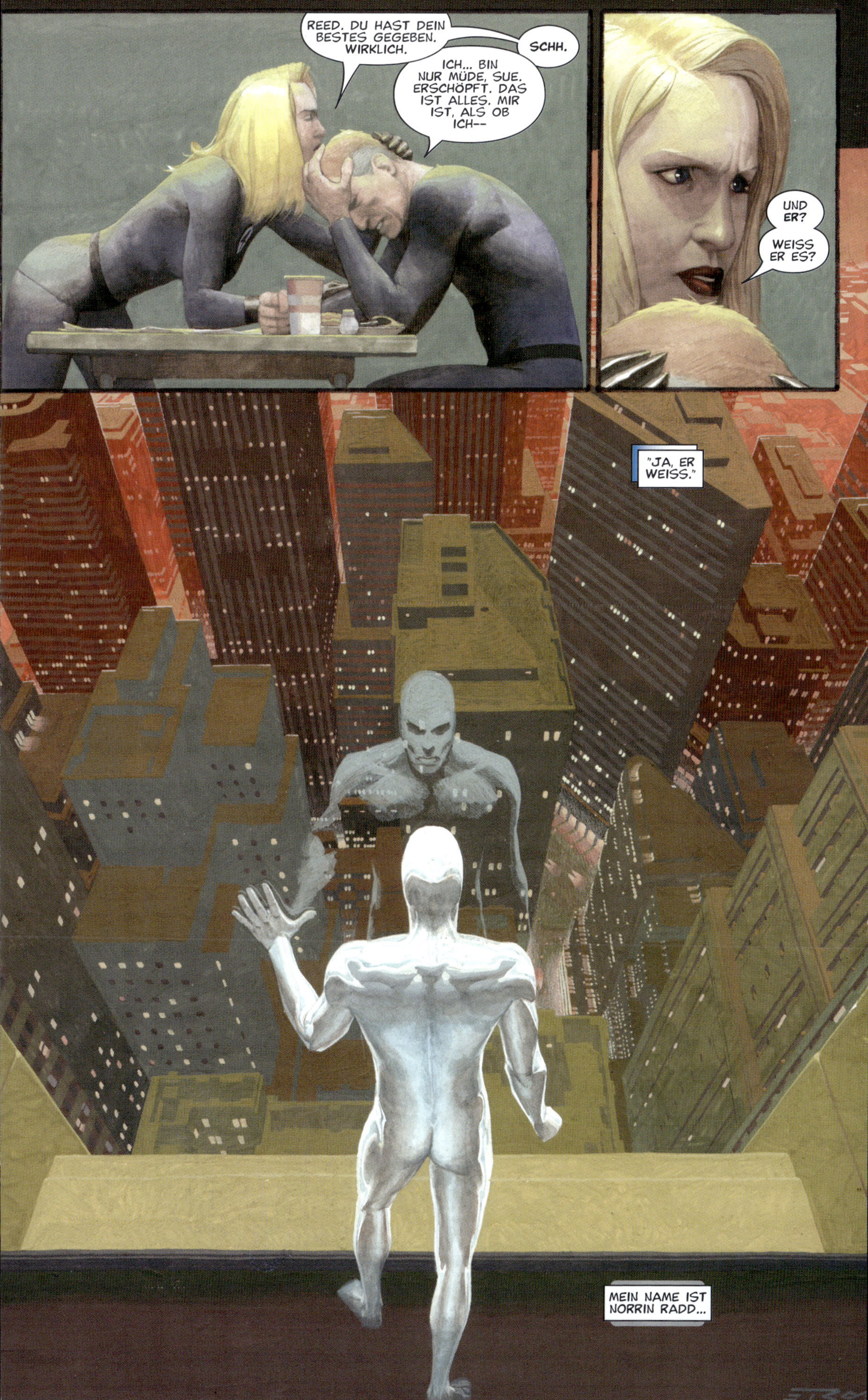
REED. DU HAST DEIN BESTES GEGEBEN. WIRKLICH.
SCHH.
ICH... BIN NUR MÜDE, SUE. ERSCHÖPFT. DAS IST ALLES. MIR IST, ALS OB ICH--
UND ER?
WEISS ER ES?
"JA, ER WEISS."
MEIN NAME IST NORRIN RADD...

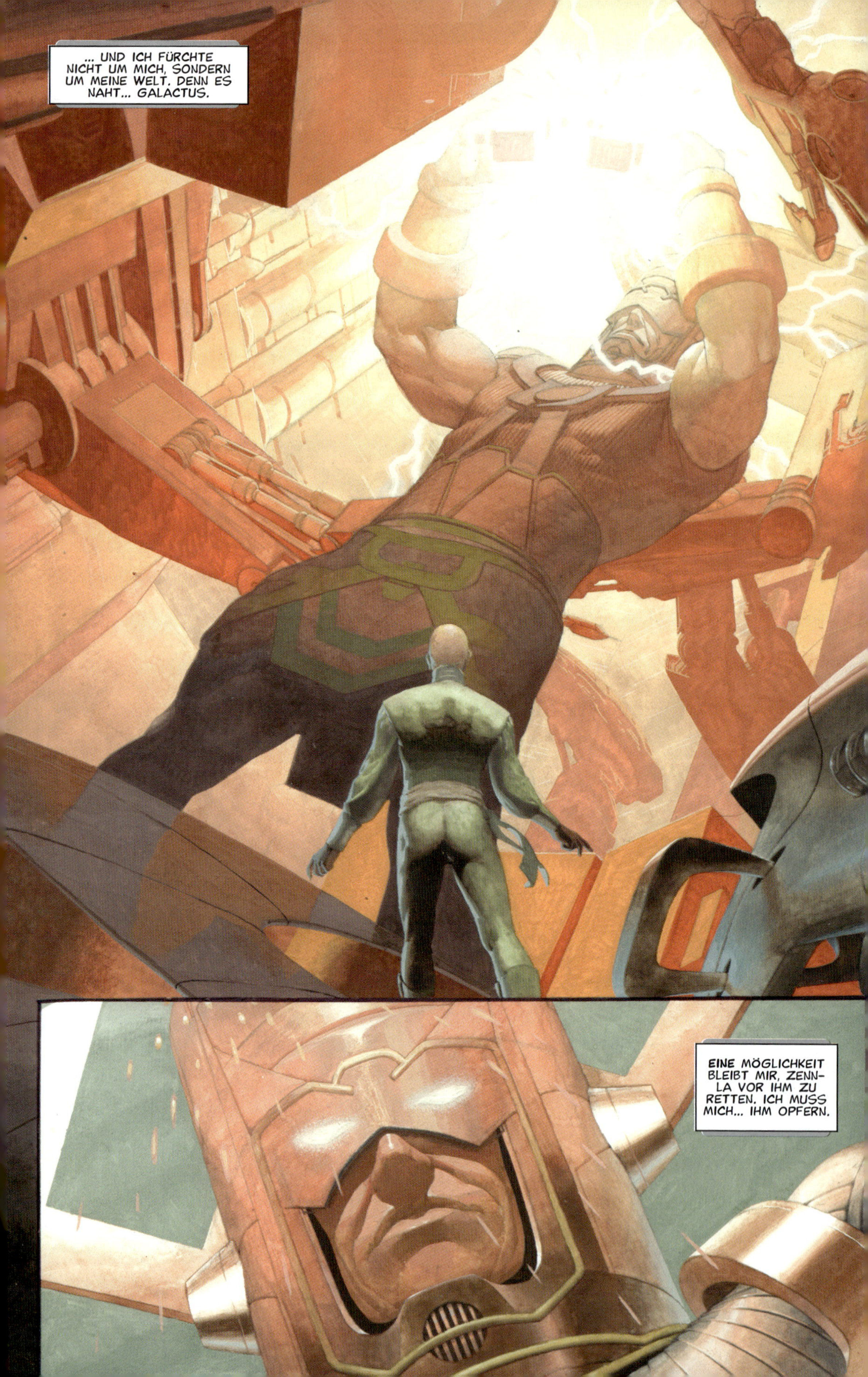
... UND ICH FÜRCHTE NICHT UM MICH, SONDERN UM MEINE WELT. DENN ES NAHT... GALACTUS.
EINE MÖGLICHKEIT BLEIBT MIR, ZENN-LA VOR IHM ZU RETTEN. ICH MUSS MICH... IHM OPFERN.

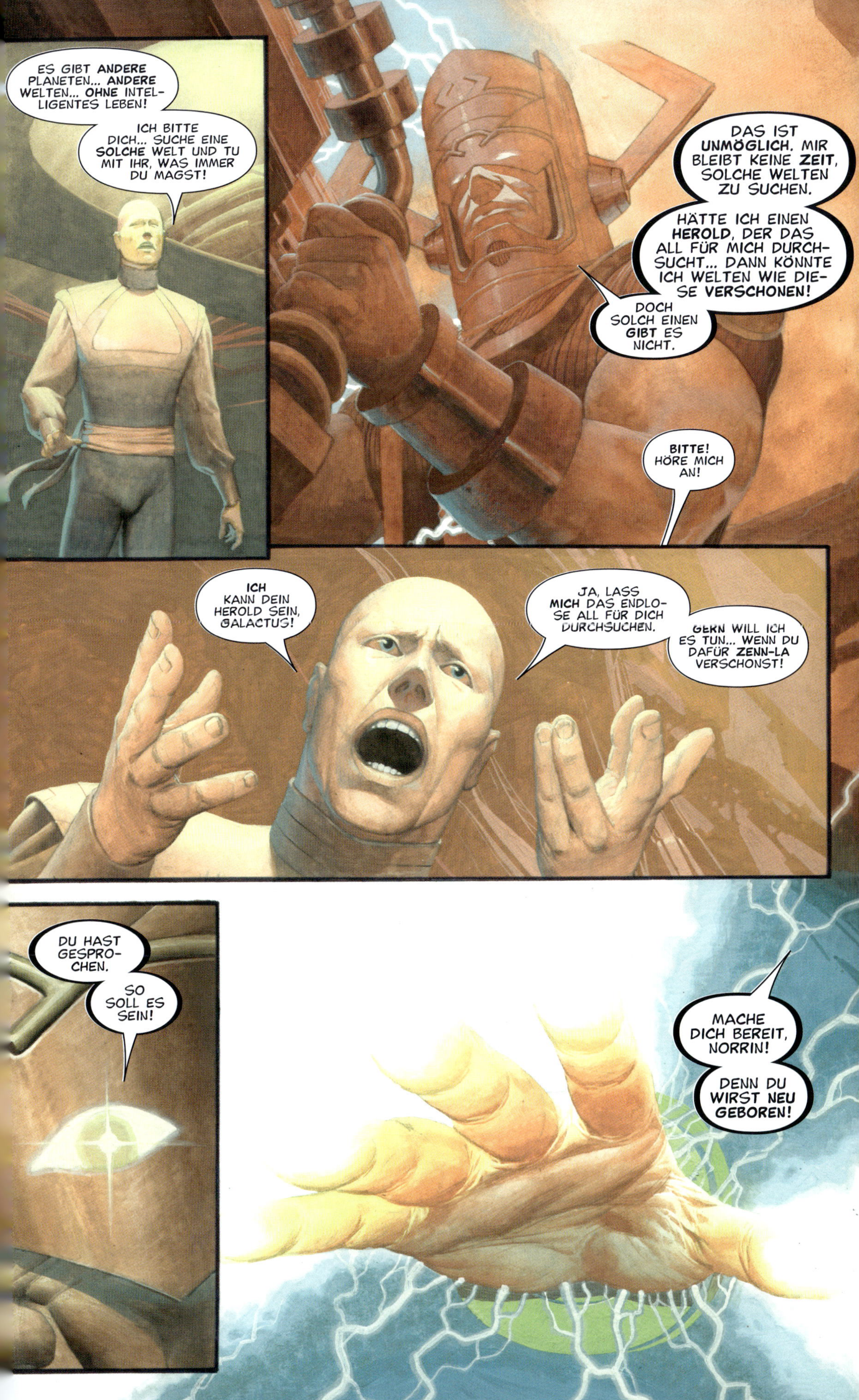
ES GIBT ANDERE PLANETEN... ANDERE WELTEN... OHNE INTELLIGENTES LEBEN!
ICH BITTE DICH... SUCHE EINE SOLCHE WELT UND TU MIT IHR, WAS IMMER DU MAGST!
DAS IST UNMÖGLICH. MIR BLEIBT KEINE ZEIT, SOLCHE WELTEN ZU SUCHEN.
HÄTTE ICH EINEN HEROLD, DER DAS ALL FÜR MICH DURCHSUCHT... DANN KÖNNTE ICH WELTEN WIE DIESE VERSCHONEN!
DOCH SOLCH EINEN GIBT ES NICHT.
BITTE! HÖRE MICH AN!
ICH KANN DEIN HEROLD SEIN, GALACTUS!
JA, LASS MICH DAS ENDLOSE ALL FÜR DICH DURCHSUCHEN.
GERN WILL ICH ES TUN... WENN DU DAFÜR ZENN-LA VERSCHONST!
DU HAST GESPROCHEN.
SO SOLL ES SEIN!
MACHE DICH BEREIT, NORRIN!
DENN DU WIRST NEU GEBOREN!

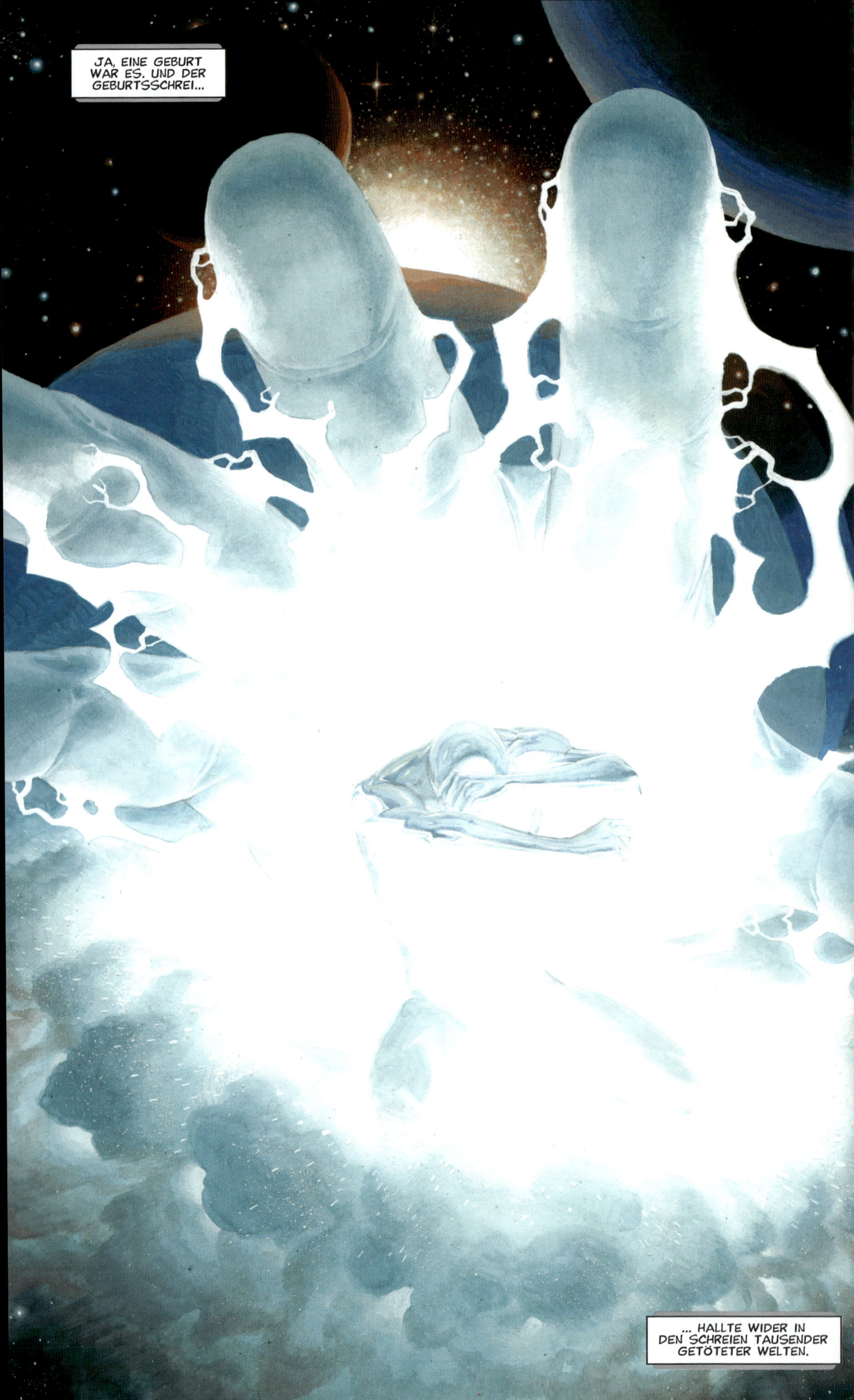
JA, EINE GEBURT WAR ES. UND DER GEBURTSSCHREI...
... HALLTE WIDER IN DEN SCHREIEN TAUSENDER GETÖTETER WELTEN.

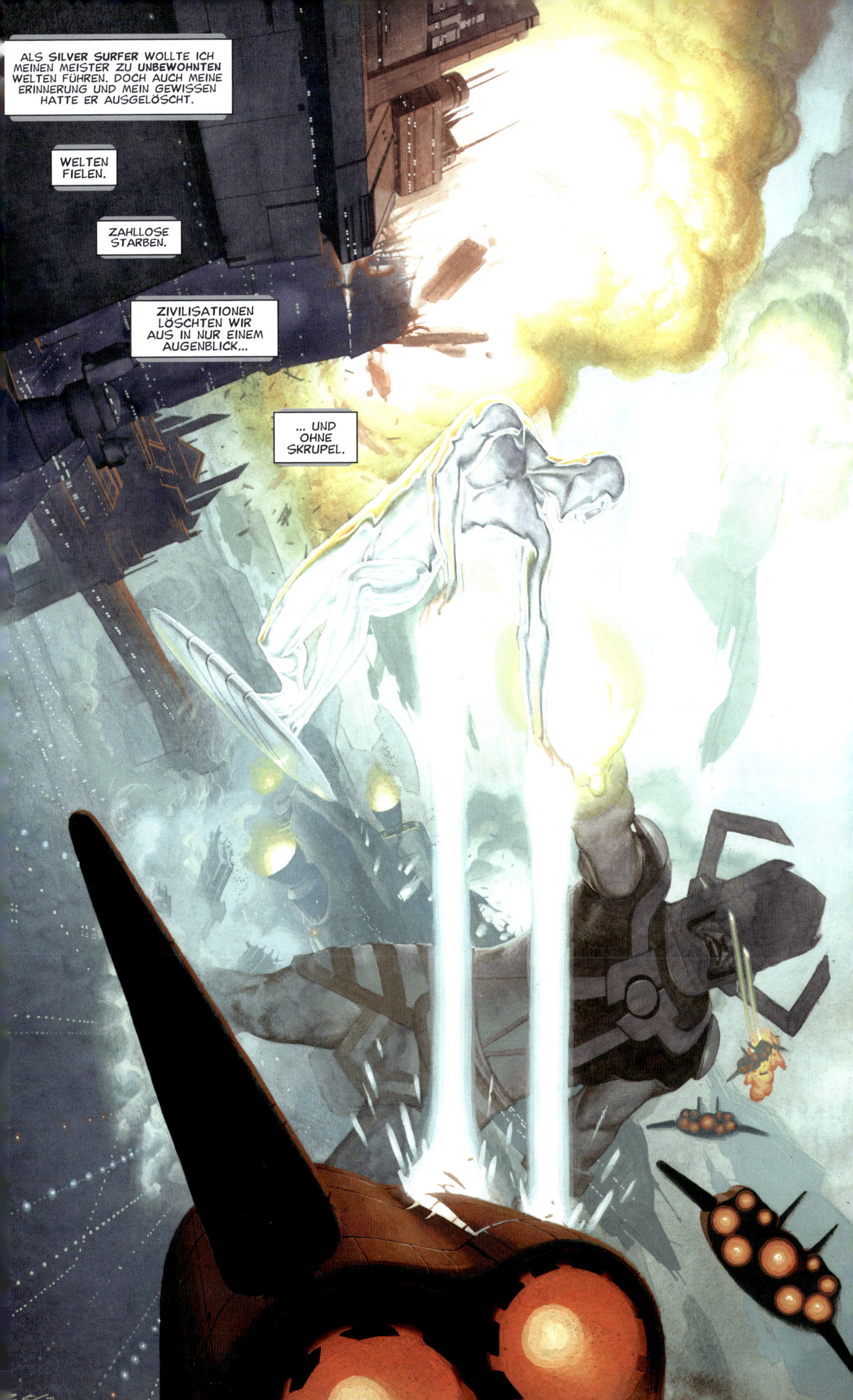
ALS SILVER SURFER WOLLTE ICH MEINEN MEISTER ZU UNBEWOHNTEN WELTEN FÜHREN. DOCH AUCH MEINE ERINNERUNG UND MEIN GEWISSEN HATTE ER AUSGELÖSCHT.
WELTEN FIELEN.
ZAHLLOSE STARBEN.
ZIVILISATIONEN LÖSCHTEN WIR AUS IN NUR EINEM AUGENBLICK...
... UND OHNE SKRUPEL.

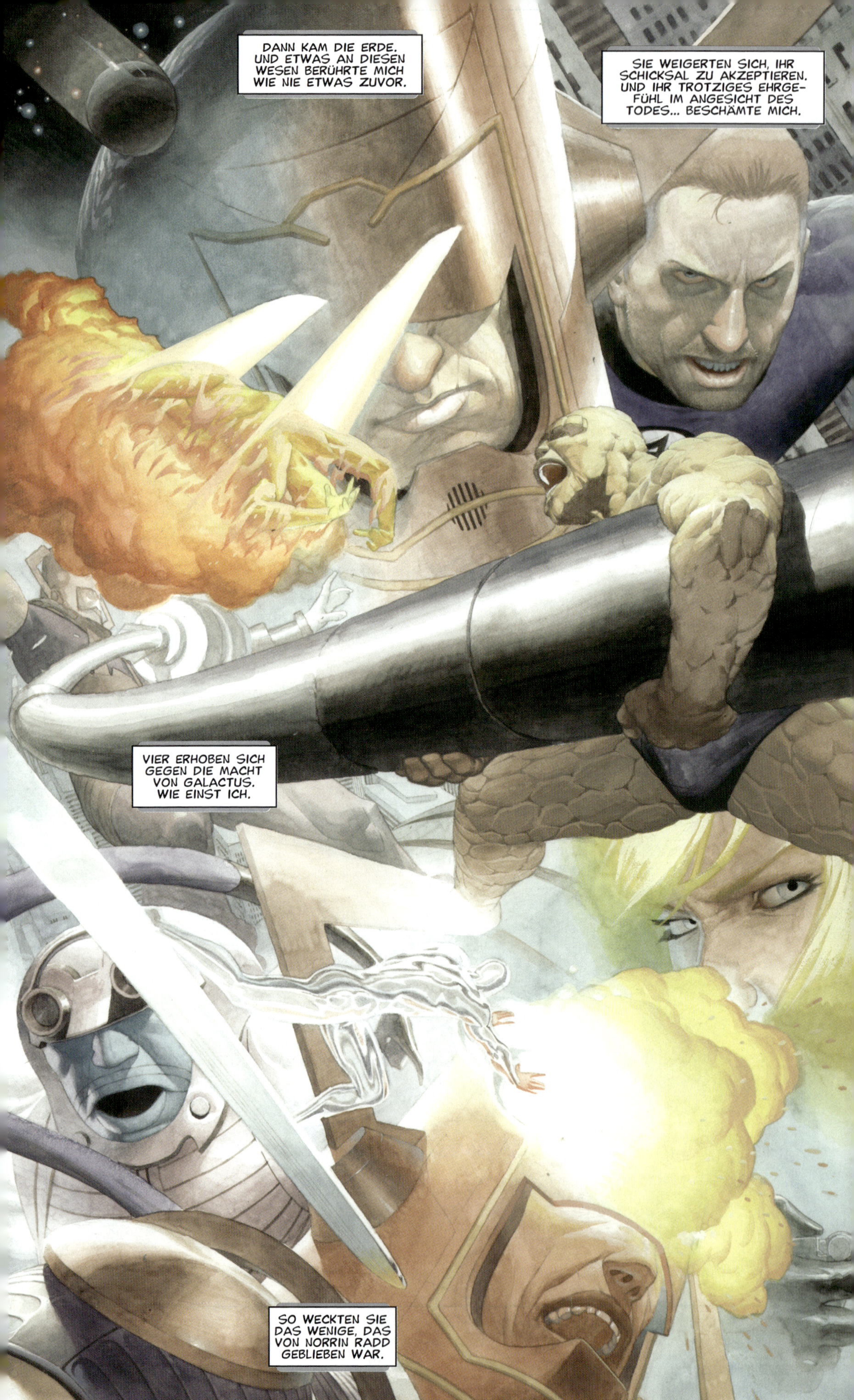
DANN KAM DIE ERDE. UND ETWAS AN DIESEN WESEN BERÜHRTE MICH WIE NIE ETWAS ZUVOR.
SIE WEIGERTEN SICH, IHR SCHICKSAL ZU AKZEPTIEREN. UND IHR TROTZIGES EHRGEFÜHL IM ANGESICHT DES TODES... BESCHÄMTE MICH.
VIER ERHOBEN SICH GEGEN DIE MACHT VON GALACTUS. WIE EINST ICH.
SO WECKTEN SIE DAS WENIGE, DAS VON NORRIN RADD GEBLIEBEN WAR.

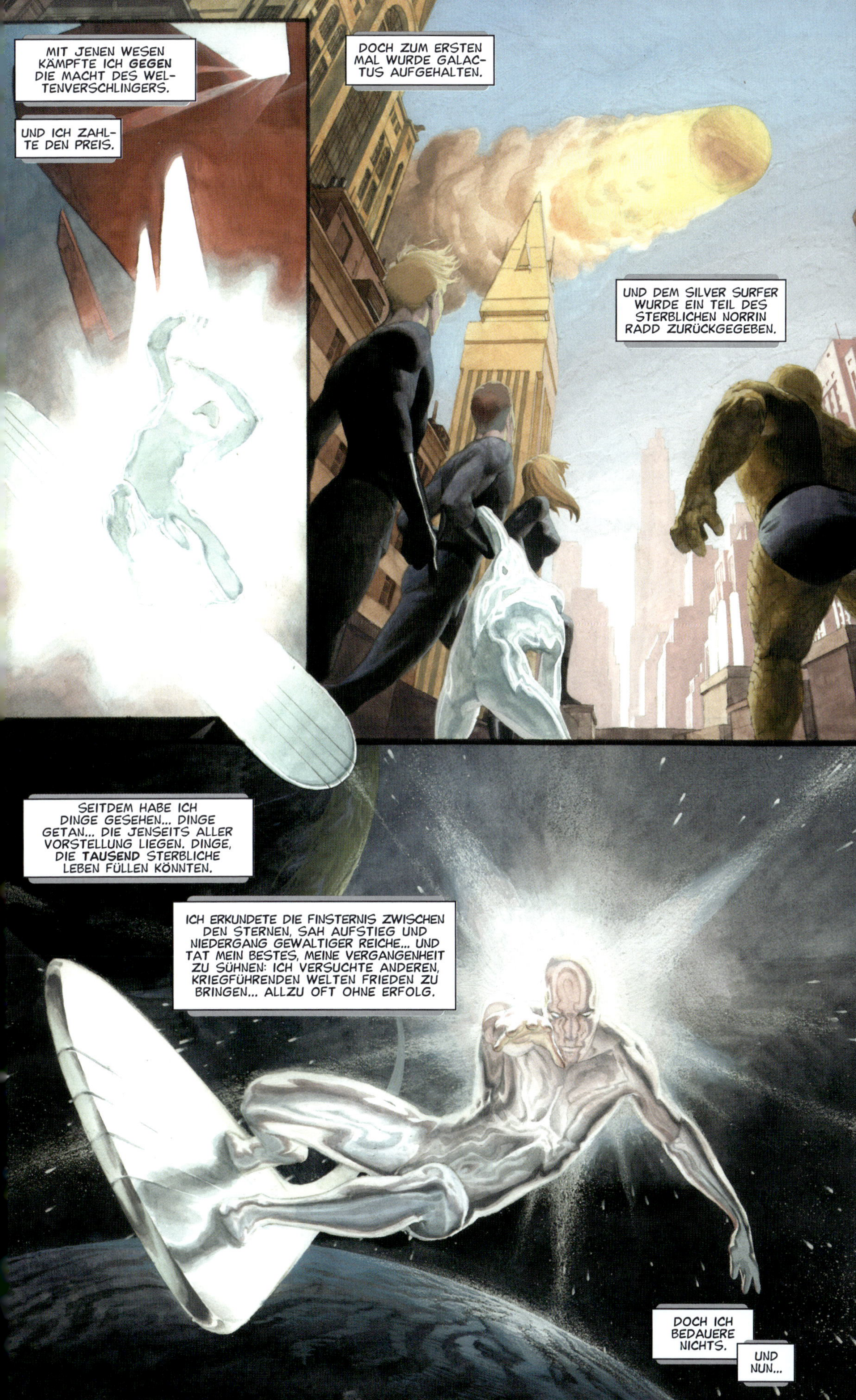
MIT JENEN WESEN KÄMPFTE ICH GEGEN DIE MACHT DES WELTENVERSCHLINGERS.
UND ICH ZAHLTE DEN PREIS.
DOCH ZUM ERSTEN MAL WURDE GALACTUS AUFGEHALTEN.
UND DEM SILVER SURFER WURDE EIN TEIL DES STERBLICHEN NORRIN RADD ZURÜCKGEGEBEN.
SEITDEM HABE ICH DINGE GESEHEN... DINGE GETAN... DIE JENSEITS ALLER VORSTELLUNG LIEGEN. DINGE, DIE TAUSEND STERBLICHE LEBEN FÜLLEN KÖNNTEN.
ICH ERKUNDETE DIE FINSTERNIS ZWISCHEN DEN STERNEN, SAH AUFSTIEG UND NIEDERGANG GEWALTIGER REICHE... UND TAT MEIN BESTES, MEINE VERGANGENHEIT ZU SÜHNEN: ICH VERSUCHTE ANDEREN, KRIEGFÜHRENDEN WELTEN FRIEDEN ZU BRINGEN... ALLZU OFT OHNE ERFOLG.
DOCH ICH BEDAUERE NICHTS.
UND NUN...

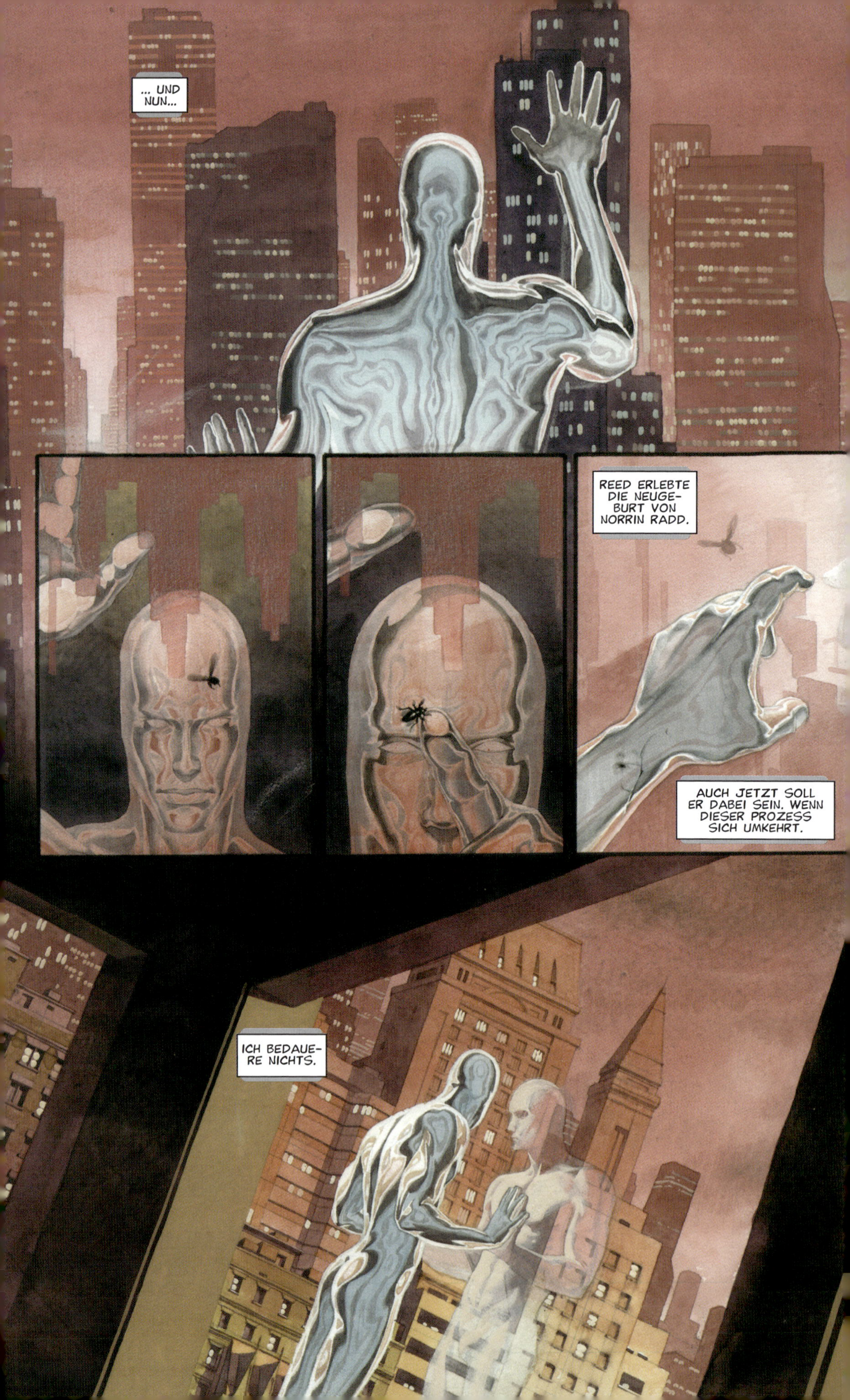
... UND NUN...
REED ERLEBTE DIE NEUGE-BURT VON NORRIN RADD.
AUCH JETZT SOLL ER DABEI SEIN. WENN DIESER PROZESS SICH UMKEHRT.
ICH BEDAUE-RE NICHTS.

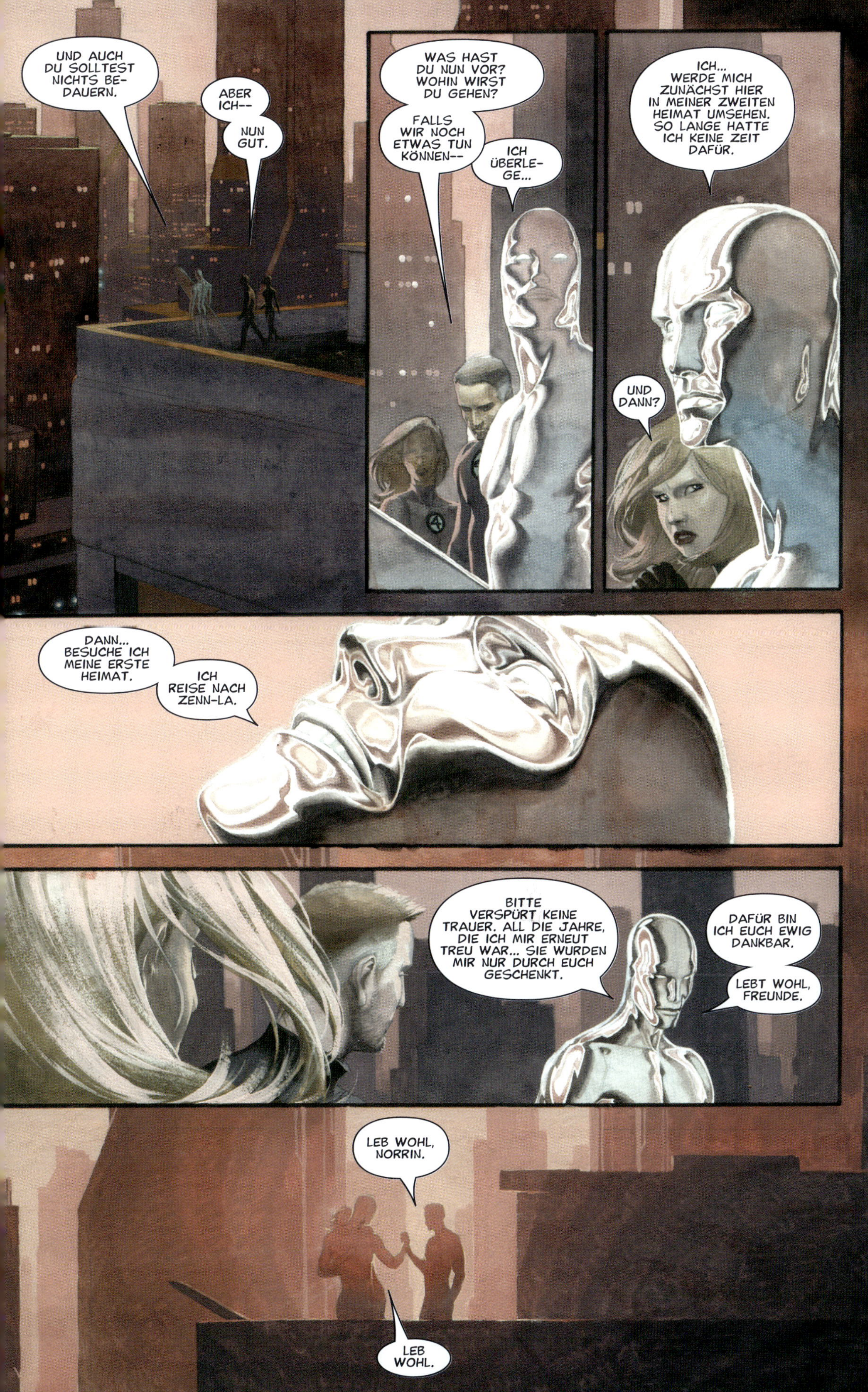
UND AUCH DU SOLLTEST NICHTS BEDAUERN.
ABER ICH--
NUN GUT.
WAS HAST DU NUN VOR? WOHIN WIRST DU GEHEN?
FALLS WIR NOCH ETWAS TUN KÖNNEN--
ICH ÜBERLEGE...
ICH... WERDE MICH ZUNÄCHST HIER IN MEINER ZWEITEN HEIMAT UMSEHEN. SO LANGE HATTE ICH KEINE ZEIT DAFÜR.
UND DANN?
DANN... BESUCHE ICH MEINE ERSTE HEIMAT.
ICH REISE NACH ZENN-LA.
BITTE VERSPÜRT KEINE TRAUER. ALL DIE JAHRE, DIE ICH MIR ERNEUT TREU WAR... SIE WURDEN MIR NUR DURCH EUCH GESCHENKT.
DAFÜR BIN ICH EUCH EWIG DANKBAR.
LEBT WOHL, FREUNDE.
LEB WOHL, NORRIN.
LEB WOHL.

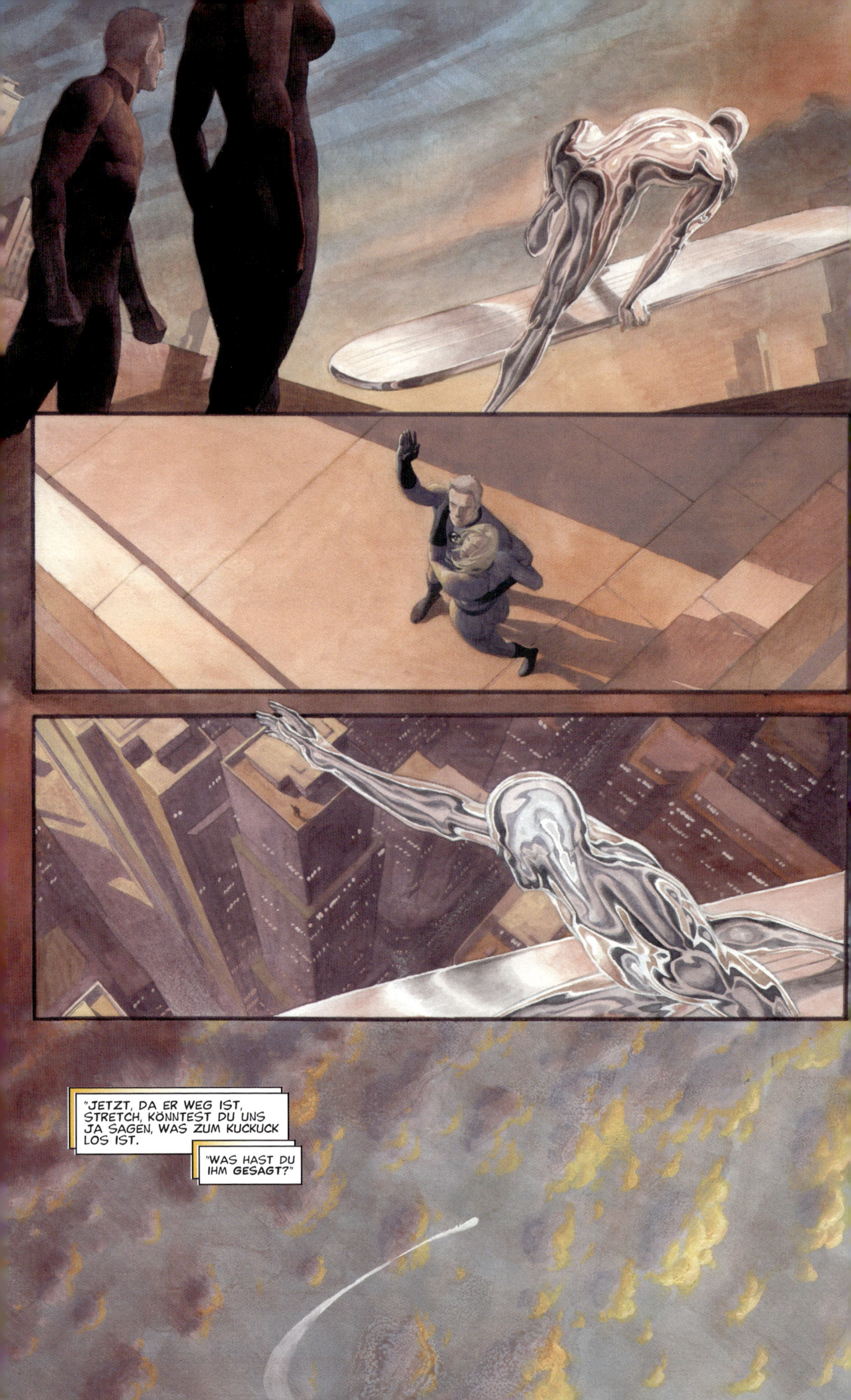
"JETZT, DA ER WEG IST, STRETCH, KÖNNTEST DU UNS JA SAGEN, WAS ZUM KUCKUCK LOS IST.
"WAS HAST DU IHM GESAGT?"

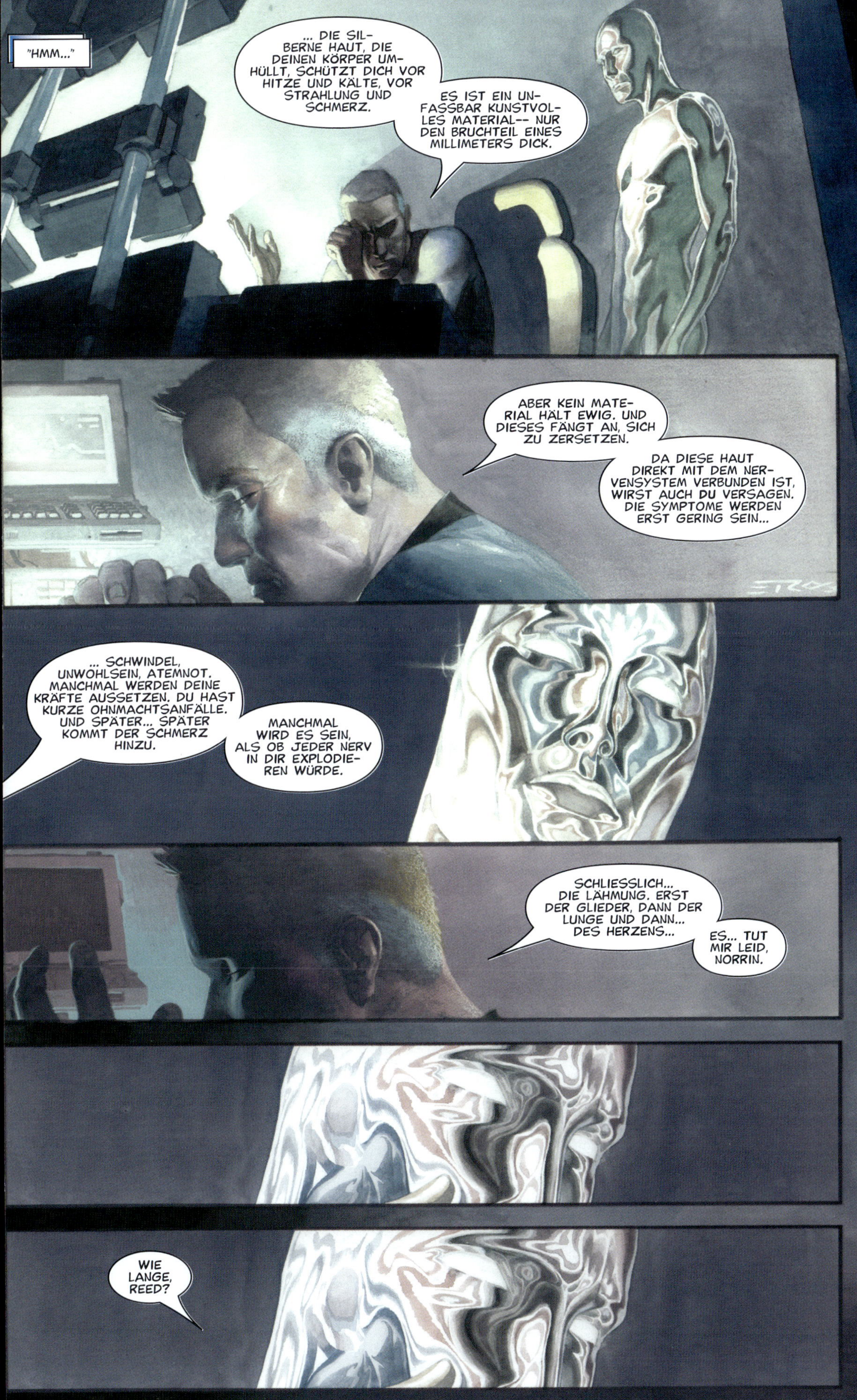
"HMM..."
... DIE SILBERNE HAUT, DIE DEINEN KÖRPER UMHÜLLT, SCHÜTZT DICH VOR HITZE UND KÄLTE, VOR STRAHLUNG UND SCHMERZ.
ES IST EIN UNFASSBAR KUNSTVOLLES MATERIAL-- NUR DEN BRUCHTEIL EINES MILLIMETERS DICK.
ABER KEIN MATERIAL HÄLT EWIG. UND DIESES FÄNGT AN, SICH ZU ZERSETZEN.
DA DIESE HAUT DIREKT MIT DEM NERVENSYSTEM VERBUNDEN IST, WIRST AUCH DU VERSAGEN. DIE SYMPTOME WERDEN ERST GERING SEIN...
... SCHWINDEL, UNWOHLSEIN, ATEMNOT. MANCHMAL WERDEN DEINE KRÄFTE AUSSETZEN. DU HAST KURZE OHNMACHTSANFÄLLE. UND SPÄTER... SPÄTER KOMMT DER SCHMERZ HINZU.
MANCHMAL WIRD ES SEIN, ALS OB JEDER NERV IN DIR EXPLODIEREN WÜRDE.
SCHLIESSLICH... DIE LÄHMUNG. ERST DER GLIEDER, DANN DER LUNGE UND DANN... DES HERZENS...
ES... TUT MIR LEID, NORRIN.
WIE LANGE, REED?

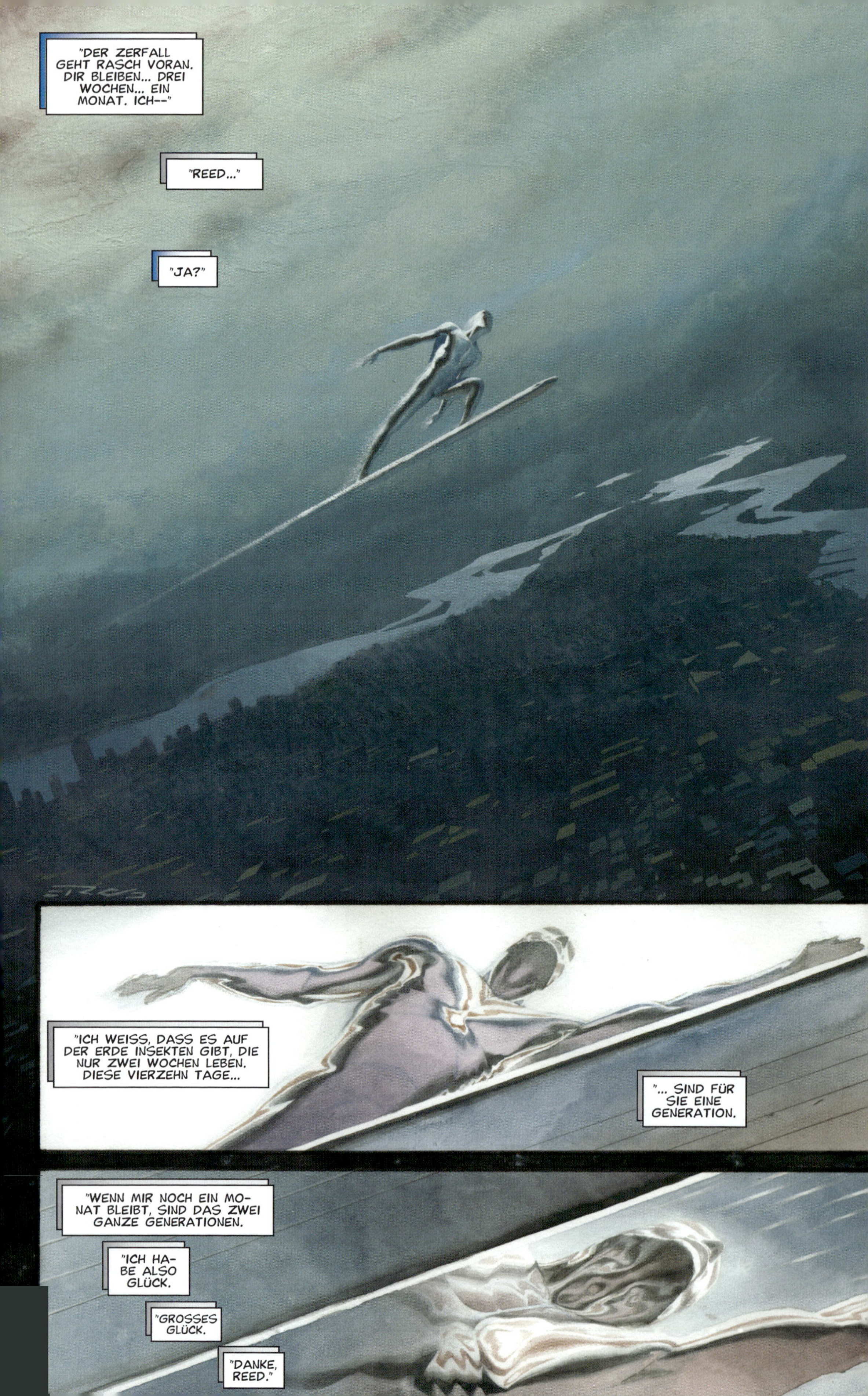
"DER ZERFALL GEHT RASCH VORAN. DIR BLEIBEN... DREI WOCHEN... EIN MONAT. ICH--"
"REED..."
"JA?"
"ICH WEISS, DASS ES AUF DER ERDE INSEKTEN GIBT, DIE NUR ZWEI WOCHEN LEBEN. DIESE VIERZEHN TAGE...
"... SIND FÜR SIE EINE GENERATION.
"WENN MIR NOCH EIN MONAT BLEIBT, SIND DAS ZWEI GANZE GENERATIONEN.
"ICH HABE ALSO GLÜCK.
"GROSSES GLÜCK.
"DANKE, REED."

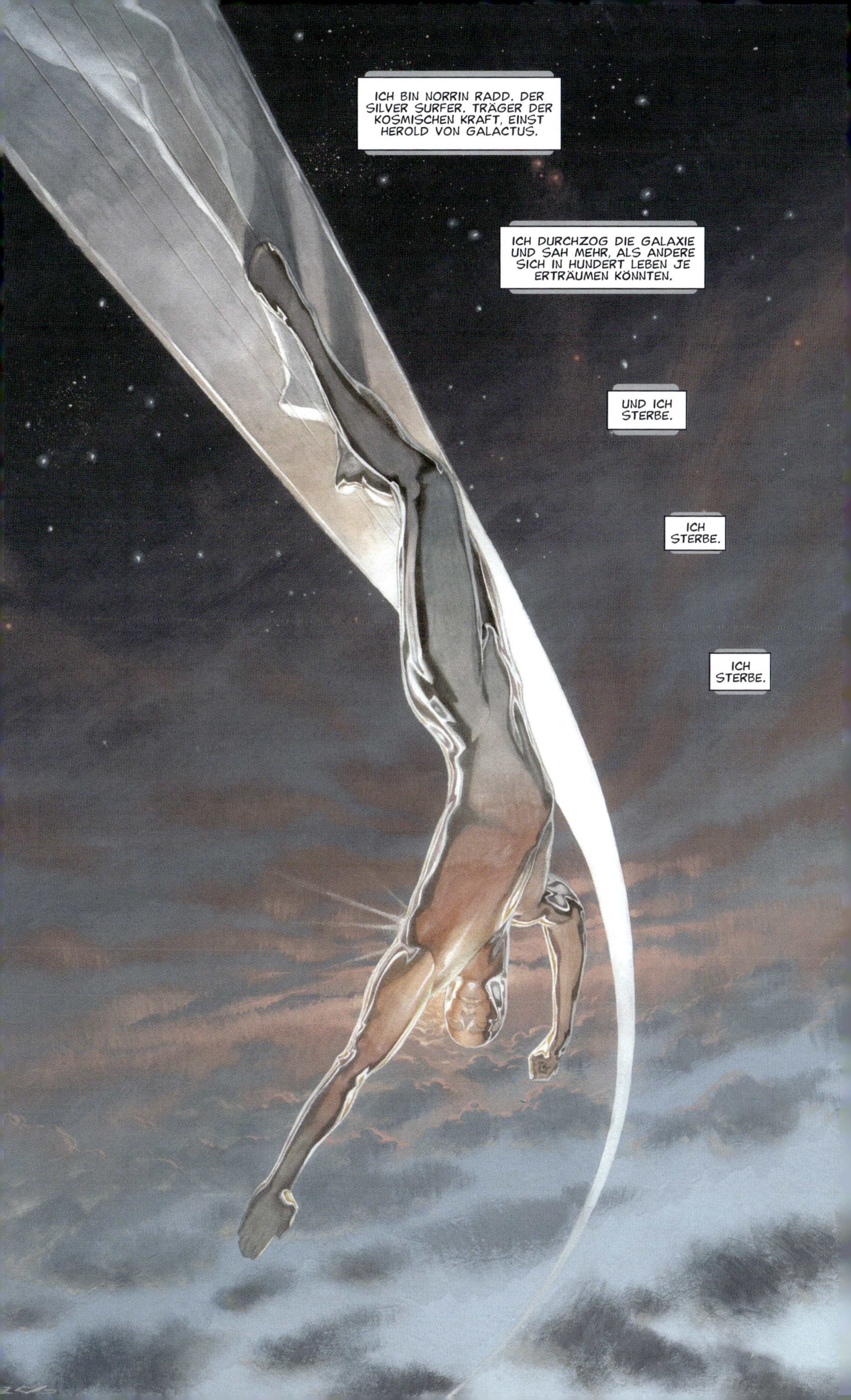

ICH BIN NORRIN RADD. DER SILVER SURFER. TRÄGER DER KOSMISCHEN KRAFT, EINST HEROLD VON GALACTUS.

ICH DURCHZOG DIE GALAXIE UND SAH MEHR, ALS ANDERE SICH IN HUNDERT LEBEN JE ERTRÄUMEN KÖNNTEN.

UND ICH STERBE.

ICH STERBE.

ICH STERBE.

TEIL 2: SANCTUS

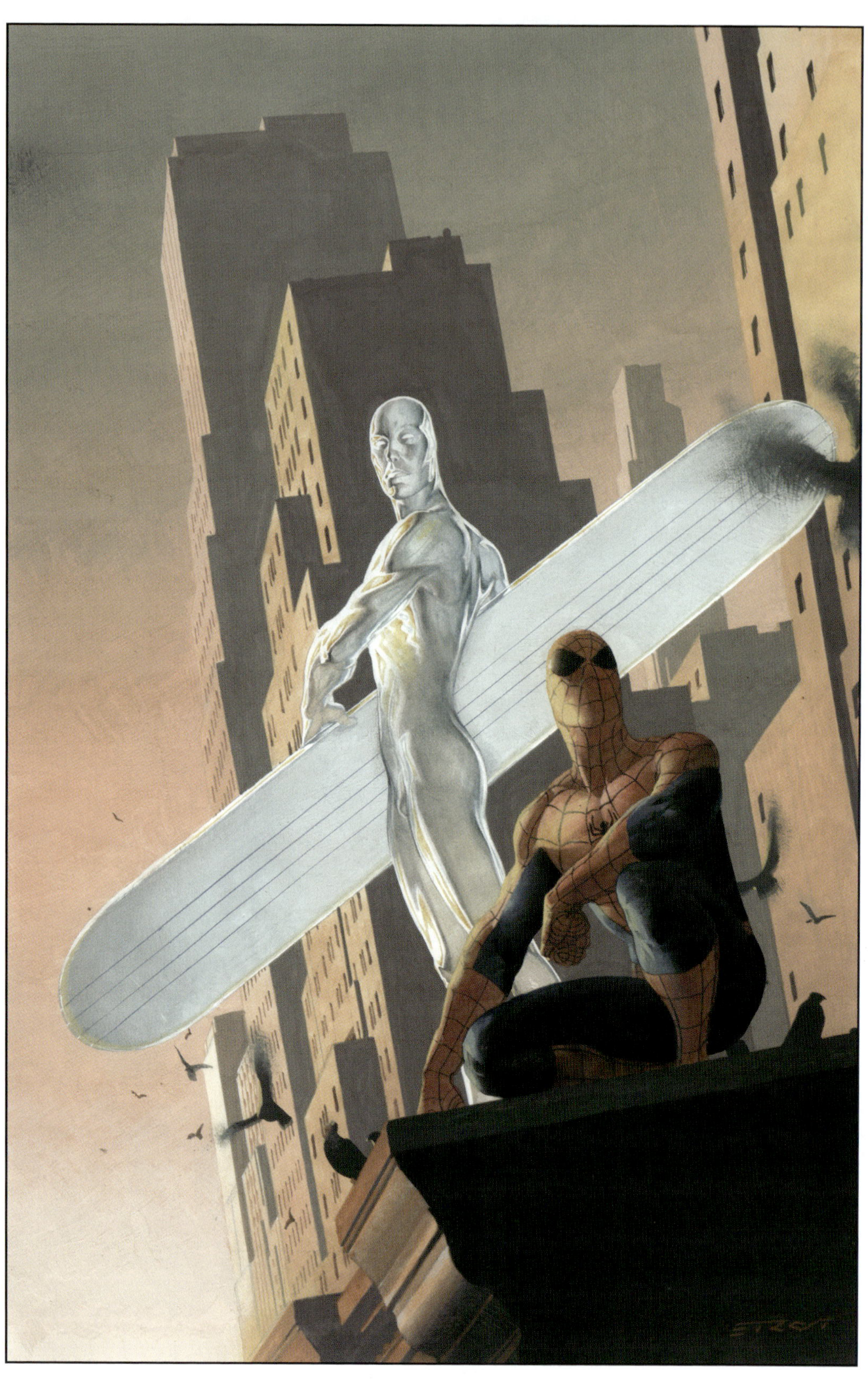

Silver Surfer: Requiem (2007) 2
Cover von **ESAD RIBIĆ**

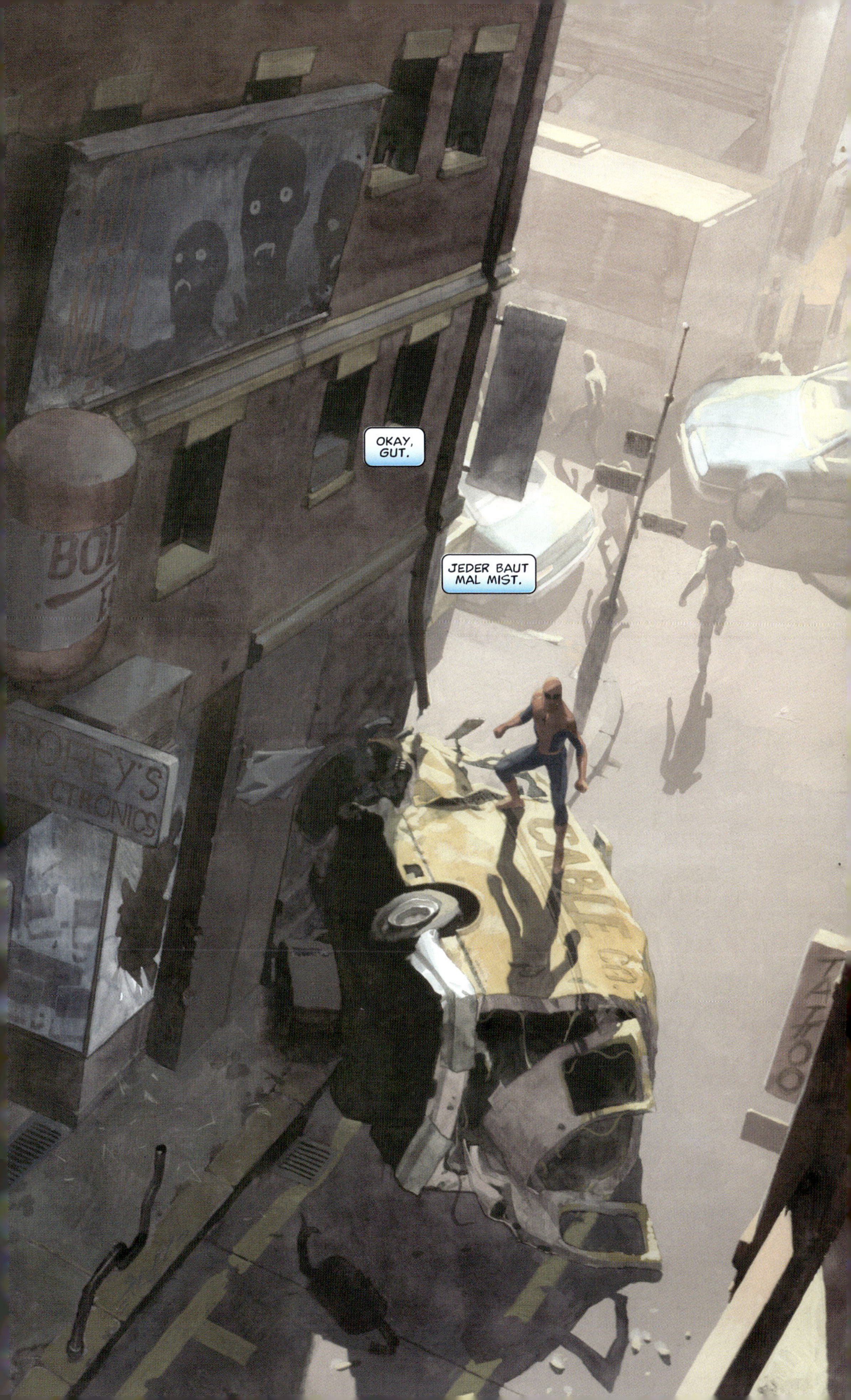
OKAY, GUT.
JEDER BAUT MAL MIST.

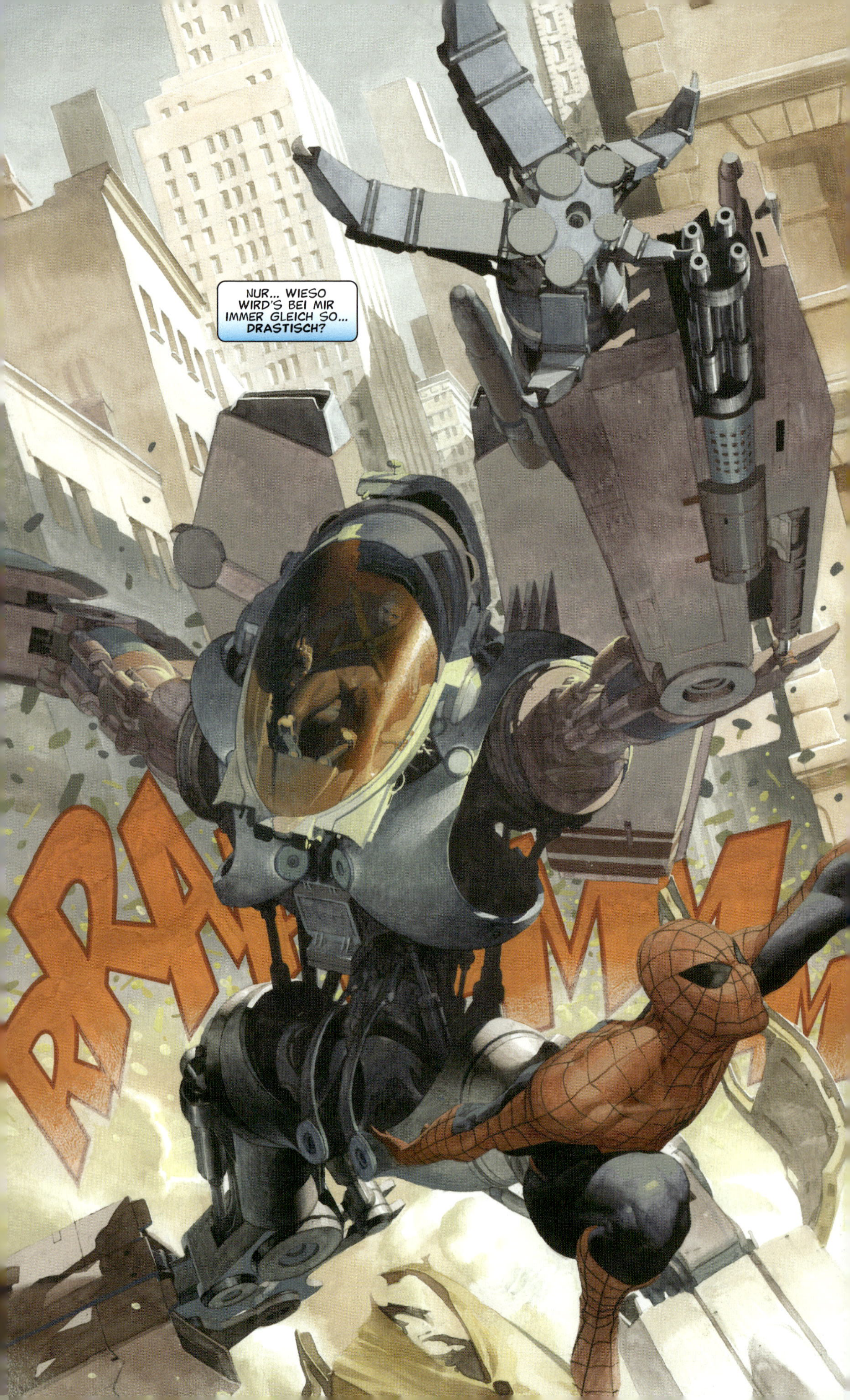
NUR... WIESO WIRD'S BEI MIR IMMER GLEICH SO... DRASTISCH?

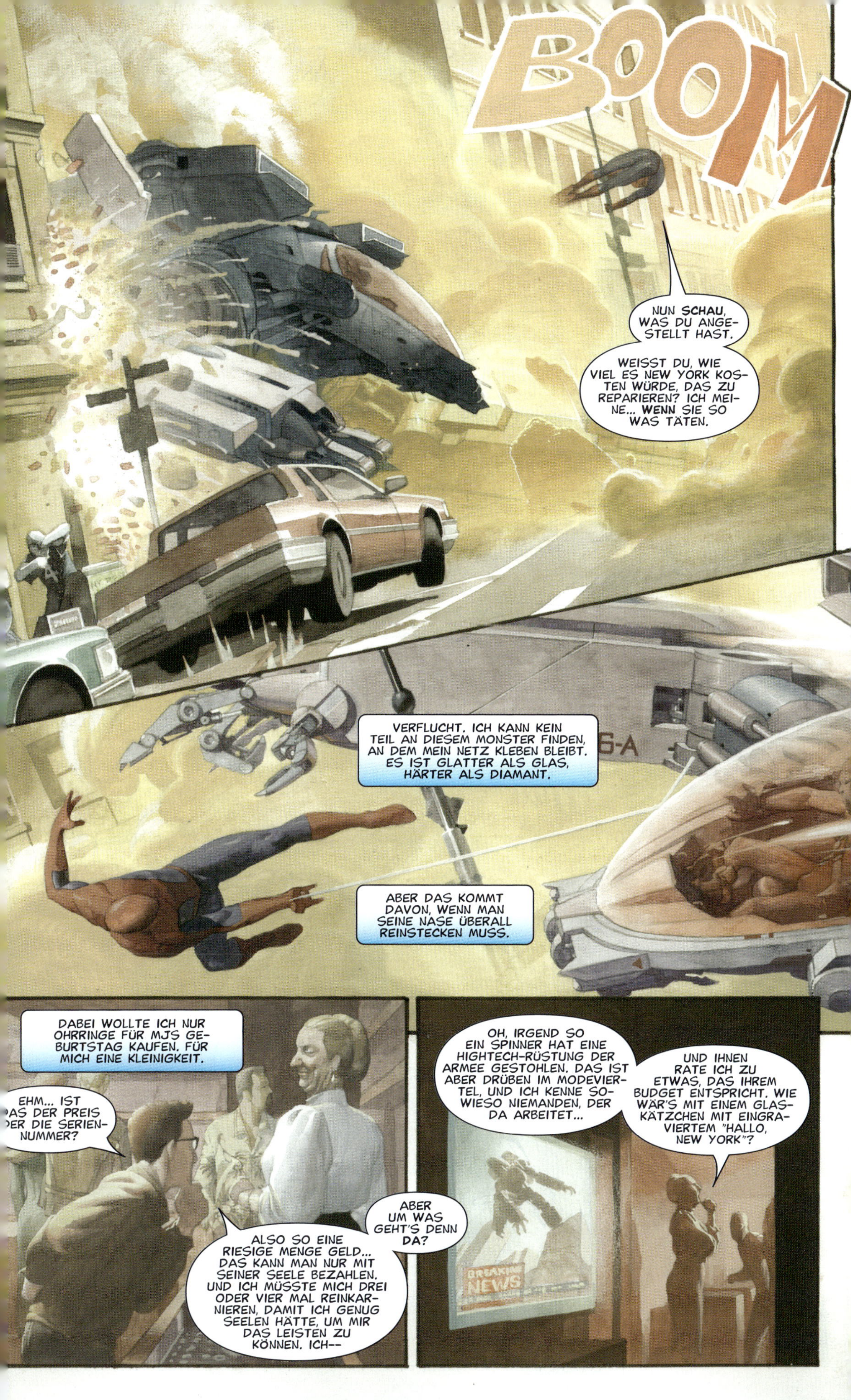
BOOM
NUN SCHAU, WAS DU ANGESTELLT HAST.
WEISST DU, WIE VIEL ES NEW YORK KOSTEN WÜRDE, DAS ZU REPARIEREN? ICH MEINE... WENN SIE SO WAS TÄTEN.
VERFLUCHT. ICH KANN KEIN TEIL AN DIESEM MONSTER FINDEN, AN DEM MEIN NETZ KLEBEN BLEIBT. ES IST GLATTER ALS GLAS, HÄRTER ALS DIAMANT.
ABER DAS KOMMT DAVON, WENN MAN SEINE NASE ÜBERALL REINSTECKEN MUSS.
DABEI WOLLTE ICH NUR OHRRINGE FÜR MJS GEBURTSTAG KAUFEN. FÜR MICH EINE KLEINIGKEIT.
EHM... IST AS DER PREIS DER DIE SERIENNUMMER?
ALSO SO EINE RIESIGE MENGE GELD... DAS KANN MAN NUR MIT SEINER SEELE BEZAHLEN. UND ICH MÜSSTE MICH DREI ODER VIER MAL REINKARNIEREN, DAMIT ICH GENUG SEELEN HÄTTE, UM MIR DAS LEISTEN ZU KÖNNEN. ICH--
ABER UM WAS GEHT'S DENN DA?
OH, IRGEND SO EIN SPINNER HAT EINE HIGHTECH-RÜSTUNG DER ARMEE GESTOHLEN. DAS IST ABER DRÜBEN IM MODEVIERTEL, UND ICH KENNE SOWIESO NIEMANDEN, DER DA ARBEITET...
UND IHNEN RATE ICH ZU ETWAS, DAS IHREM BUDGET ENTSPRICHT. WIE WÄR'S MIT EINEM GLASKÄTZCHEN MIT EINGRAVIERTEM "HALLO, NEW YORK"?
BREAKING NEWS

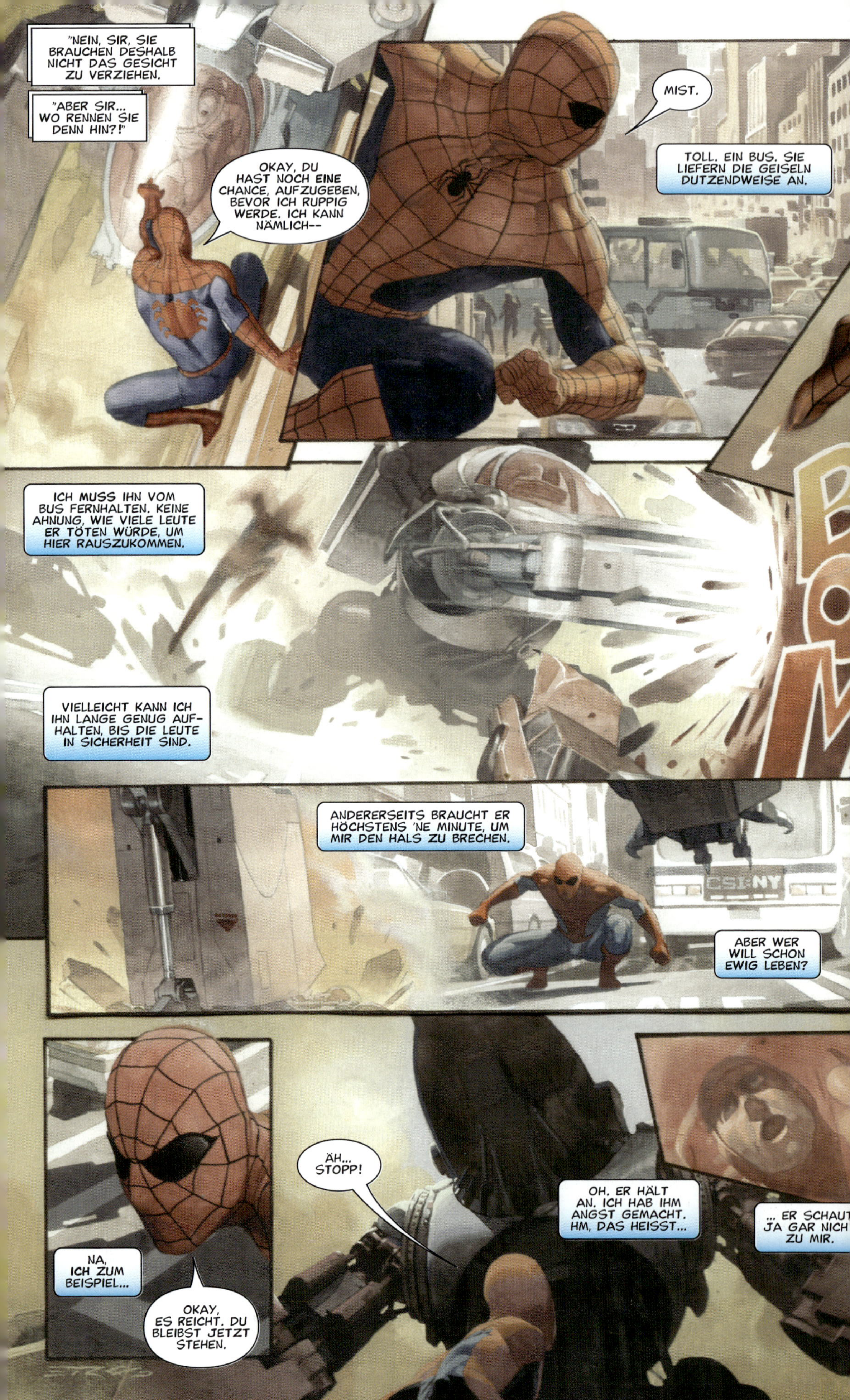
"NEIN, SIR, SIE BRAUCHEN DESHALB NICHT DAS GESICHT ZU VERZIEHEN.
"ABER SIR... WO RENNEN SIE DENN HIN?!"
OKAY, DU HAST NOCH EINE CHANCE, AUFZUGEBEN, BEVOR ICH RUPPIG WERDE. ICH KANN NÄMLICH--
MIST.
TOLL. EIN BUS. SIE LIEFERN DIE GEISELN DUTZENDWEISE AN.
ICH MUSS IHN VOM BUS FERNHALTEN. KEINE AHNUNG, WIE VIELE LEUTE ER TÖTEN WÜRDE, UM HIER RAUSZUKOMMEN.
VIELLEICHT KANN ICH IHN LANGE GENUG AUFHALTEN, BIS DIE LEUTE IN SICHERHEIT SIND.
ANDERERSEITS BRAUCHT ER HÖCHSTENS 'NE MINUTE, UM MIR DEN HALS ZU BRECHEN.
CSI:NY
ABER WER WILL SCHON EWIG LEBEN?
NA, ICH ZUM BEISPIEL...
OKAY, ES REICHT. DU BLEIBST JETZT STEHEN.
ÄH... STOPP!
OH. ER HÄLT AN. ICH HAB IHM ANGST GEMACHT. HM, DAS HEISST...
... ER SCHAUT JA GAR NICH ZU MIR.

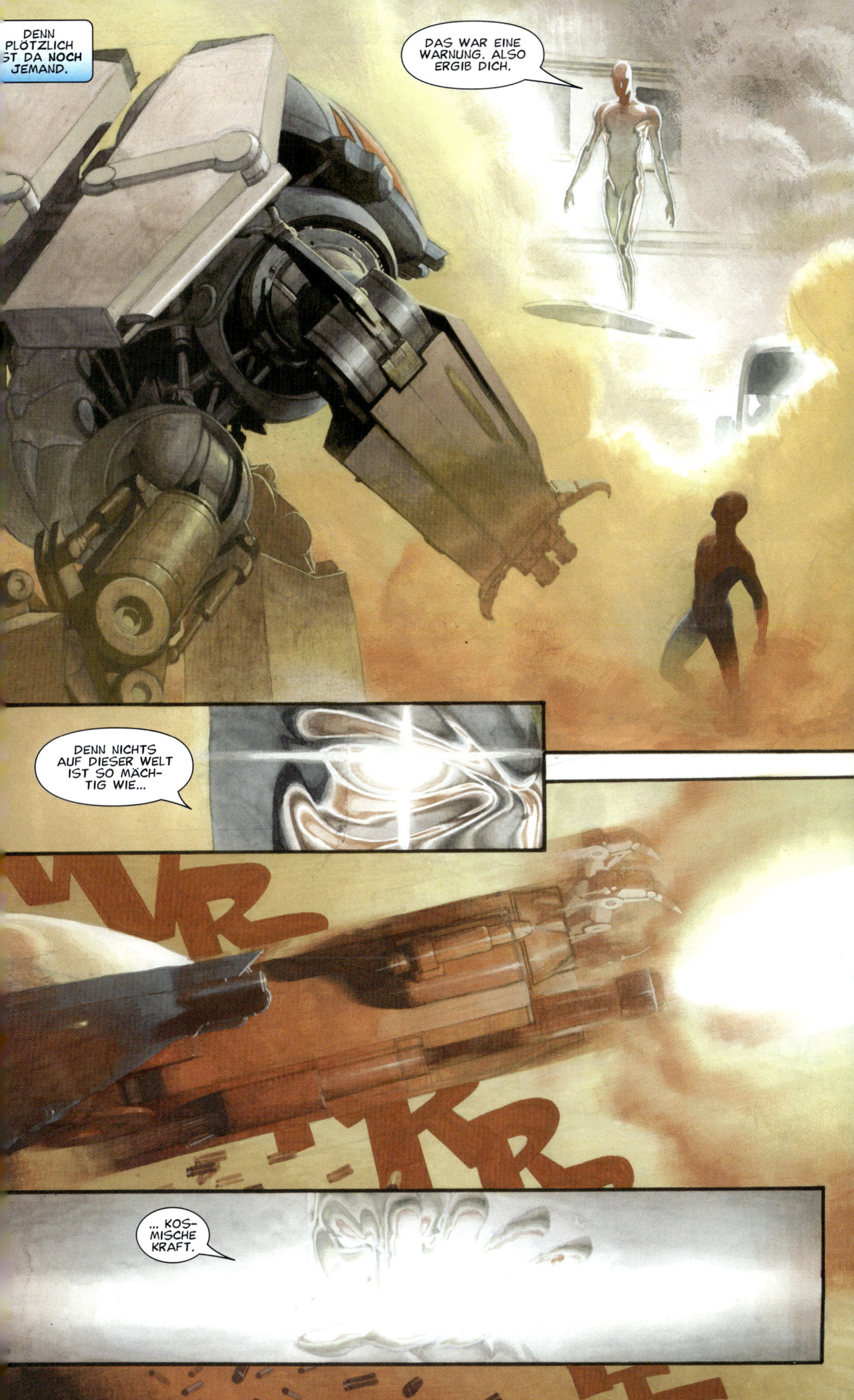

DENN PLÖTZLICH
ST DA NOCH JEMAND.
DAS WAR EINE WARNUNG. ALSO ERGIB DICH.
DENN NICHTS AUF DIESER WELT IST SO MÄCH-TIG WIE...
... KOS-MISCHE KRAFT.

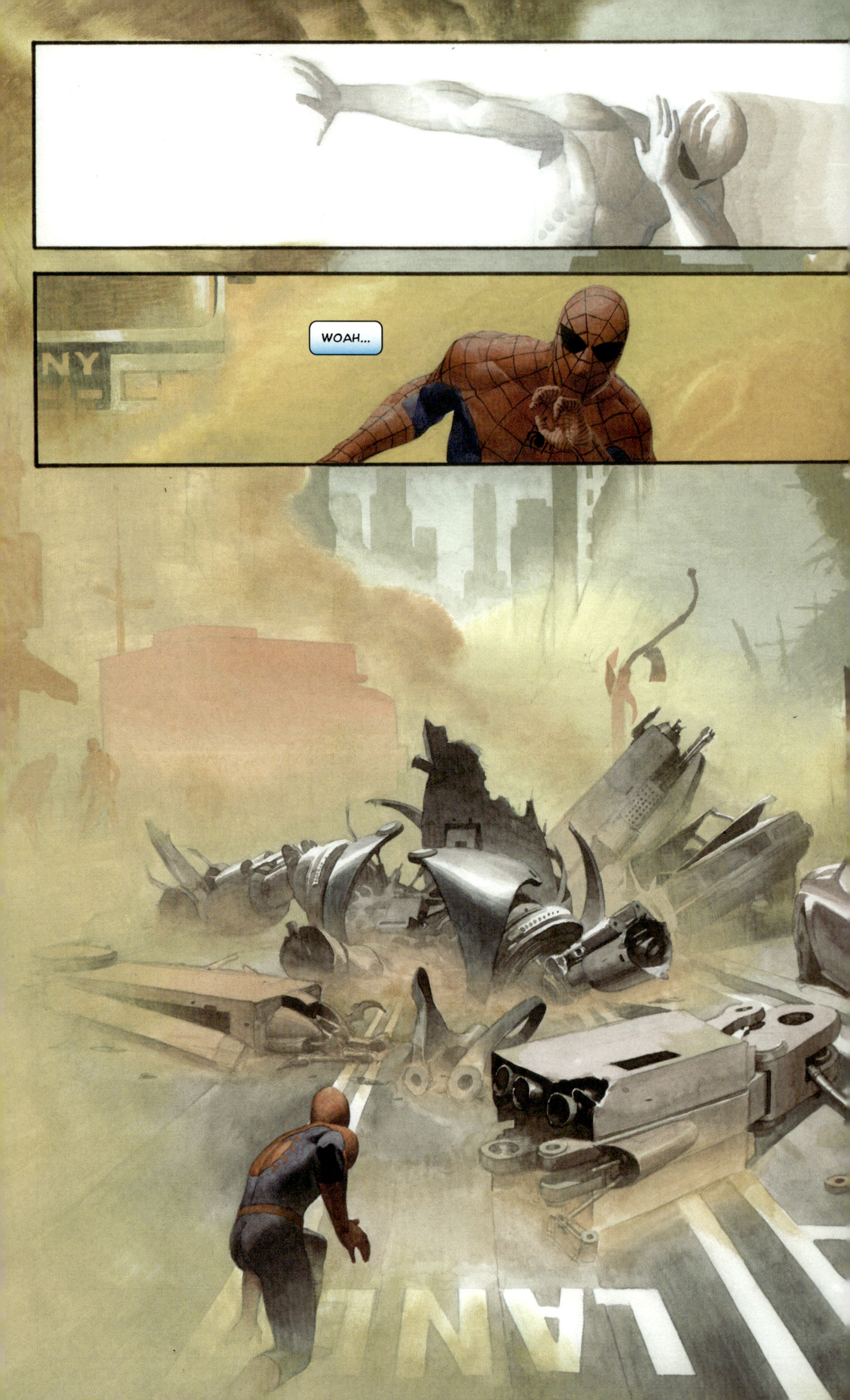
NY
WOAH...

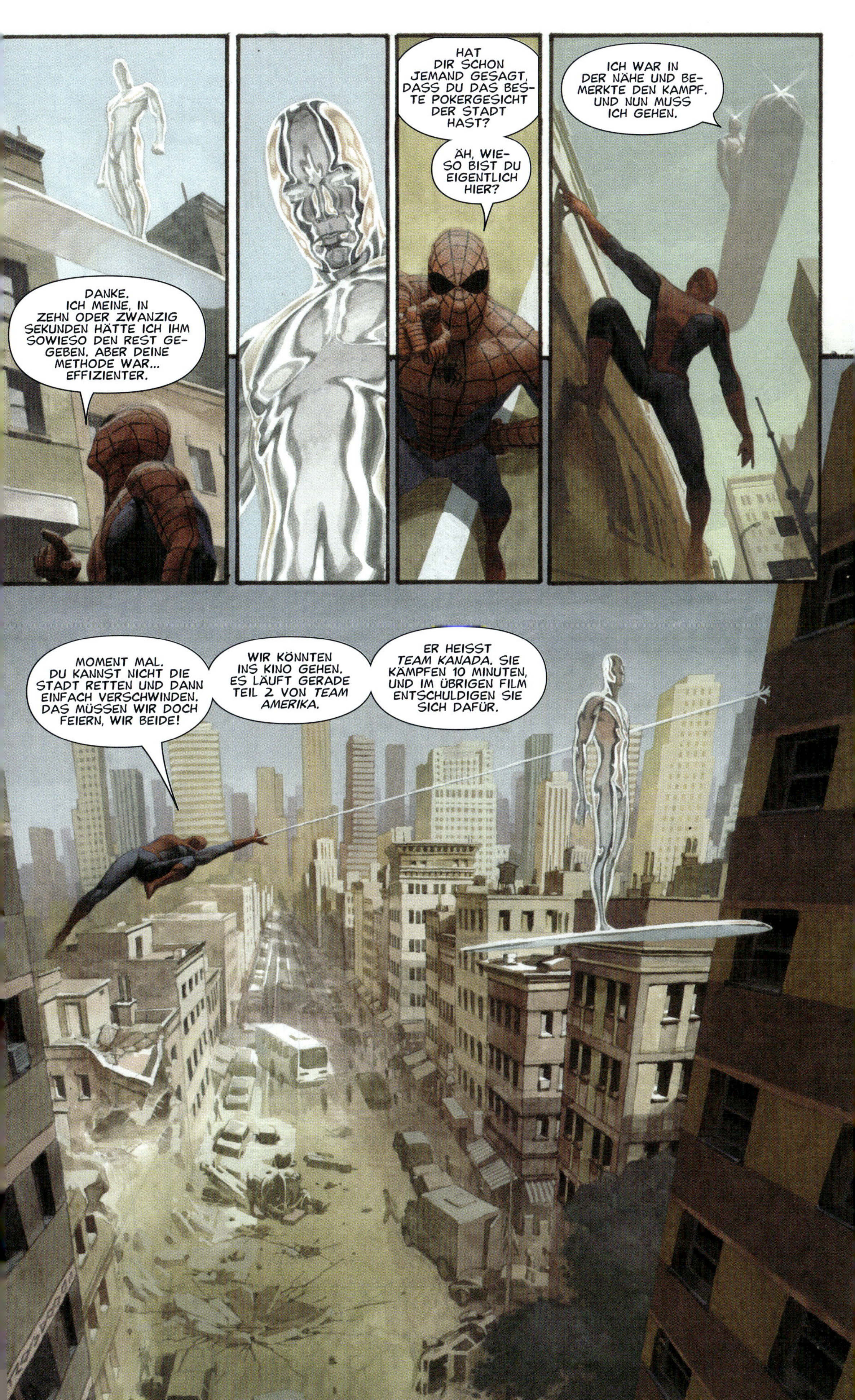
DANKE. ICH MEINE, IN ZEHN ODER ZWANZIG SEKUNDEN HÄTTE ICH IHM SOWIESO DEN REST GEGEBEN. ABER DEINE METHODE WAR... EFFIZIENTER.
HAT DIR SCHON JEMAND GESAGT, DASS DU DAS BESTE POKERGESICHT DER STADT HAST?
ÄH, WIESO BIST DU EIGENTLICH HIER?
ICH WAR IN DER NÄHE UND BEMERKTE DEN KAMPF. UND NUN MUSS ICH GEHEN.
MOMENT MAL. DU KANNST NICHT DIE STADT RETTEN UND DANN EINFACH VERSCHWINDEN. DAS MÜSSEN WIR DOCH FEIERN, WIR BEIDE!
WIR KÖNNTEN INS KINO GEHEN. ES LÄUFT GERADE TEIL 2 VON *TEAM AMERIKA*.
ER HEISST *TEAM KANADA*. SIE KÄMPFEN 10 MINUTEN, UND IM ÜBRIGEN FILM ENTSCHULDIGEN SIE SICH DAFÜR.

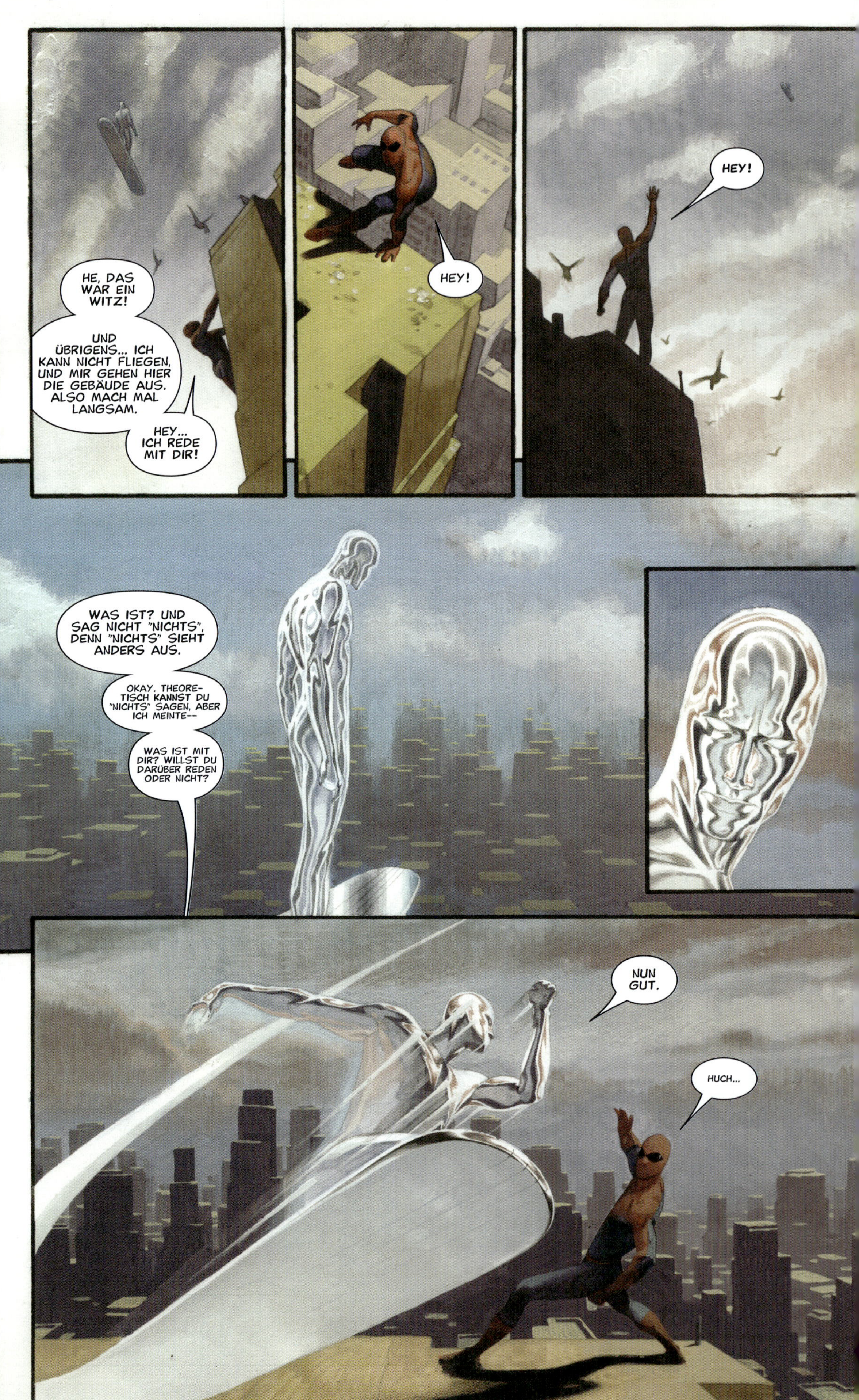
HE, DAS WAR EIN WITZ!
UND ÜBRIGENS... ICH KANN NICHT FLIEGEN, UND MIR GEHEN HIER DIE GEBÄUDE AUS. ALSO MACH MAL LANGSAM.
HEY... ICH REDE MIT DIR!
HEY!
HEY!
WAS IST? UND SAG NICHT "NICHTS", DENN "NICHTS" SIEHT ANDERS AUS.
OKAY. THEORETISCH KANNST DU "NICHTS" SAGEN, ABER ICH MEINTE--
WAS IST MIT DIR? WILLST DU DARÜBER REDEN ODER NICHT?
NUN GUT.
HUCH...

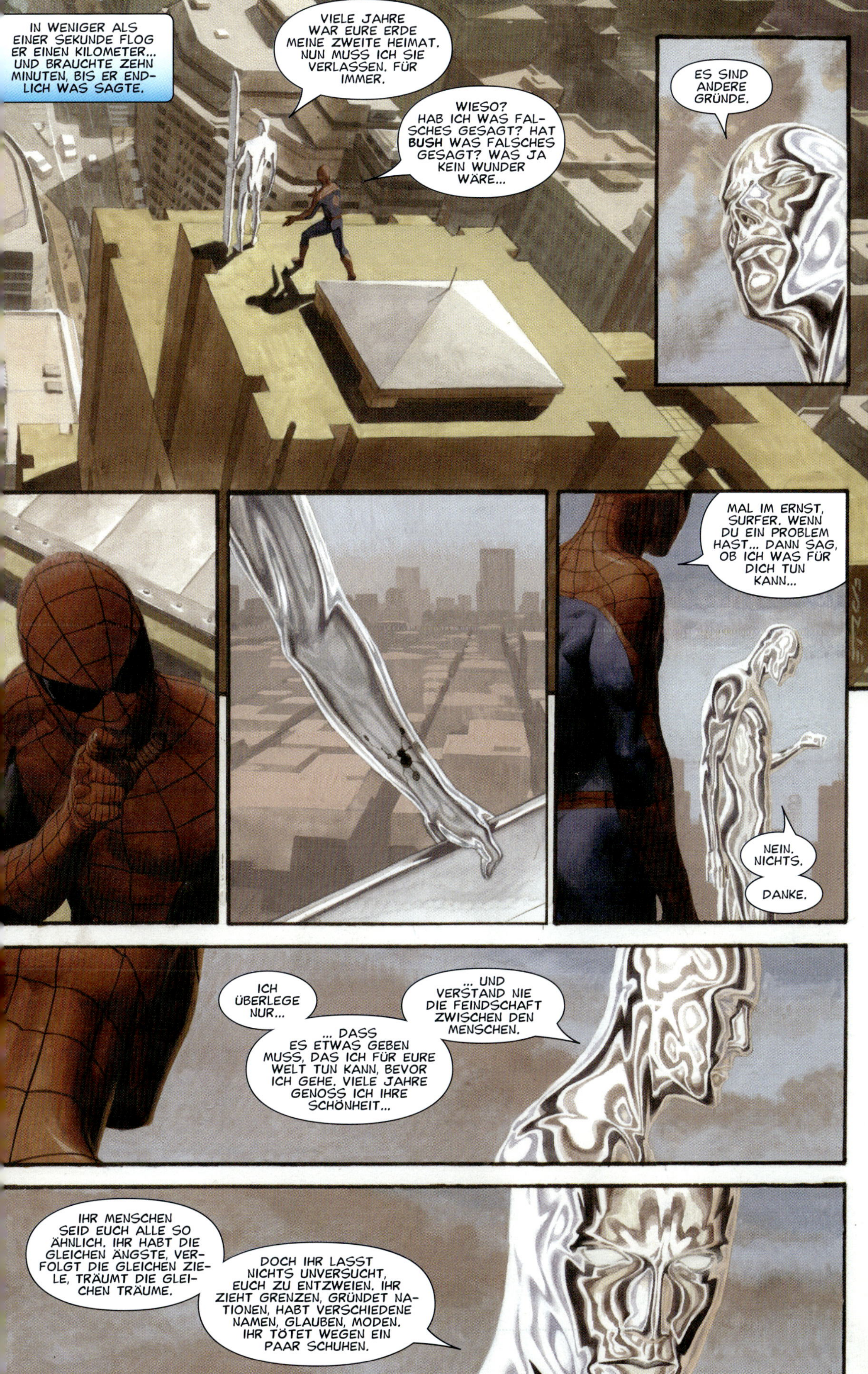

IN WENIGER ALS EINER SEKUNDE FLOG ER EINEN KILOMETER... UND BRAUCHTE ZEHN MINUTEN, BIS ER ENDLICH WAS SAGTE.
VIELE JAHRE WAR EURE ERDE MEINE ZWEITE HEIMAT. NUN MUSS ICH SIE VERLASSEN. FÜR IMMER.
WIESO? HAB ICH WAS FALSCHES GESAGT? HAT BUSH WAS FALSCHES GESAGT? WAS JA KEIN WUNDER WÄRE...
ES SIND ANDERE GRÜNDE.
MAL IM ERNST, SURFER. WENN DU EIN PROBLEM HAST... DANN SAG, OB ICH WAS FÜR DICH TUN KANN...
NEIN. NICHTS.
DANKE.
ICH ÜBERLEGE NUR...
... DASS ES ETWAS GEBEN MUSS, DAS ICH FÜR EURE WELT TUN KANN, BEVOR ICH GEHE. VIELE JAHRE GENOSS ICH IHRE SCHÖNHEIT...
... UND VERSTAND NIE DIE FEINDSCHAFT ZWISCHEN DEN MENSCHEN.
IHR MENSCHEN SEID EUCH ALLE SO ÄHNLICH. IHR HABT DIE GLEICHEN ÄNGSTE, VERFOLGT DIE GLEICHEN ZIELE, TRÄUMT DIE GLEICHEN TRÄUME.
DOCH IHR LASST NICHTS UNVERSUCHT, EUCH ZU ENTZWEIEN. IHR ZIEHT GRENZEN, GRÜNDET NATIONEN, HABT VERSCHIEDENE NAMEN, GLAUBEN, MODEN. IHR TÖTET WEGEN EIN PAAR SCHUHEN.

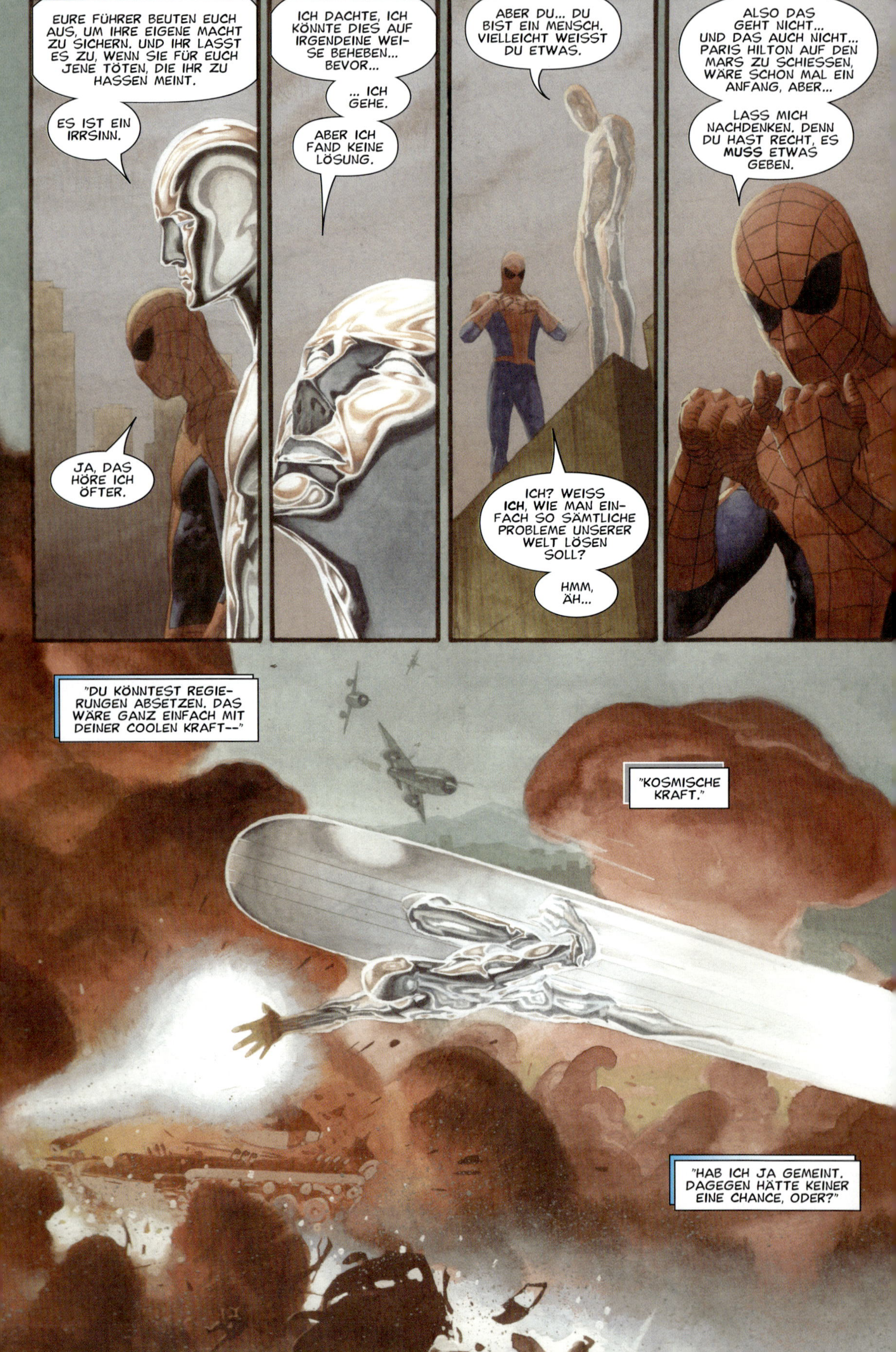
EURE FÜHRER BEUTEN EUCH AUS, UM IHRE EIGENE MACHT ZU SICHERN. UND IHR LASST ES ZU, WENN SIE FÜR EUCH JENE TÖTEN, DIE IHR ZU HASSEN MEINT.
ES IST EIN IRRSINN.
JA, DAS HÖRE ICH ÖFTER.
ICH DACHTE, ICH KÖNNTE DIES AUF IRGENDEINE WEI-SE BEHEBEN... BEVOR...
... ICH GEHE.
ABER ICH FAND KEINE LÖSUNG.
ABER DU... DU BIST EIN MENSCH. VIELLEICHT WEISST DU ETWAS.
ICH? WEISS ICH, WIE MAN EIN-FACH SO SÄMTLICHE PROBLEME UNSERER WELT LÖSEN SOLL?
HMM, ÄH...
ALSO DAS GEHT NICHT... UND DAS AUCH NICHT... PARIS HILTON AUF DEN MARS ZU SCHIESSEN, WÄRE SCHON MAL EIN ANFANG, ABER...
LASS MICH NACHDENKEN. DENN DU HAST RECHT, ES MUSS ETWAS GEBEN.
"DU KÖNNTEST REGIE-RUNGEN ABSETZEN. DAS WÄRE GANZ EINFACH MIT DEINER COOLEN KRAFT--"
"KOSMISCHE KRAFT."
"HAB ICH JA GEMEINT. DAGEGEN HÄTTE KEINER EINE CHANCE, ODER?"

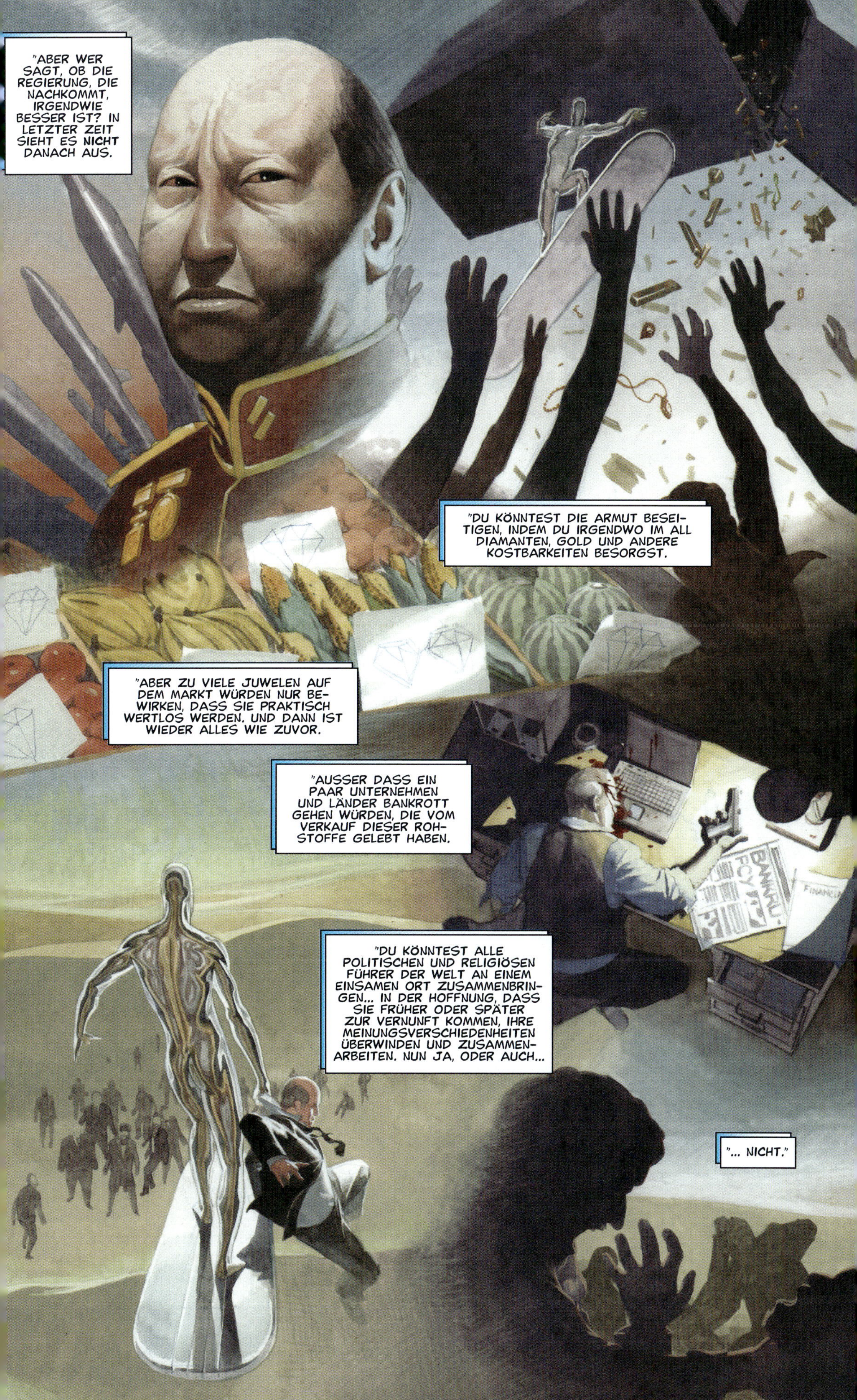
"ABER WER SAGT, OB DIE REGIERUNG, DIE NACHKOMMT, IRGENDWIE BESSER IST? IN LETZTER ZEIT SIEHT ES NICHT DANACH AUS.
"DU KÖNNTEST DIE ARMUT BESEI-TIGEN, INDEM DU IRGENDWO IM ALL DIAMANTEN, GOLD UND ANDERE KOSTBARKEITEN BESORGST.
"ABER ZU VIELE JUWELEN AUF DEM MARKT WÜRDEN NUR BE-WIRKEN, DASS SIE PRAKTISCH WERTLOS WERDEN. UND DANN IST WIEDER ALLES WIE ZUVOR.
"AUSSER DASS EIN PAAR UNTERNEHMEN UND LÄNDER BANKROTT GEHEN WÜRDEN, DIE VOM VERKAUF DIESER ROH-STOFFE GELEBT HABEN.
"DU KÖNNTEST ALLE POLITISCHEN UND RELIGIÖSEN FÜHRER DER WELT AN EINEM EINSAMEN ORT ZUSAMMENBRIN-GEN... IN DER HOFFNUNG, DASS SIE FRÜHER ODER SPÄTER ZUR VERNUNFT KOMMEN, IHRE MEINUNGSVERSCHIEDENHEITEN ÜBERWINDEN UND ZUSAMMEN-ARBEITEN. NUN JA, ODER AUCH...
"... NICHT."

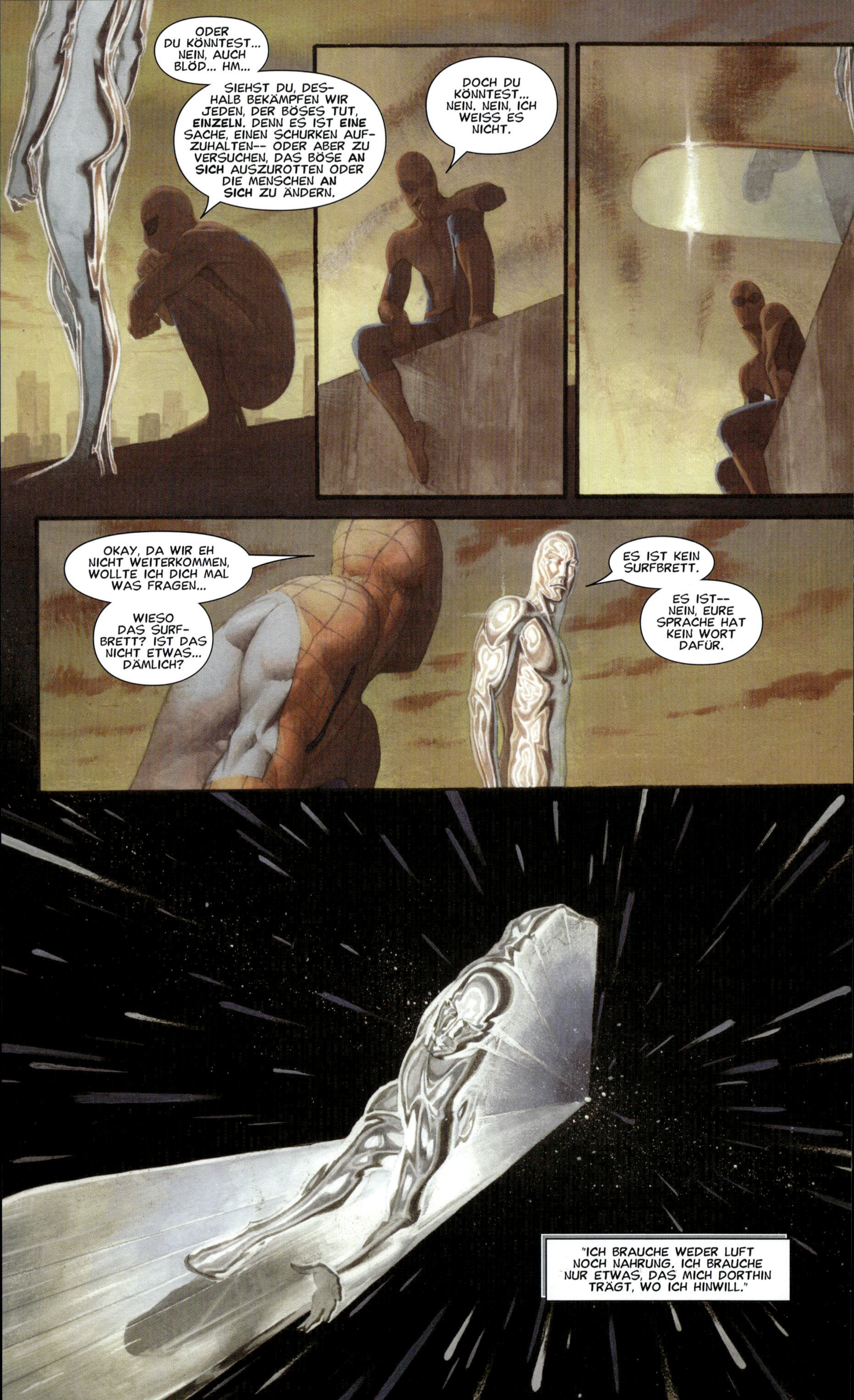
ODER DU KÖNNTEST... NEIN, AUCH BLÖD... HM...
SIEHST DU, DESHALB BEKÄMPFEN WIR JEDEN, DER BÖSES TUT, EINZELN. DENN ES IST EINE SACHE, EINEN SCHURKEN AUFZUHALTEN-- ODER ABER ZU VERSUCHEN, DAS BÖSE AN SICH AUSZUROTTEN ODER DIE MENSCHEN AN SICH ZU ÄNDERN.
DOCH DU KÖNNTEST... NEIN. NEIN, ICH WEISS ES NICHT.
OKAY, DA WIR EH NICHT WEITERKOMMEN, WOLLTE ICH DICH MAL WAS FRAGEN...
WIESO DAS SURFBRETT? IST DAS NICHT ETWAS... DÄMLICH?
ES IST KEIN SURFBRETT.
ES IST-- NEIN, EURE SPRACHE HAT KEIN WORT DAFÜR.
"ICH BRAUCHE WEDER LUFT NOCH NAHRUNG. ICH BRAUCHE NUR ETWAS, DAS MICH DORTHIN TRÄGT, WO ICH HINWILL."

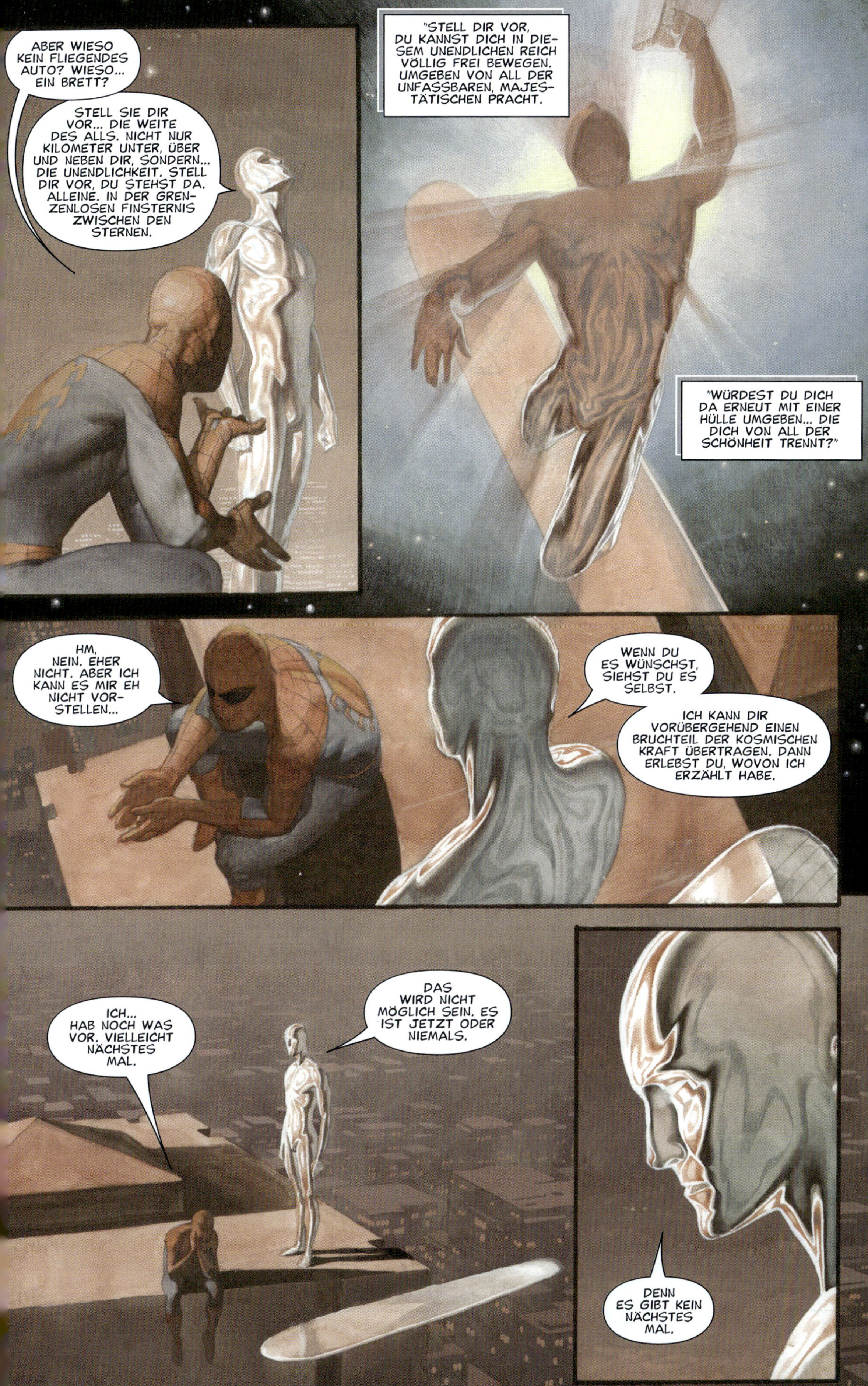

ABER WIESO KEIN FLIEGENDES AUTO? WIESO... EIN BRETT?
STELL SIE DIR VOR... DIE WEITE DES ALLS. NICHT NUR KILOMETER UNTER, ÜBER UND NEBEN DIR, SONDERN... DIE UNENDLICHKEIT. STELL DIR VOR, DU STEHST DA. ALLEINE. IN DER GRENZENLOSEN FINSTERNIS ZWISCHEN DEN STERNEN.
"STELL DIR VOR, DU KANNST DICH IN DIESEM UNENDLICHEN REICH VÖLLIG FREI BEWEGEN. UMGEBEN VON ALL DER UNFASSBAREN, MAJESTÄTISCHEN PRACHT.
"WÜRDEST DU DICH DA ERNEUT MIT EINER HÜLLE UMGEBEN... DIE DICH VON ALL DER SCHÖNHEIT TRENNT?"
HM, NEIN. EHER NICHT. ABER ICH KANN ES MIR EH NICHT VORSTELLEN...
WENN DU ES WÜNSCHST, SIEHST DU ES SELBST.
ICH KANN DIR VORÜBERGEHEND EINEN BRUCHTEIL DER KOSMISCHEN KRAFT ÜBERTRAGEN. DANN ERLEBST DU, WOVON ICH ERZÄHLT HABE.
ICH... HAB NOCH WAS VOR. VIELLEICHT NÄCHSTES MAL.
DAS WIRD NICHT MÖGLICH SEIN. ES IST JETZT ODER NIEMALS.
DENN ES GIBT KEIN NÄCHSTES MAL.

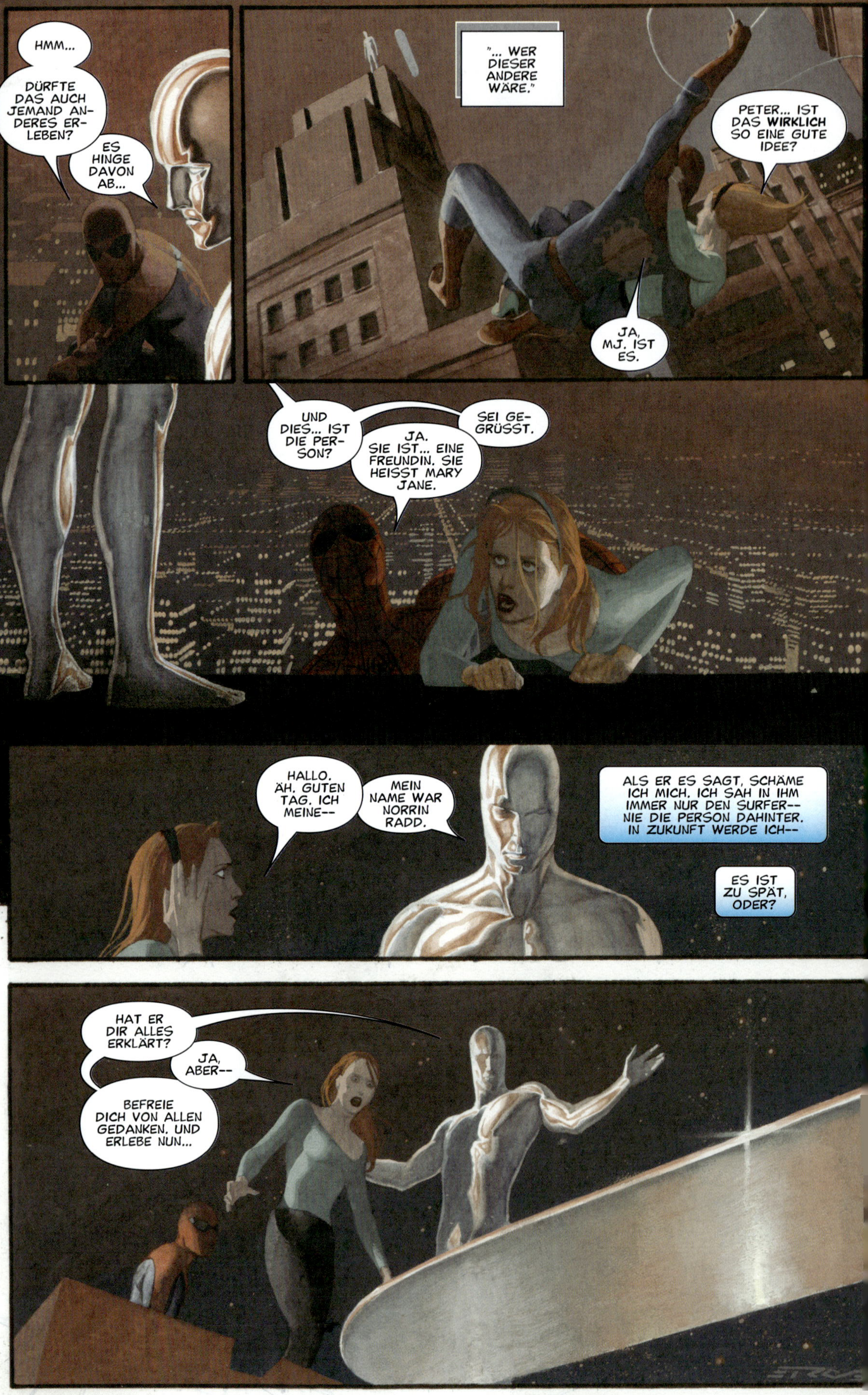

HMM...
DÜRFTE DAS AUCH JEMAND ANDERES ERLEBEN?
ES HINGE DAVON AB...
"... WER DIESER ANDERE WÄRE."
PETER... IST DAS **WIRKLICH** SO EINE GUTE IDEE?
JA, MJ. IST ES.
UND DIES... IST DIE PERSON?
SEI GEGRÜSST.
JA. SIE IST... EINE FREUNDIN. SIE HEISST MARY JANE.
HALLO. ÄH. GUTEN TAG. ICH MEINE--
MEIN NAME WAR NORRIN RADD.
ALS ER ES SAGT, SCHÄME ICH MICH. ICH SAH IN IHM IMMER NUR DEN SURFER-- NIE DIE PERSON DAHINTER. IN ZUKUNFT WERDE ICH--
ES IST ZU SPÄT, ODER?

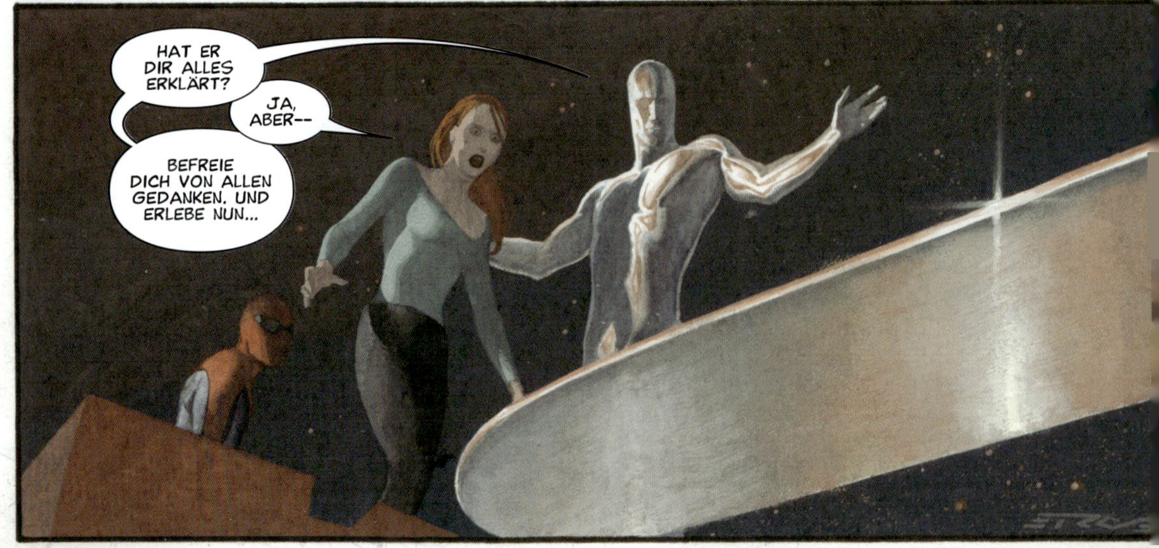

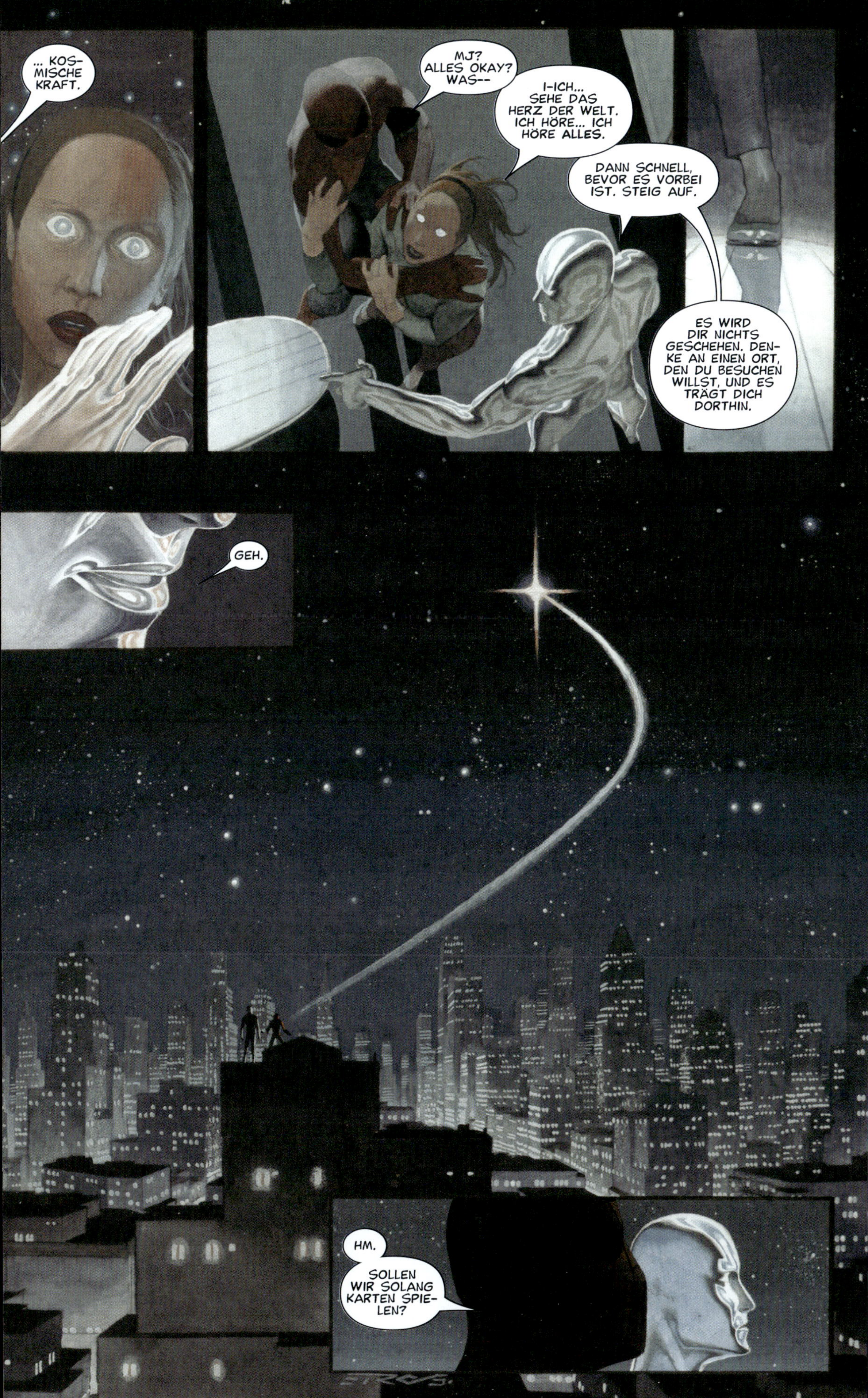

... KOS-MISCHE KRAFT.
MJ? ALLES OKAY? WAS--
I-ICH... SEHE DAS HERZ DER WELT. ICH HÖRE... ICH HÖRE ALLES.
DANN SCHNELL, BEVOR ES VORBEI IST. STEIG AUF.
ES WIRD DIR NICHTS GESCHEHEN. DENKE AN EINEN ORT, DEN DU BESUCHEN WILLST, UND ES TRÄGT DICH DORTHIN.
GEH.
HM.
SOLLEN WIR SOLANG KARTEN SPIELEN?

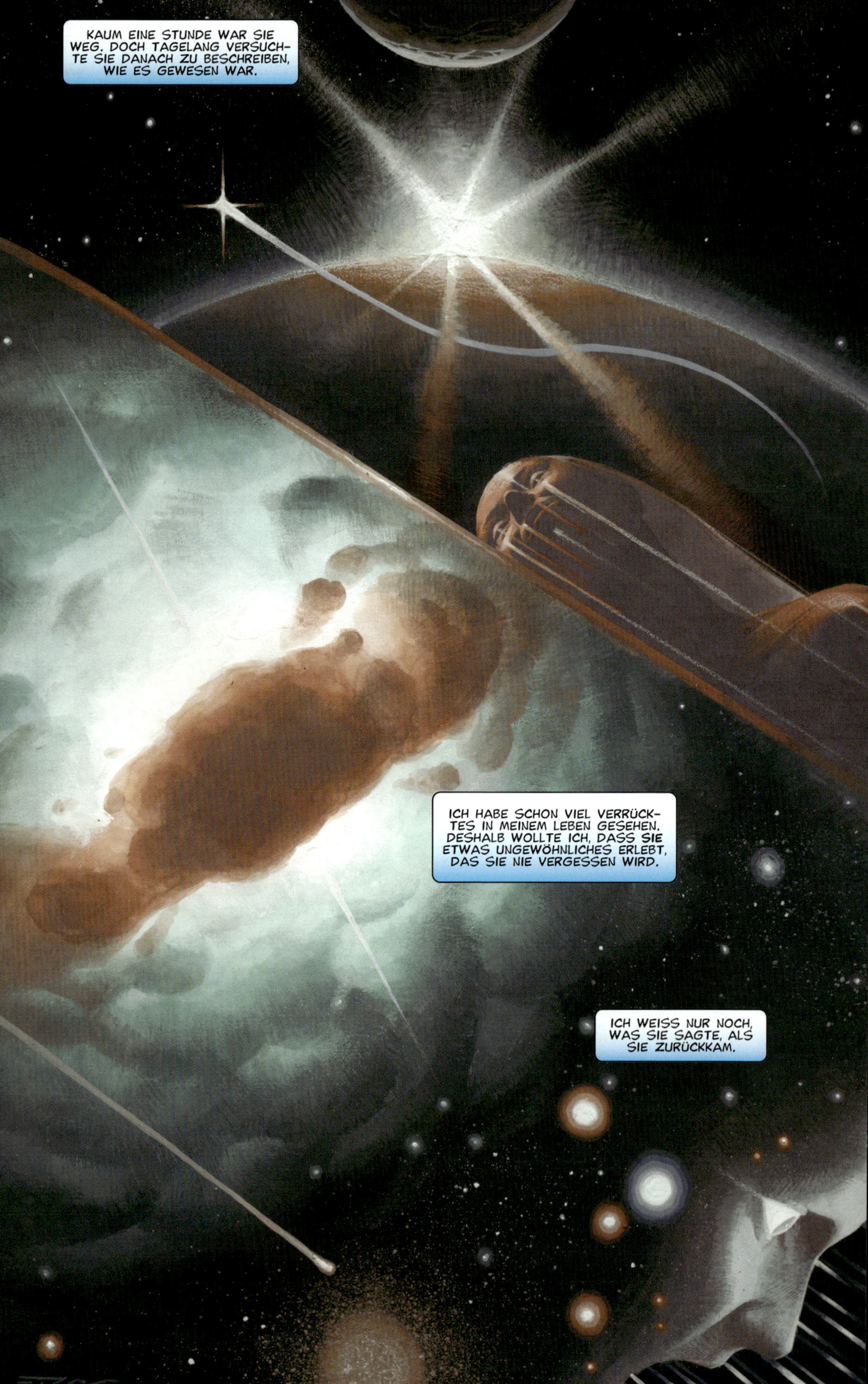
KAUM EINE STUNDE WAR SIE WEG. DOCH TAGELANG VERSUCHTE SIE DANACH ZU BESCHREIBEN, WIE ES GEWESEN WAR.
ICH HABE SCHON VIEL VERRÜCKTES IN MEINEM LEBEN GESEHEN. DESHALB WOLLTE ICH, DASS SIE ETWAS UNGEWÖHNLICHES ERLEBT, DAS SIE NIE VERGESSEN WIRD.
ICH WEISS NUR NOCH, WAS SIE SAGTE, ALS SIE ZURÜCKKAM.

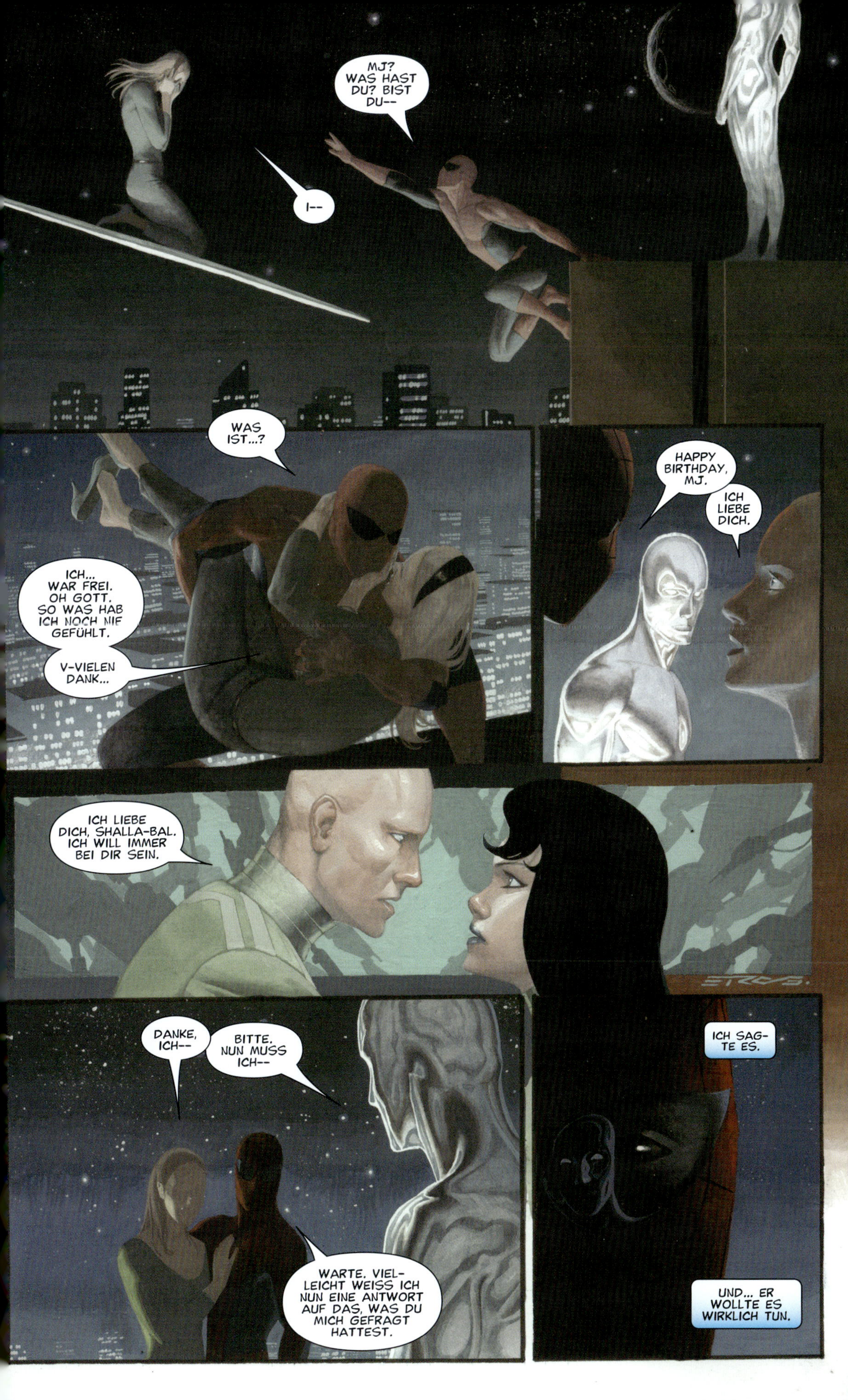
MJ? WAS HAST DU? BIST DU--
I--
WAS IST...?
ICH... WAR FREI. OH GOTT. SO WAS HAB ICH NOCH NIE GEFÜHLT.
V-VIELEN DANK...
HAPPY BIRTHDAY, MJ.
ICH LIEBE DICH.
ICH LIEBE DICH, SHALLA-BAL. ICH WILL IMMER BEI DIR SEIN.
DANKE, ICH--
BITTE. NUN MUSS ICH--
WARTE. VIELLEICHT WEISS ICH NUN EINE ANTWORT AUF DAS, WAS DU MICH GEFRAGT HATTEST.
ICH SAGTE ES.
UND... ER WOLLTE ES WIRKLICH TUN.

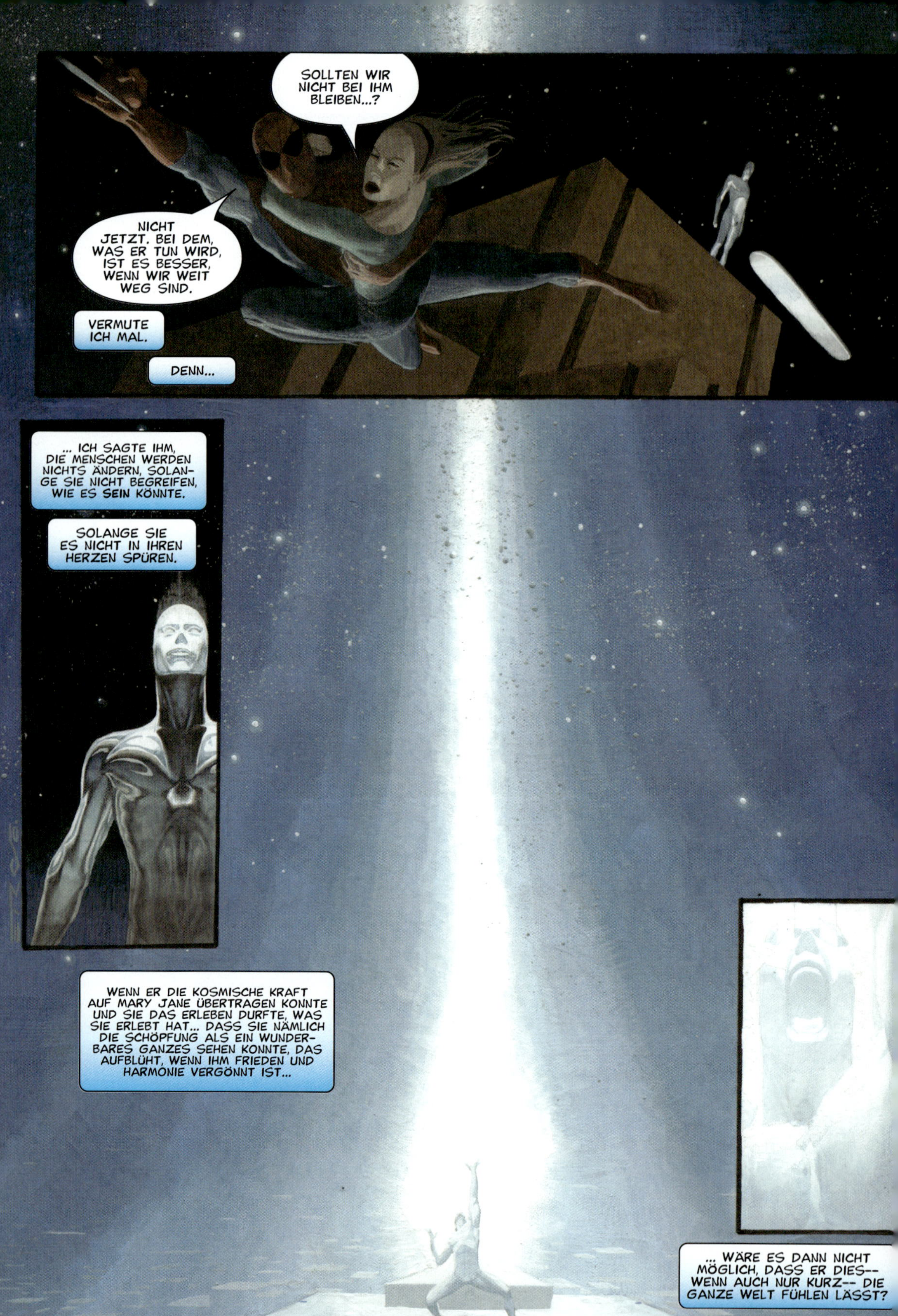
SOLLTEN WIR NICHT BEI IHM BLEIBEN...?
NICHT JETZT. BEI DEM, WAS ER TUN WIRD, IST ES BESSER, WENN WIR WEIT WEG SIND.
VERMUTE ICH MAL.
DENN...
... ICH SAGTE IHM, DIE MENSCHEN WERDEN NICHTS ÄNDERN, SOLANGE SIE NICHT BEGREIFEN, WIE ES SEIN KÖNNTE.
SOLANGE SIE ES NICHT IN IHREN HERZEN SPÜREN.
WENN ER DIE KOSMISCHE KRAFT AUF MARY JANE ÜBERTRAGEN KONNTE UND SIE DAS ERLEBEN DURFTE, WAS SIE ERLEBT HAT... DASS SIE NÄMLICH DIE SCHÖPFUNG ALS EIN WUNDERBARES GANZES SEHEN KONNTE, DAS AUFBLÜHT, WENN IHM FRIEDEN UND HARMONIE VERGÖNNT IST...
... WÄRE ES DANN NICHT MÖGLICH, DASS ER DIES-- WENN AUCH NUR KURZ-- DIE GANZE WELT FÜHLEN LÄSST?

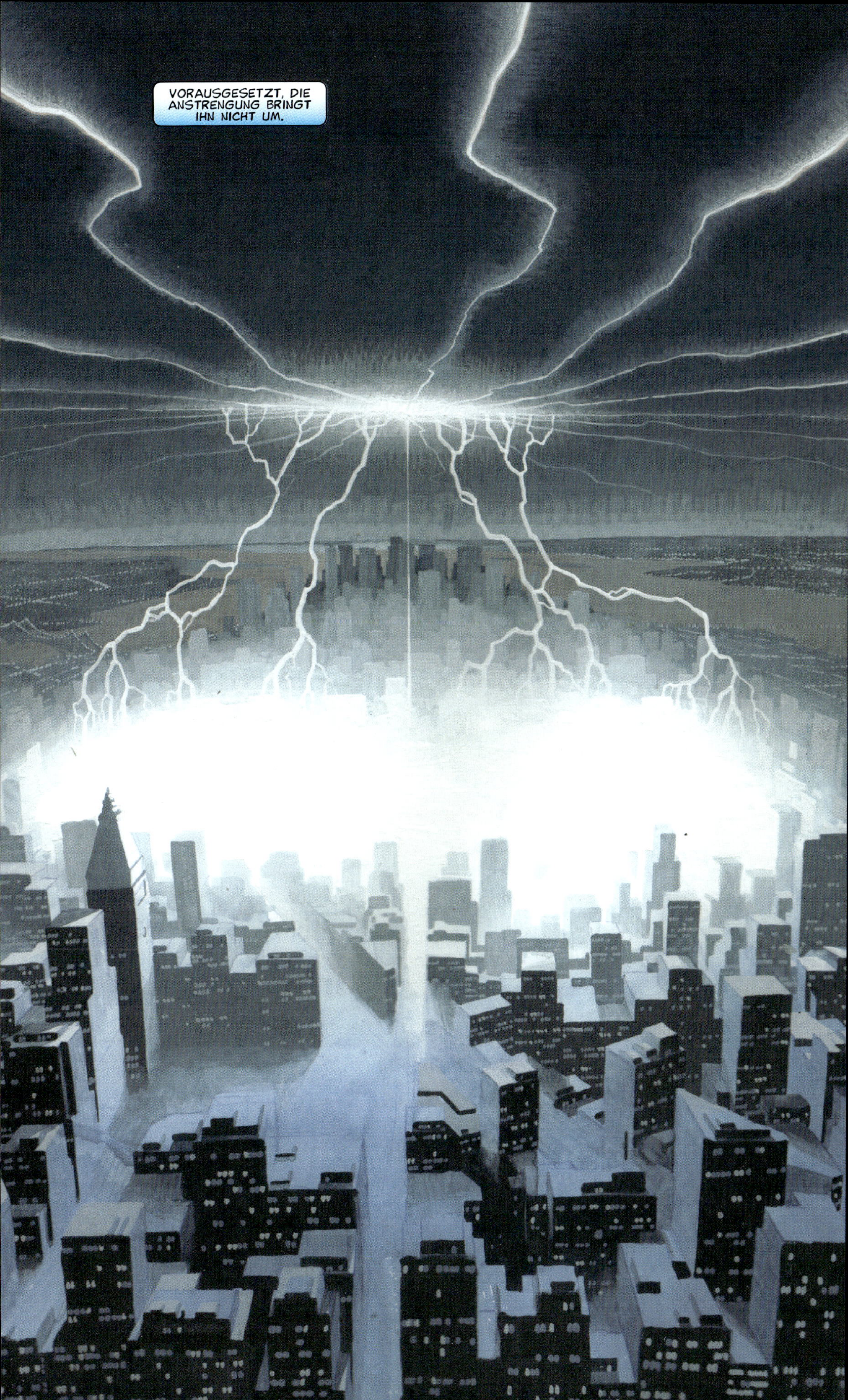
VORAUSGESETZT, DIE ANSTRENGUNG BRINGT IHN NICHT UM.

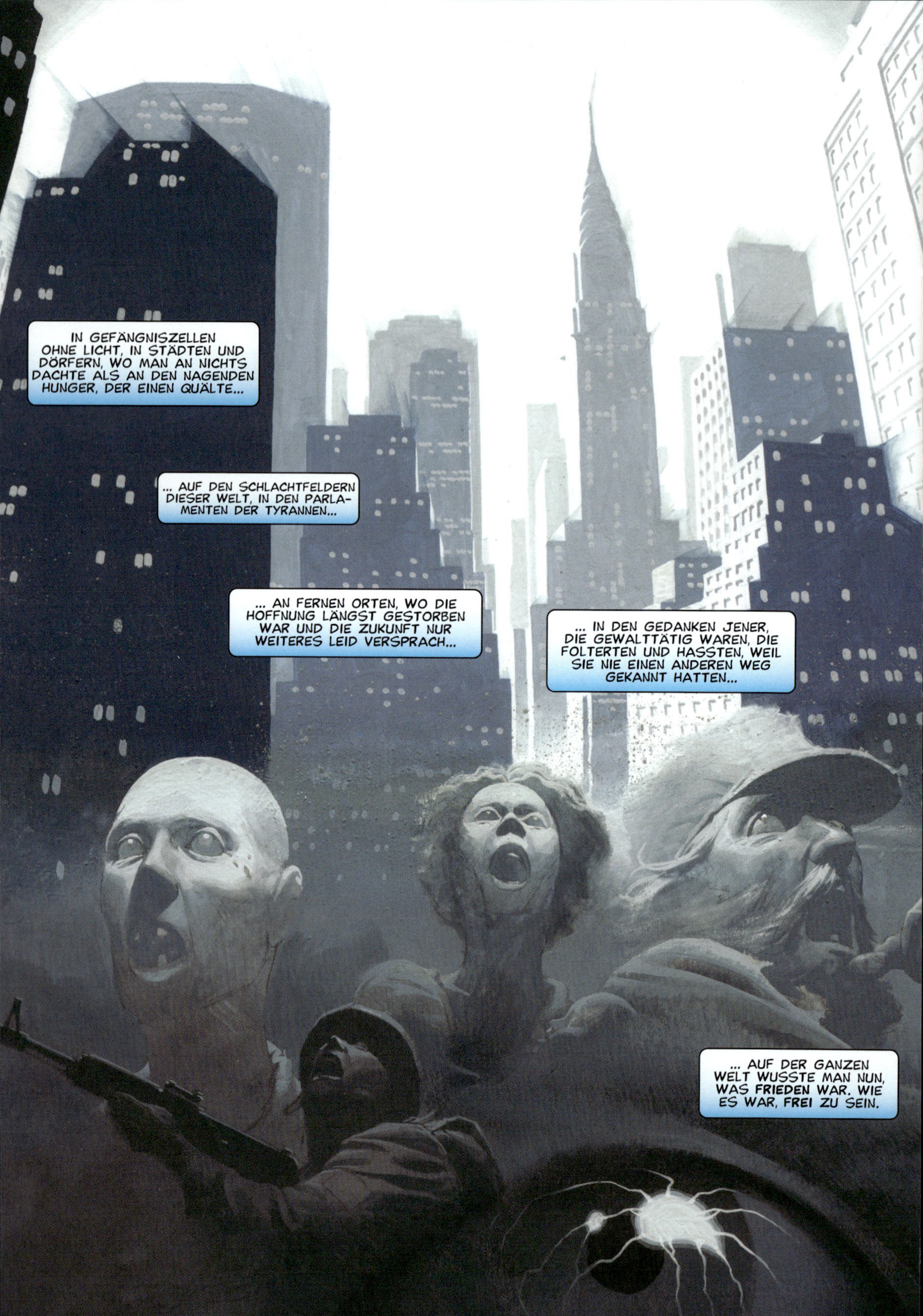
IN GEFÄNGNISZELLEN OHNE LICHT, IN STÄDTEN UND DÖRFERN, WO MAN AN NICHTS DACHTE ALS AN DEN NAGENDEN HUNGER, DER EINEN QUÄLTE...
... AUF DEN SCHLACHTFELDERN DIESER WELT, IN DEN PARLAMENTEN DER TYRANNEN...
... AN FERNEN ORTEN, WO DIE HOFFNUNG LÄNGST GESTORBEN WAR UND DIE ZUKUNFT NUR WEITERES LEID VERSPRACH...
... IN DEN GEDANKEN JENER, DIE GEWALTTÄTIG WAREN, DIE FOLTERTEN UND HASSTEN, WEIL SIE NIE EINEN ANDEREN WEG GEKANNT HATTEN...
... AUF DER GANZEN WELT WUSSTE MAN NUN, WAS **FRIEDEN** WAR. WIE ES WAR, **FREI** ZU SEIN.

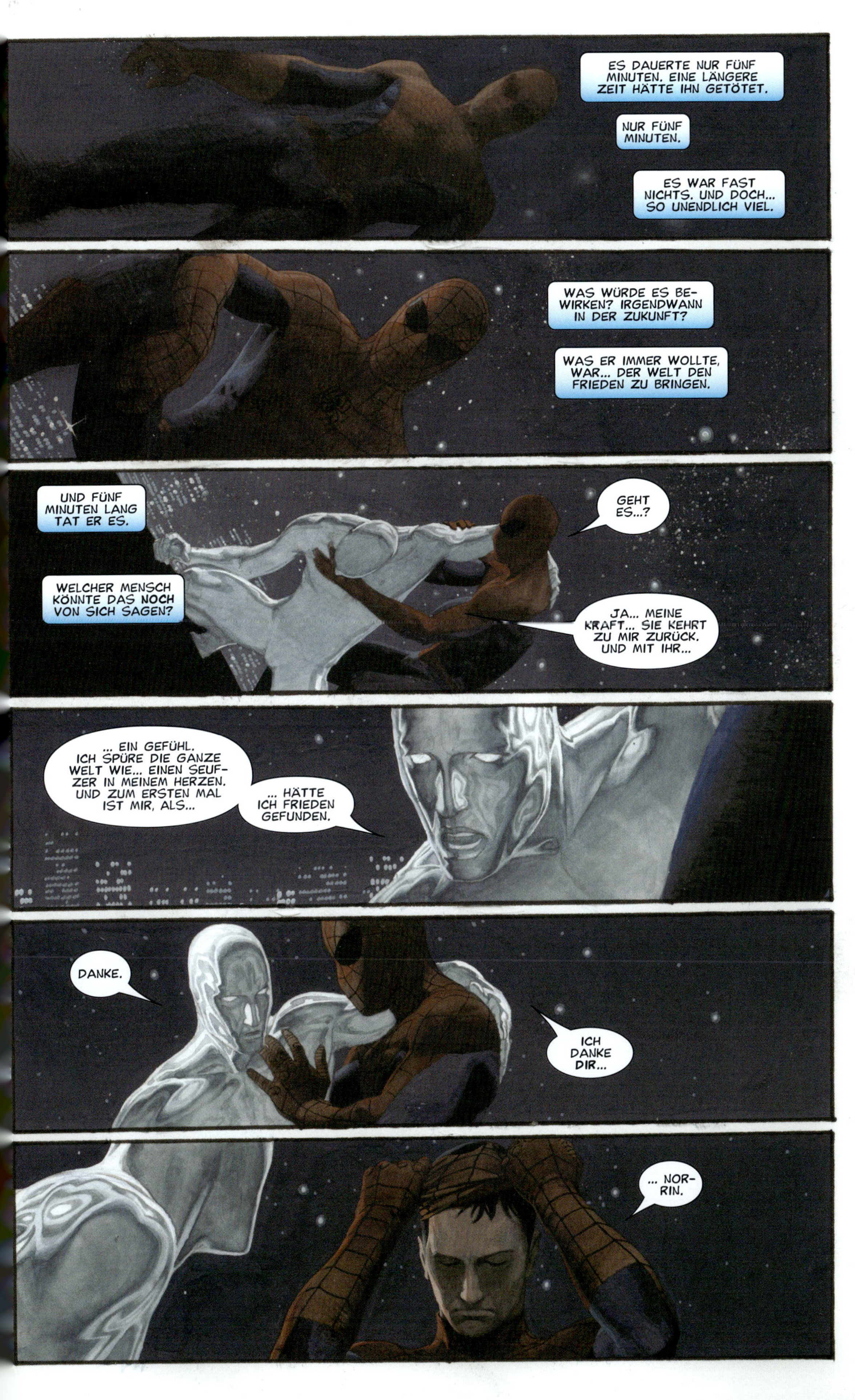
ES DAUERTE NUR FÜNF MINUTEN. EINE LÄNGERE ZEIT HÄTTE IHN GETÖTET.
NUR FÜNF MINUTEN.
ES WAR FAST NICHTS. UND DOCH... SO UNENDLICH VIEL.
WAS WÜRDE ES BEWIRKEN? IRGENDWANN IN DER ZUKUNFT?
WAS ER IMMER WOLLTE, WAR... DER WELT DEN FRIEDEN ZU BRINGEN.
UND FÜNF MINUTEN LANG TAT ER ES.
GEHT ES...?
WELCHER MENSCH KÖNNTE DAS **NOCH** VON SICH SAGEN?
JA... MEINE KRAFT... SIE KEHRT ZU MIR ZURÜCK. UND MIT IHR...
... EIN GEFÜHL. ICH SPÜRE DIE GANZE WELT WIE... EINEN SEUFZER IN MEINEM HERZEN. UND ZUM ERSTEN MAL IST MIR, ALS...
... HÄTTE ICH FRIEDEN GEFUNDEN.
DANKE.
ICH DANKE DIR...
... NORRIN.

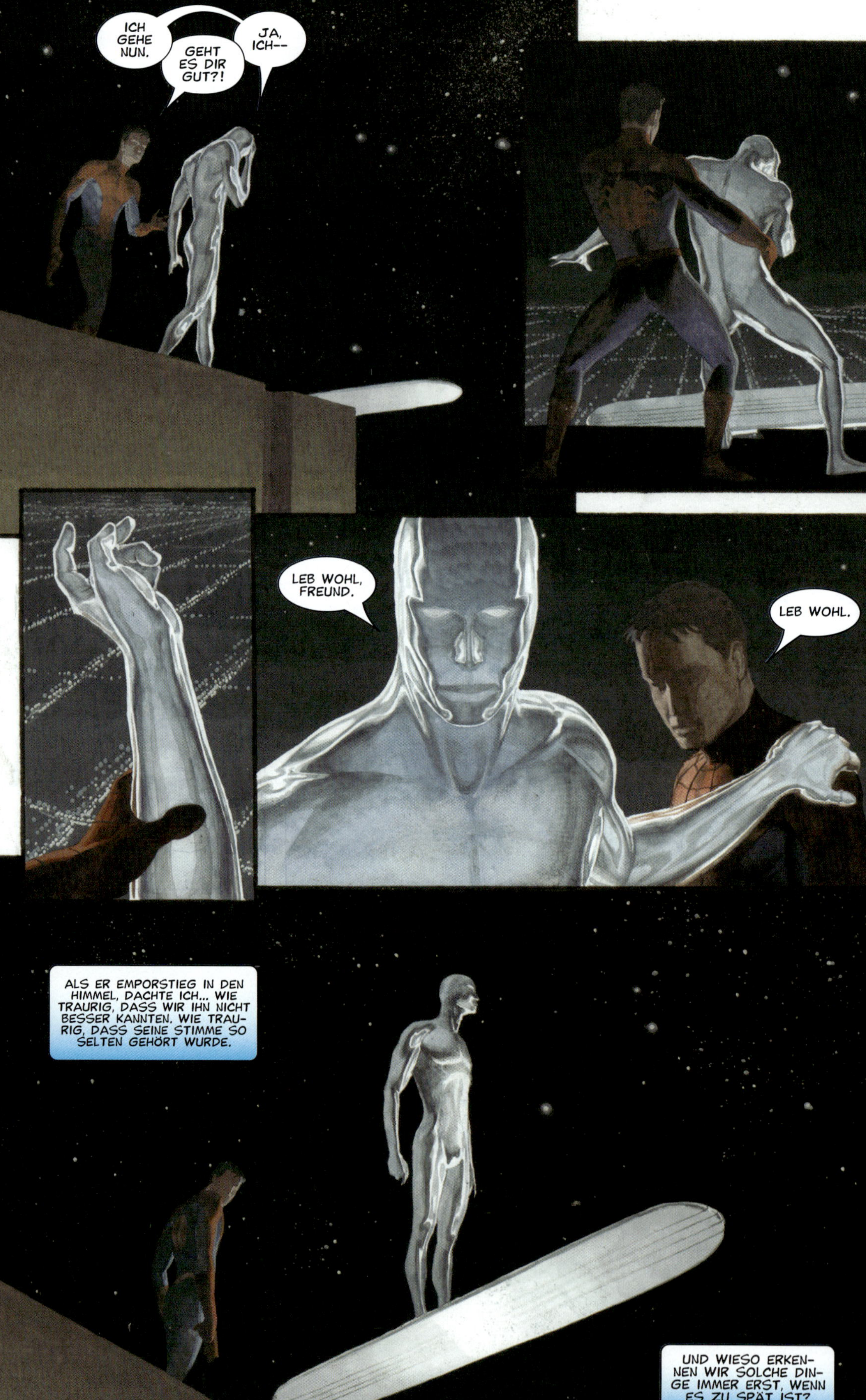
ICH GEHE NUN.
GEHT ES DIR GUT?!
JA, ICH--
LEB WOHL, FREUND.
LEB WOHL.
ALS ER EMPORSTIEG IN DEN HIMMEL, DACHTE ICH... WIE TRAURIG, DASS WIR IHN NICHT BESSER KANNTEN. WIE TRAURIG, DASS SEINE STIMME SO SELTEN GEHÖRT WURDE.
UND WIESO ERKENNEN WIR SOLCHE DINGE IMMER ERST, WENN ES ZU SPÄT IST?

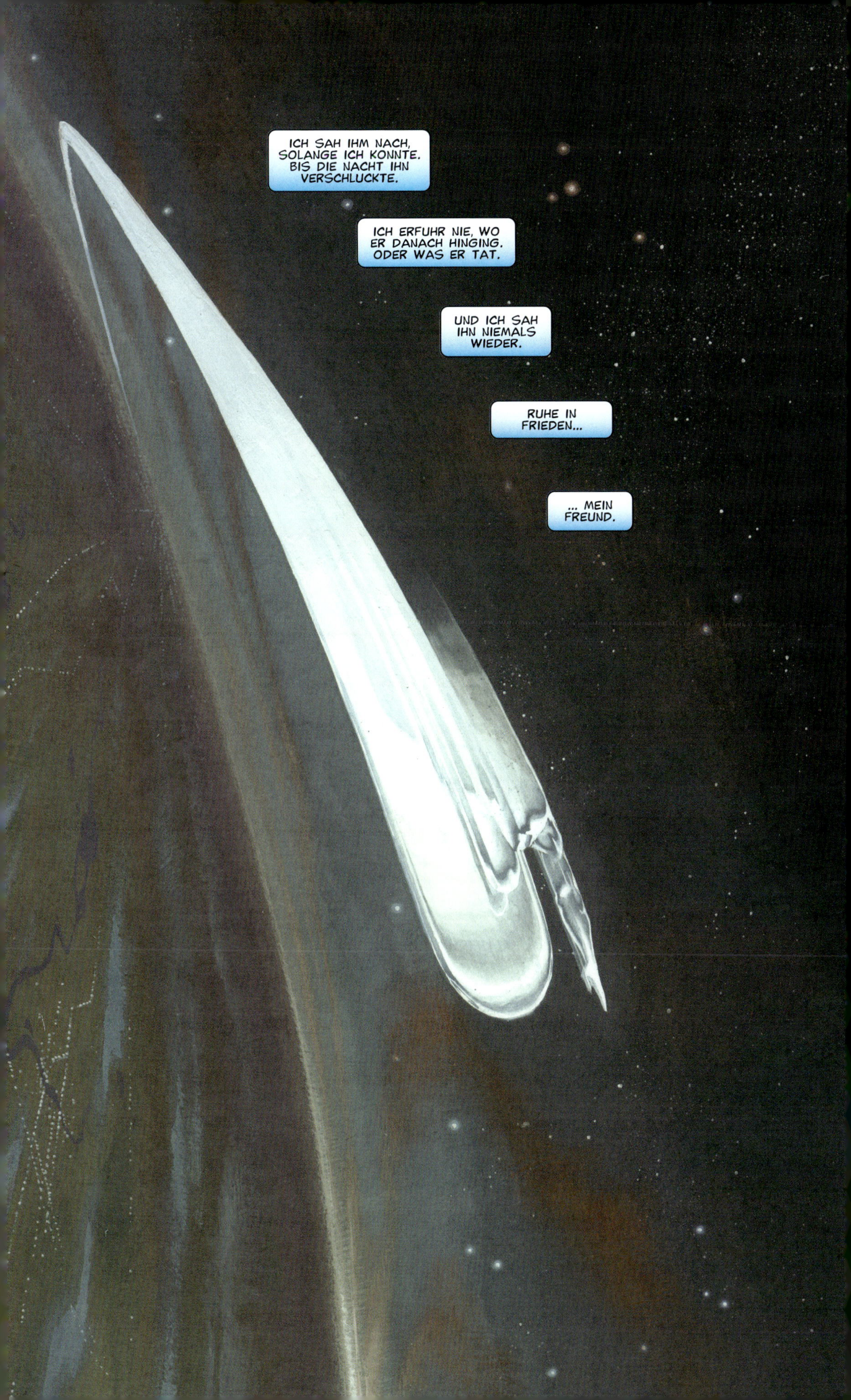

ICH SAH IHM NACH, SOLANGE ICH KONNTE. BIS DIE NACHT IHN VERSCHLUCKTE.

ICH ERFUHR NIE, WO ER DANACH HINGING. ODER WAS ER TAT.

UND ICH SAH IHN NIEMALS WIEDER.

RUHE IN FRIEDEN...

... MEIN FREUND.

TEIL 3: BENEDICTUS

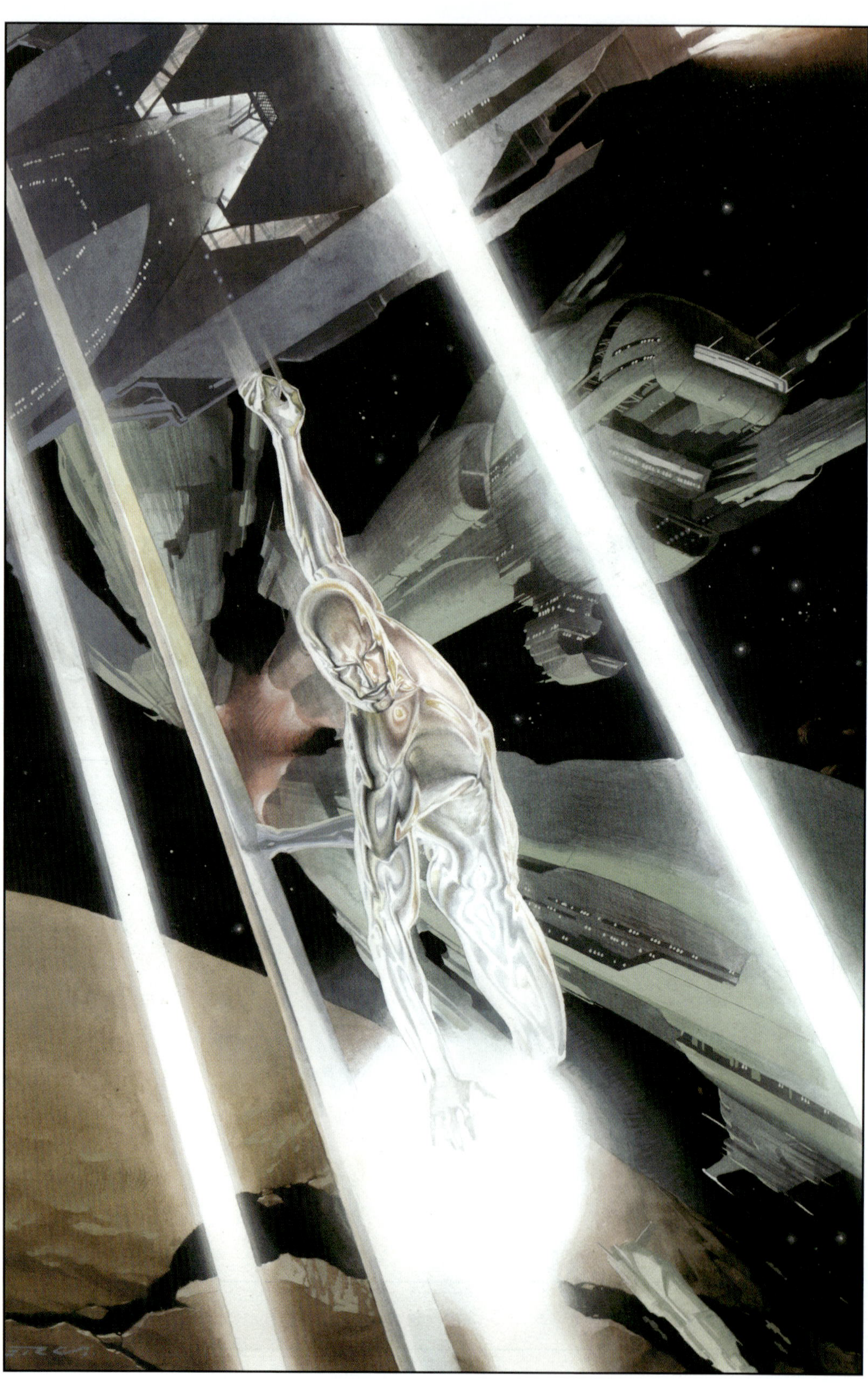

Silver Surfer: Requiem (2007) 3
Cover von **ESAD RIBIĆ**

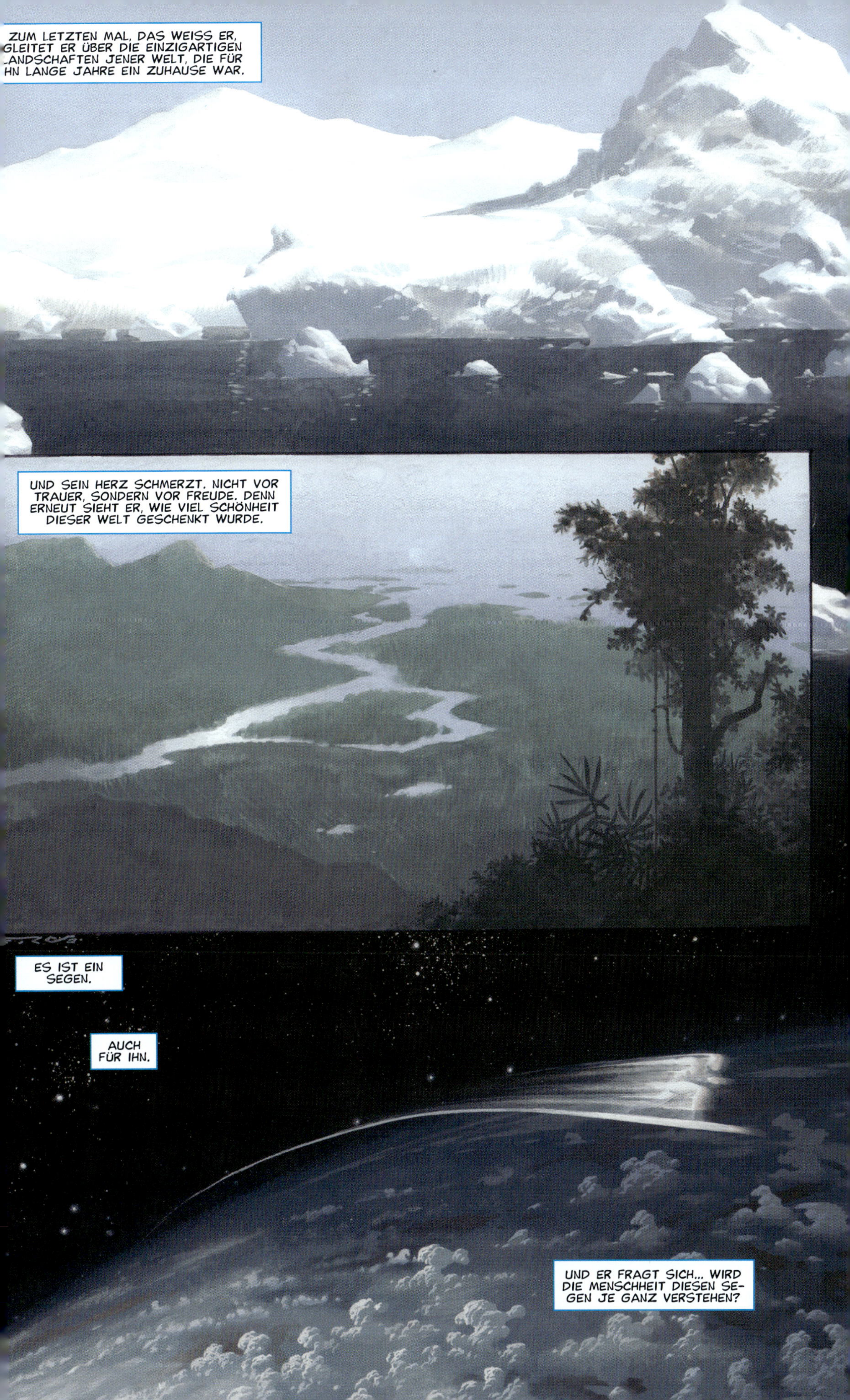
ZUM LETZTEN MAL, DAS WEISS ER, GLEITET ER ÜBER DIE EINZIGARTIGEN LANDSCHAFTEN JENER WELT, DIE FÜR IHN LANGE JAHRE EIN ZUHAUSE WAR.
UND SEIN HERZ SCHMERZT. NICHT VOR TRAUER, SONDERN VOR FREUDE. DENN ERNEUT SIEHT ER, WIE VIEL SCHÖNHEIT DIESER WELT GESCHENKT WURDE.
ES IST EIN SEGEN.
AUCH FÜR IHN.
UND ER FRAGT SICH... WIRD DIE MENSCHHEIT DIESEN SEGEN JE GANZ VERSTEHEN?

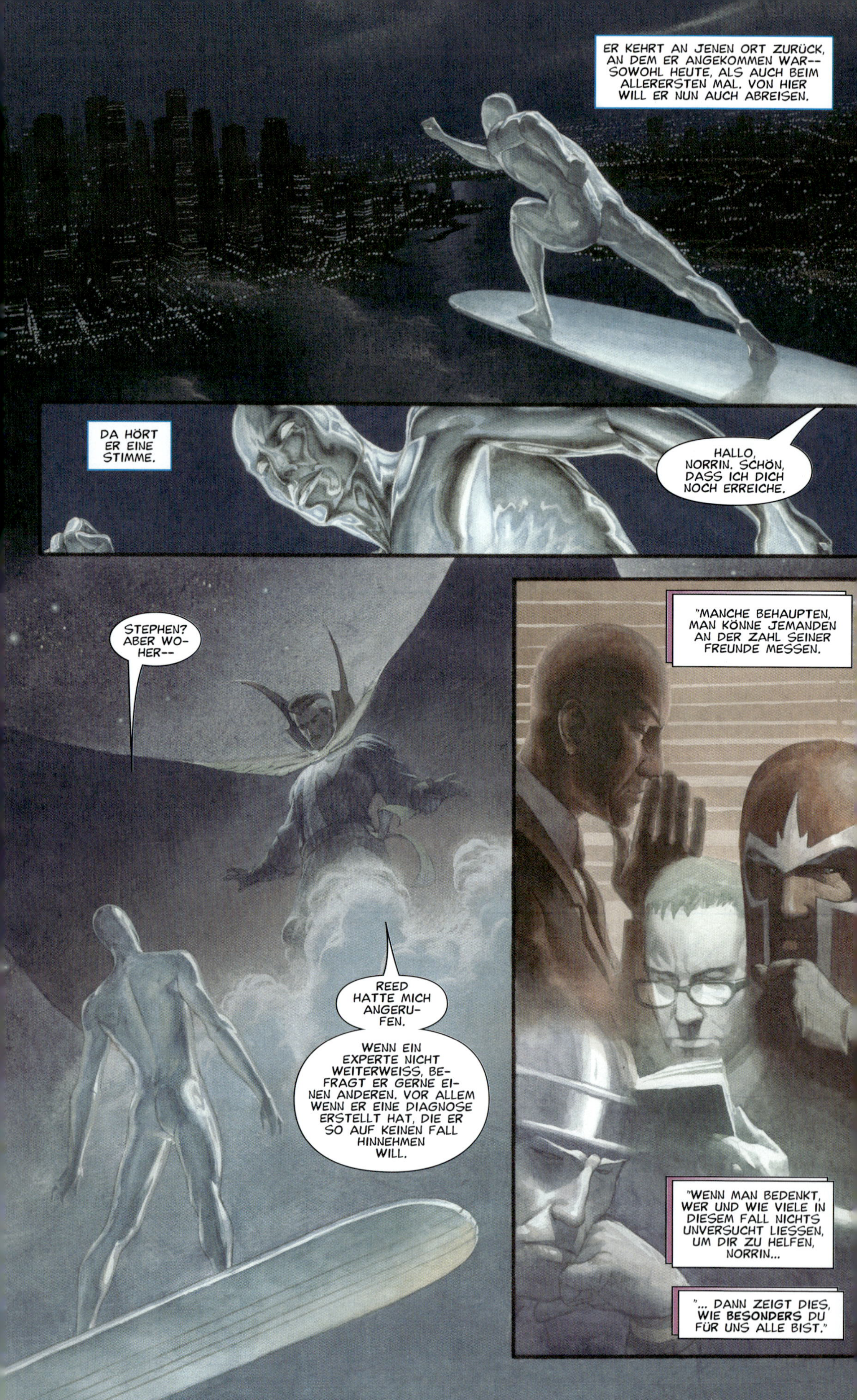
ER KEHRT AN JENEN ORT ZURÜCK, AN DEM ER ANGEKOMMEN WAR-- SOWOHL HEUTE, ALS AUCH BEIM ALLERERSTEN MAL. VON HIER WILL ER NUN AUCH ABREISEN.
DA HÖRT ER EINE STIMME.
HALLO, NORRIN. SCHÖN, DASS ICH DICH NOCH ERREICHE.
STEPHEN? ABER WO-HER--
REED HATTE MICH ANGERU-FEN.
WENN EIN EXPERTE NICHT WEITERWEISS, BE-FRAGT ER GERNE EI-NEN ANDEREN. VOR ALLEM WENN ER EINE DIAGNOSE ERSTELLT HAT, DIE ER SO AUF KEINEN FALL HINNEHMEN WILL.
"MANCHE BEHAUPTEN, MAN KÖNNE JEMANDEN AN DER ZAHL SEINER FREUNDE MESSEN.
"WENN MAN BEDENKT, WER UND WIE VIELE IN DIESEM FALL NICHTS UNVERSUCHT LIESSEN, UM DIR ZU HELFEN, NORRIN...
"... DANN ZEIGT DIES, WIE BESONDERS DU FÜR UNS ALLE BIST."

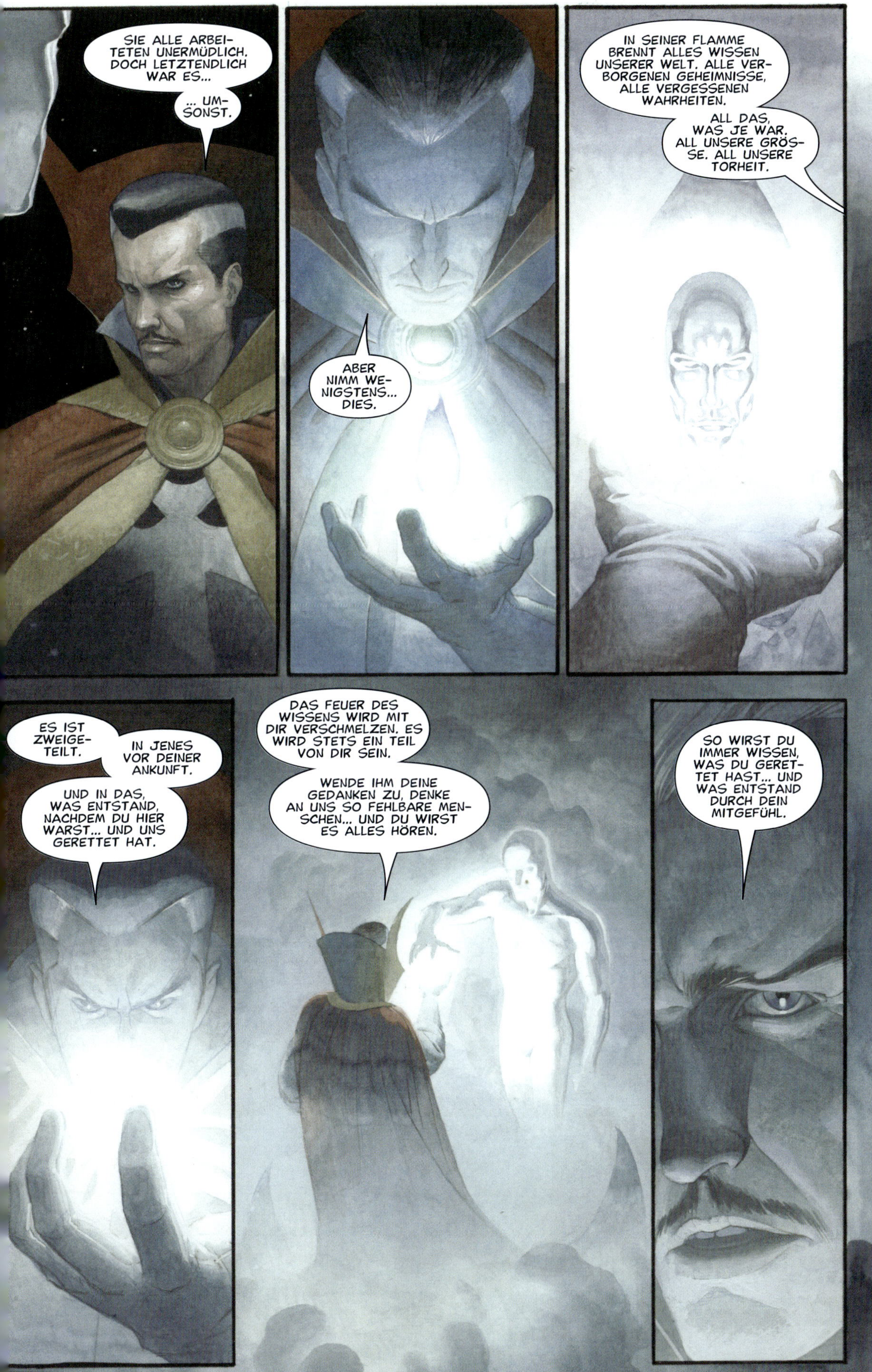
SIE ALLE ARBEITETEN UNERMÜDLICH. DOCH LETZTENDLICH WAR ES...
... UMSONST.
ABER NIMM WENIGSTENS... DIES.
IN SEINER FLAMME BRENNT ALLES WISSEN UNSERER WELT. ALLE VERBORGENEN GEHEIMNISSE, ALLE VERGESSENEN WAHRHEITEN.
ALL DAS, WAS JE WAR. ALL UNSERE GRÖSSE. ALL UNSERE TORHEIT.
ES IST ZWEIGETEILT.
IN JENES VOR DEINER ANKUNFT.
UND IN DAS, WAS ENTSTAND, NACHDEM DU HIER WARST... UND UNS GERETTET HAT.
DAS FEUER DES WISSENS WIRD MIT DIR VERSCHMELZEN. ES WIRD STETS EIN TEIL VON DIR SEIN.
WENDE IHM DEINE GEDANKEN ZU, DENKE AN UNS SO FEHLBARE MENSCHEN... UND DU WIRST ES ALLES HÖREN.
SO WIRST DU IMMER WISSEN, WAS DU GERETTET HAST... UND WAS ENTSTAND DURCH DEIN MITGEFÜHL.

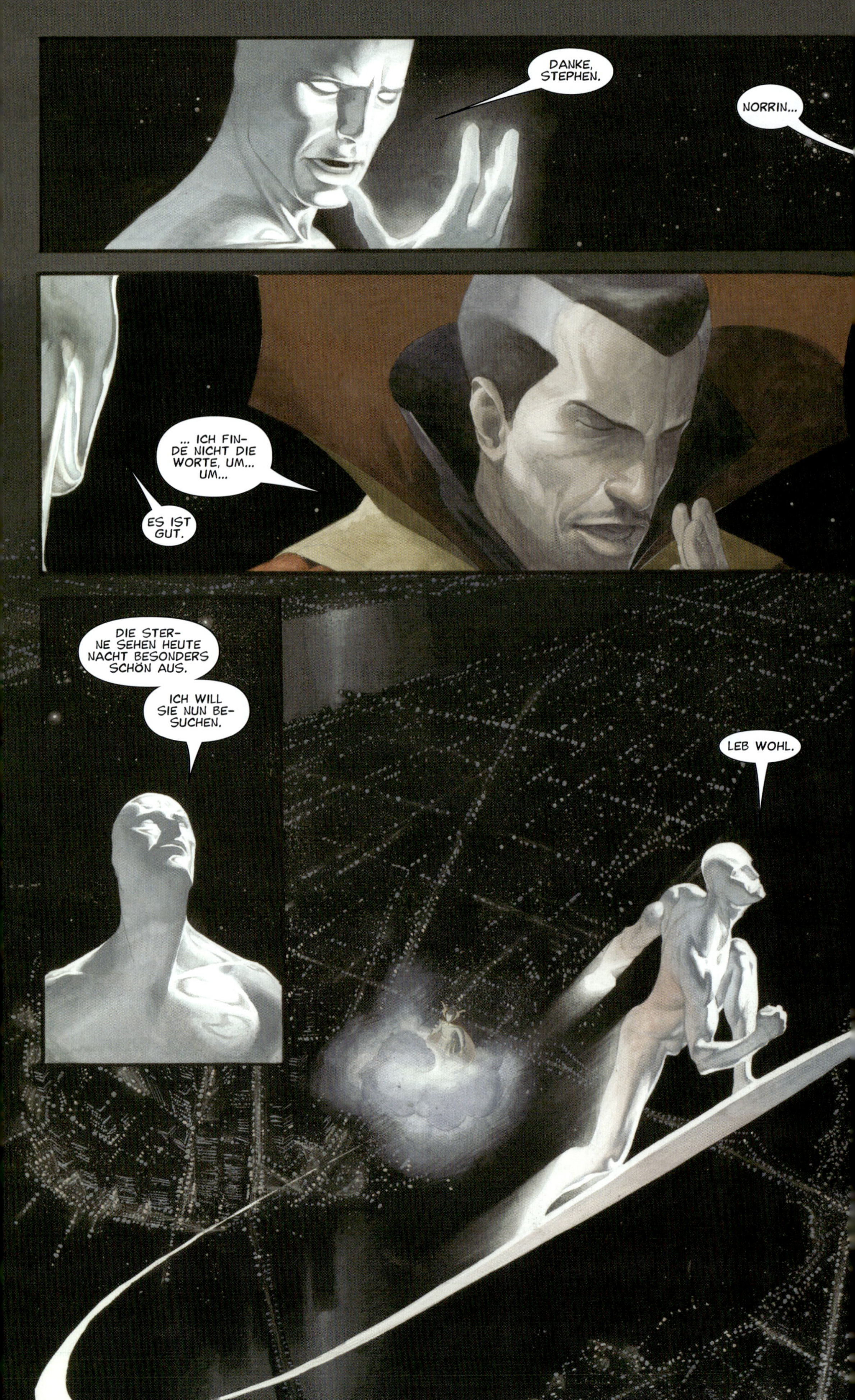
DANKE, STEPHEN.
NORRIN...
... ICH FINDE NICHT DIE WORTE, UM... UM...
ES IST GUT.
DIE STERNE SEHEN HEUTE NACHT BESONDERS SCHÖN AUS.
ICH WILL SIE NUN BESUCHEN.
LEB WOHL.

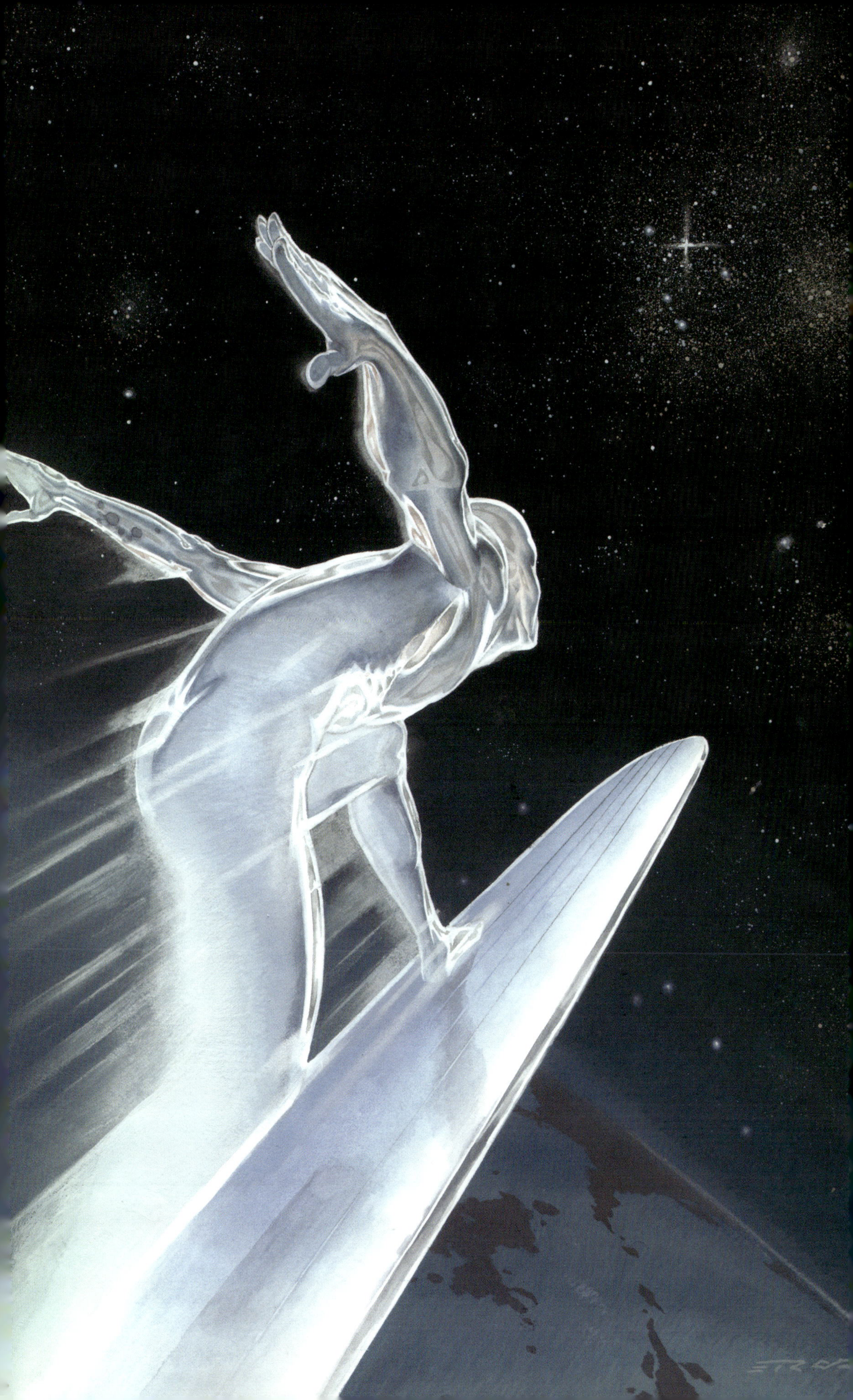

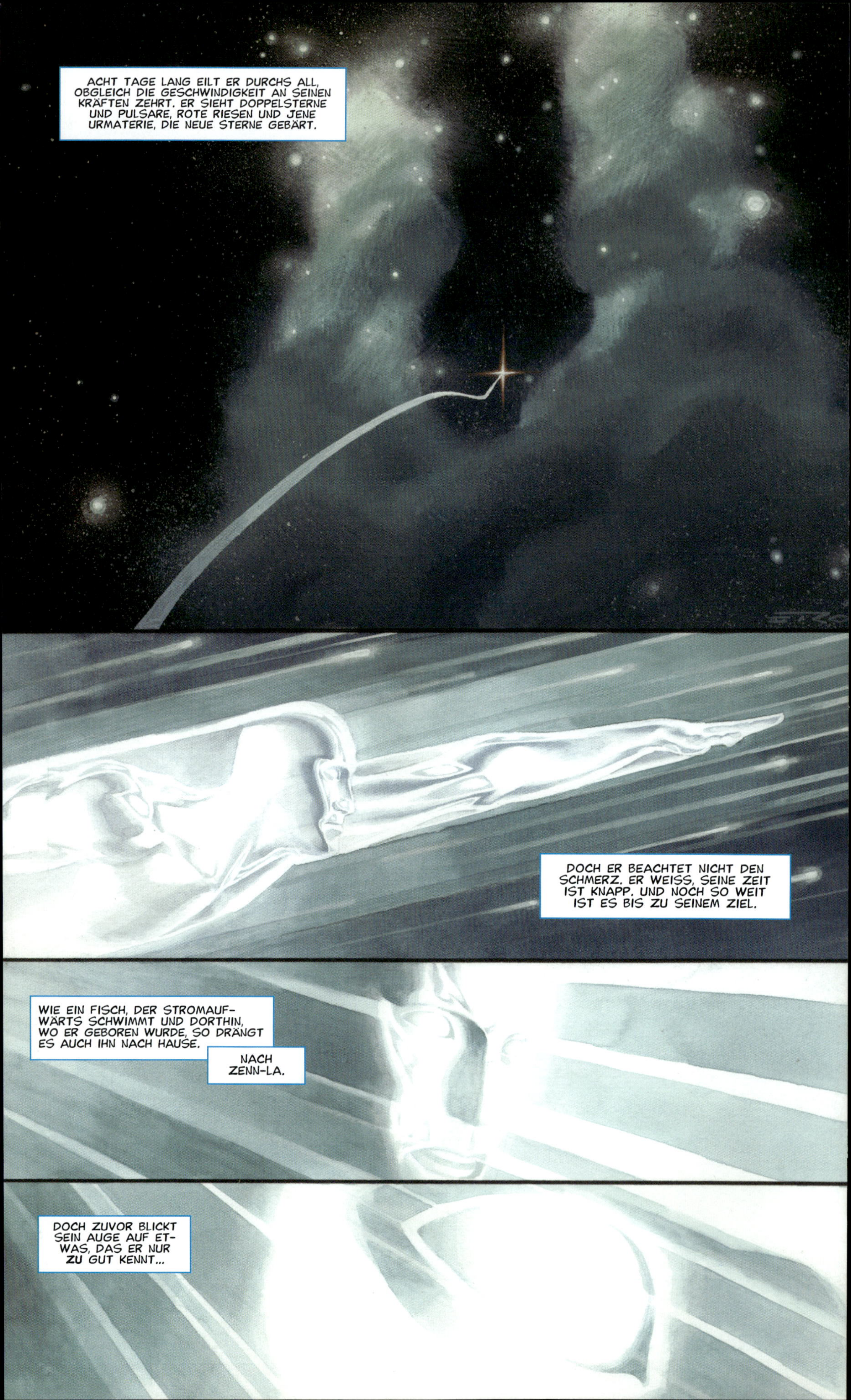

ACHT TAGE LANG EILT ER DURCHS ALL, OBGLEICH DIE GESCHWINDIGKEIT AN SEINEN KRÄFTEN ZEHRT. ER SIEHT DOPPELSTERNE UND PULSARE, ROTE RIESEN UND JENE URMATERIE, DIE NEUE STERNE GEBÄRT.

DOCH ER BEACHTET NICHT DEN SCHMERZ. ER WEISS, SEINE ZEIT IST KNAPP. UND NOCH SO WEIT IST ES BIS ZU SEINEM ZIEL.

WIE EIN FISCH, DER STROMAUF-WÄRTS SCHWIMMT UND DORTHIN, WO ER GEBOREN WURDE, SO DRÄNGT ES AUCH IHN NACH HAUSE.

NACH ZENN-LA.

DOCH ZUVOR BLICKT SEIN AUGE AUF ET-WAS, DAS ER NUR **ZU** GUT KENNT...

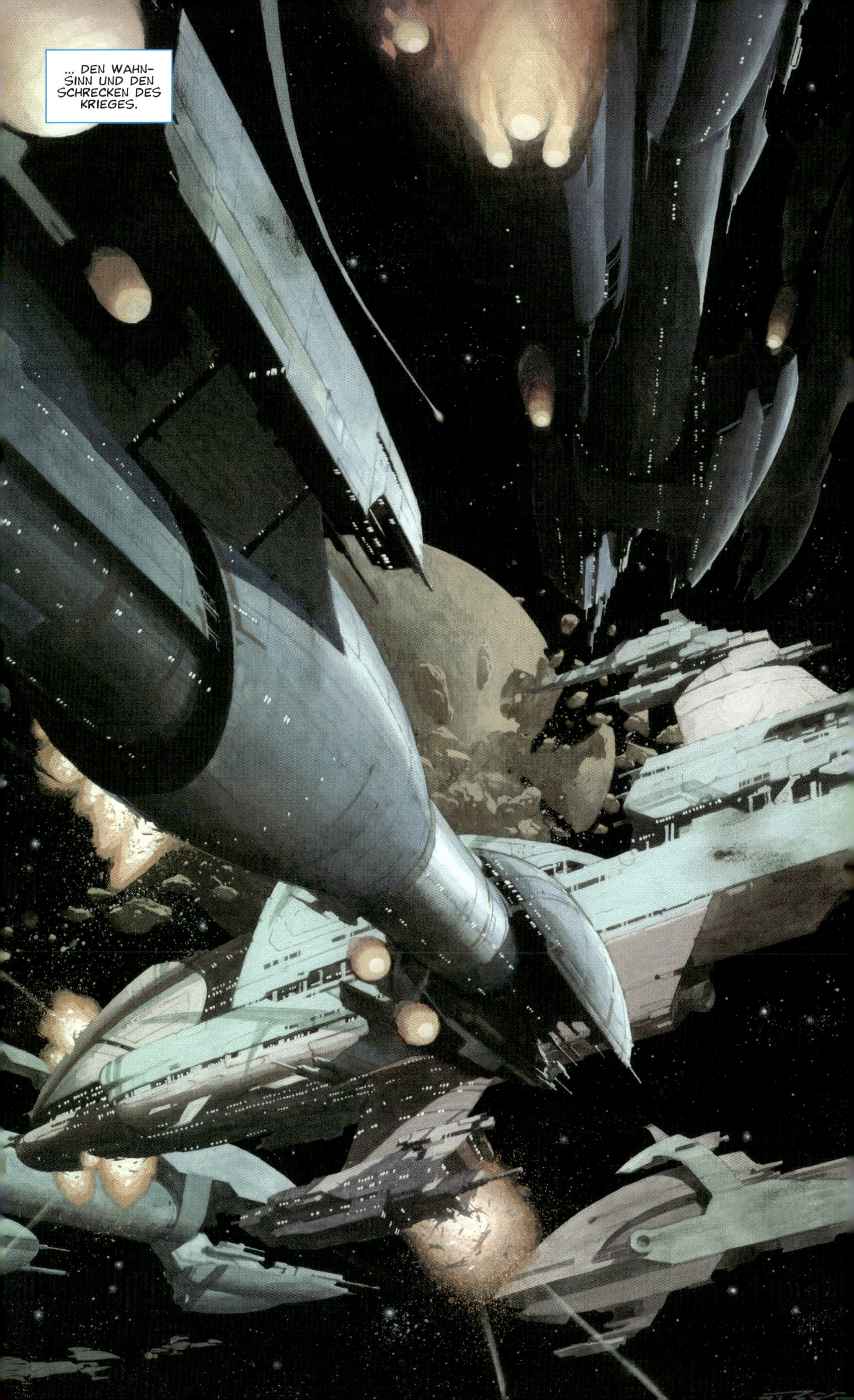
... DEN WAHN-
SINN UND DEN
SCHRECKEN DES
KRIEGES.

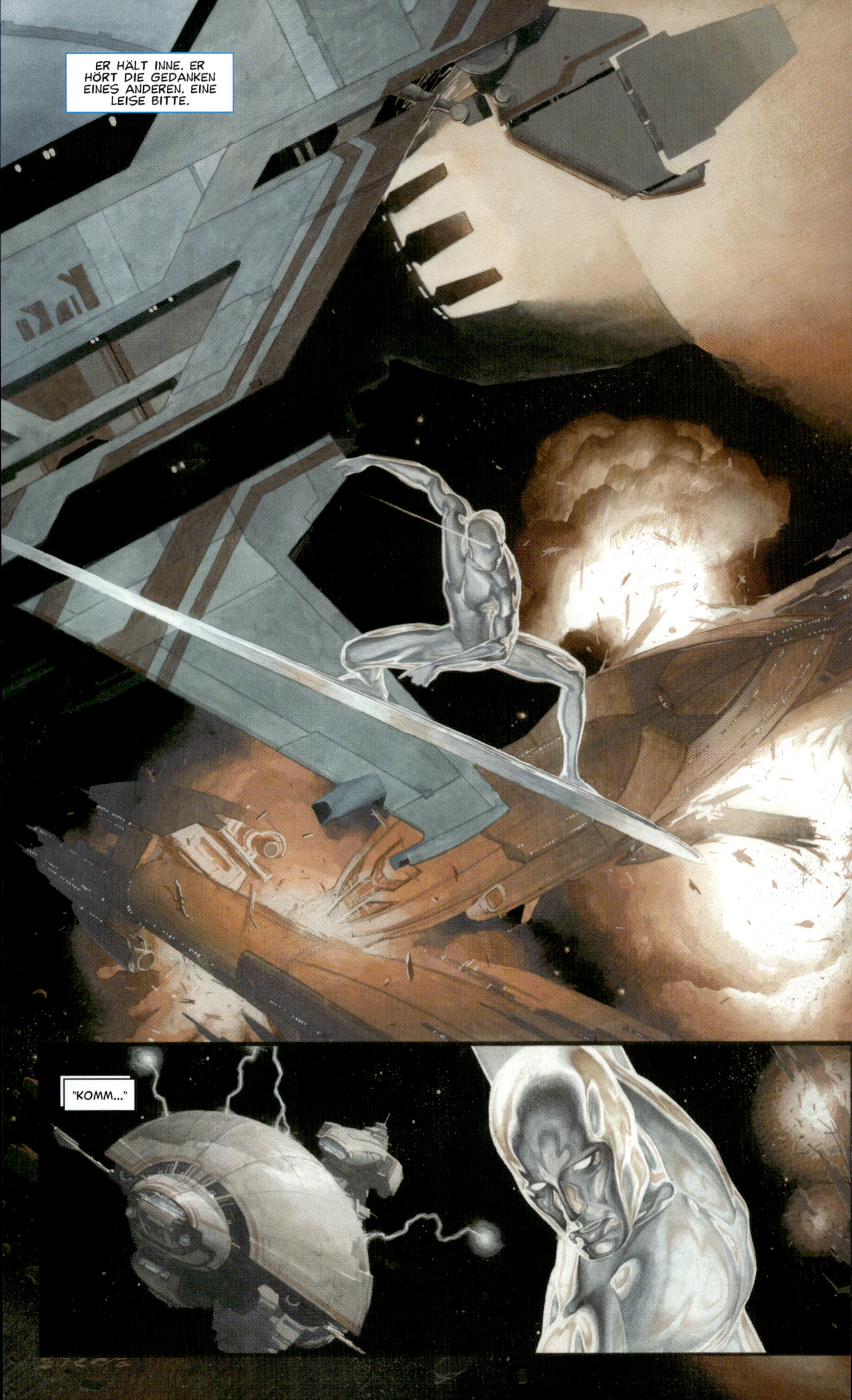
ER HÄLT INNE. ER HÖRT DIE GEDANKEN EINES ANDEREN. EINE LEISE BITTE.
"KOMM..."

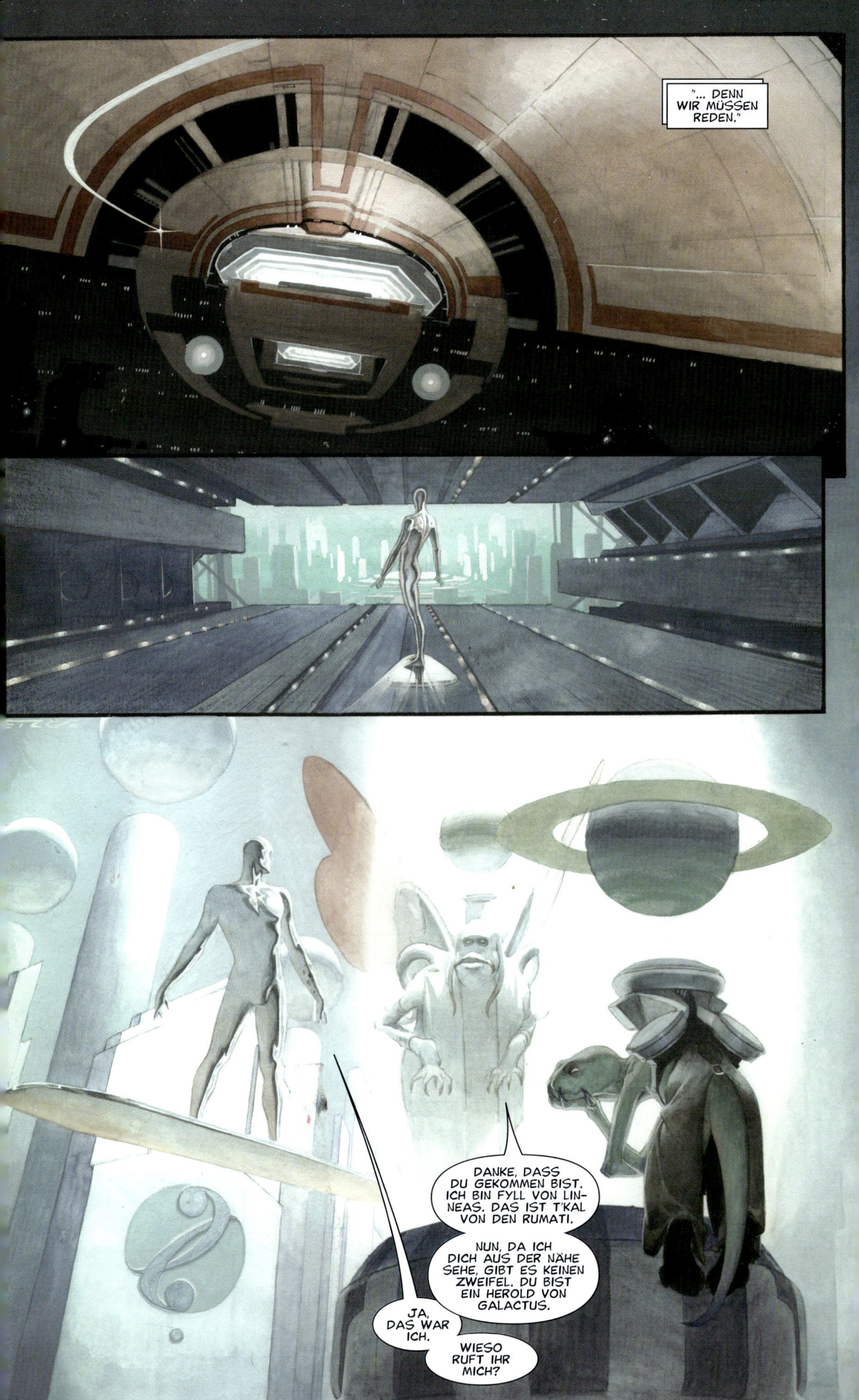
"... DENN WIR MÜSSEN REDEN."
DANKE, DASS DU GEKOMMEN BIST. ICH BIN FYLL VON LINNEAS. DAS IST T'KAL VON DEN RUMATI.
NUN, DA ICH DICH AUS DER NÄHE SEHE, GIBT ES KEINEN ZWEIFEL. DU BIST EIN HEROLD VON GALACTUS.
JA, DAS WAR ICH.
WIESO RUFT IHR MICH?

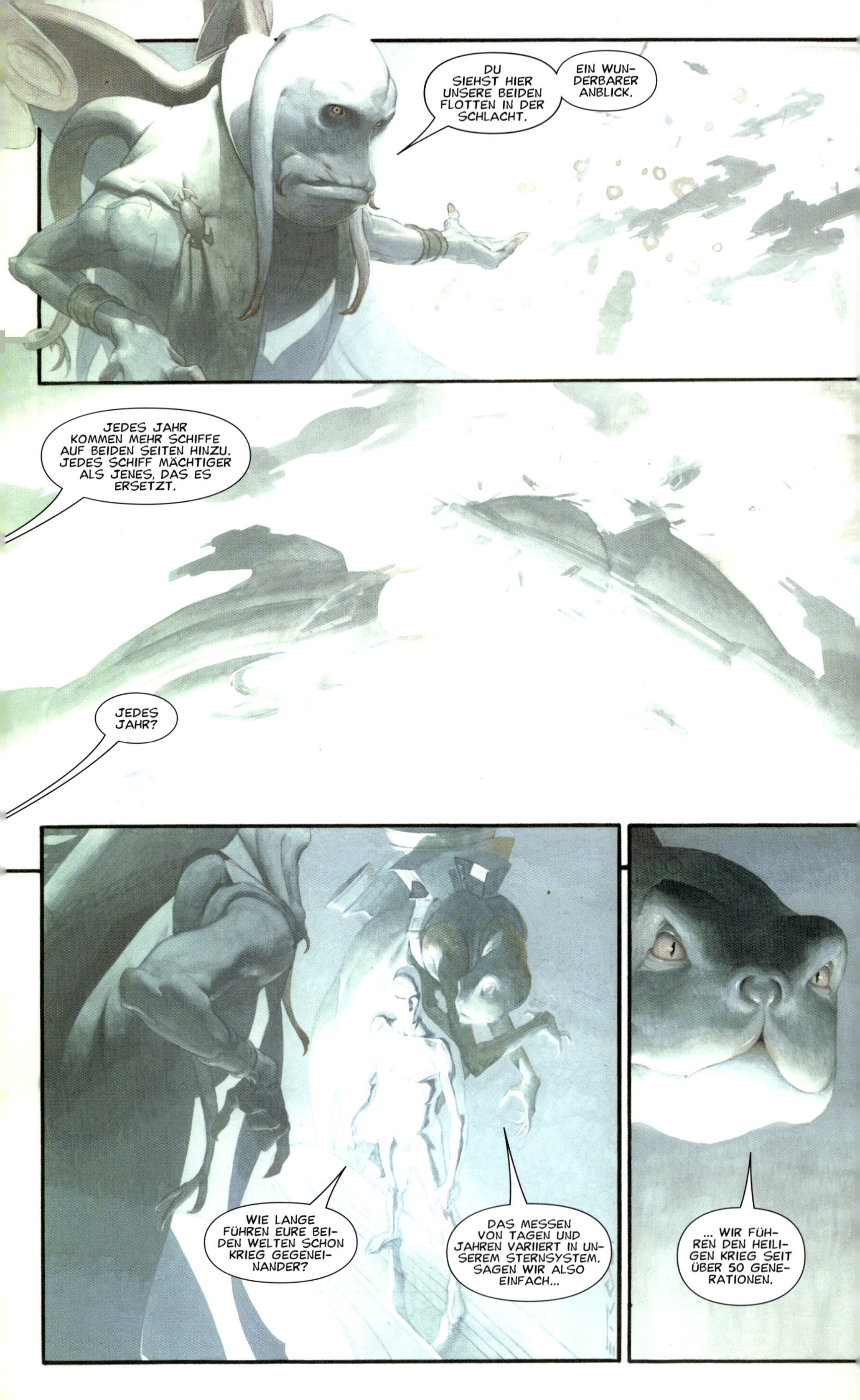
DU SIEHST HIER UNSERE BEIDEN FLOTTEN IN DER SCHLACHT.
EIN WUNDERBARER ANBLICK.
JEDES JAHR KOMMEN MEHR SCHIFFE AUF BEIDEN SEITEN HINZU. JEDES SCHIFF MÄCHTIGER ALS JENES, DAS ES ERSETZT.
JEDES JAHR?
WIE LANGE FÜHREN EURE BEIDEN WELTEN SCHON KRIEG GEGENEINANDER?
DAS MESSEN VON TAGEN UND JAHREN VARIIERT IN UNSEREM STERNSYSTEM. SAGEN WIR ALSO EINFACH...
... WIR FÜHREN DEN HEILIGEN KRIEG SEIT ÜBER 50 GENERATIONEN.

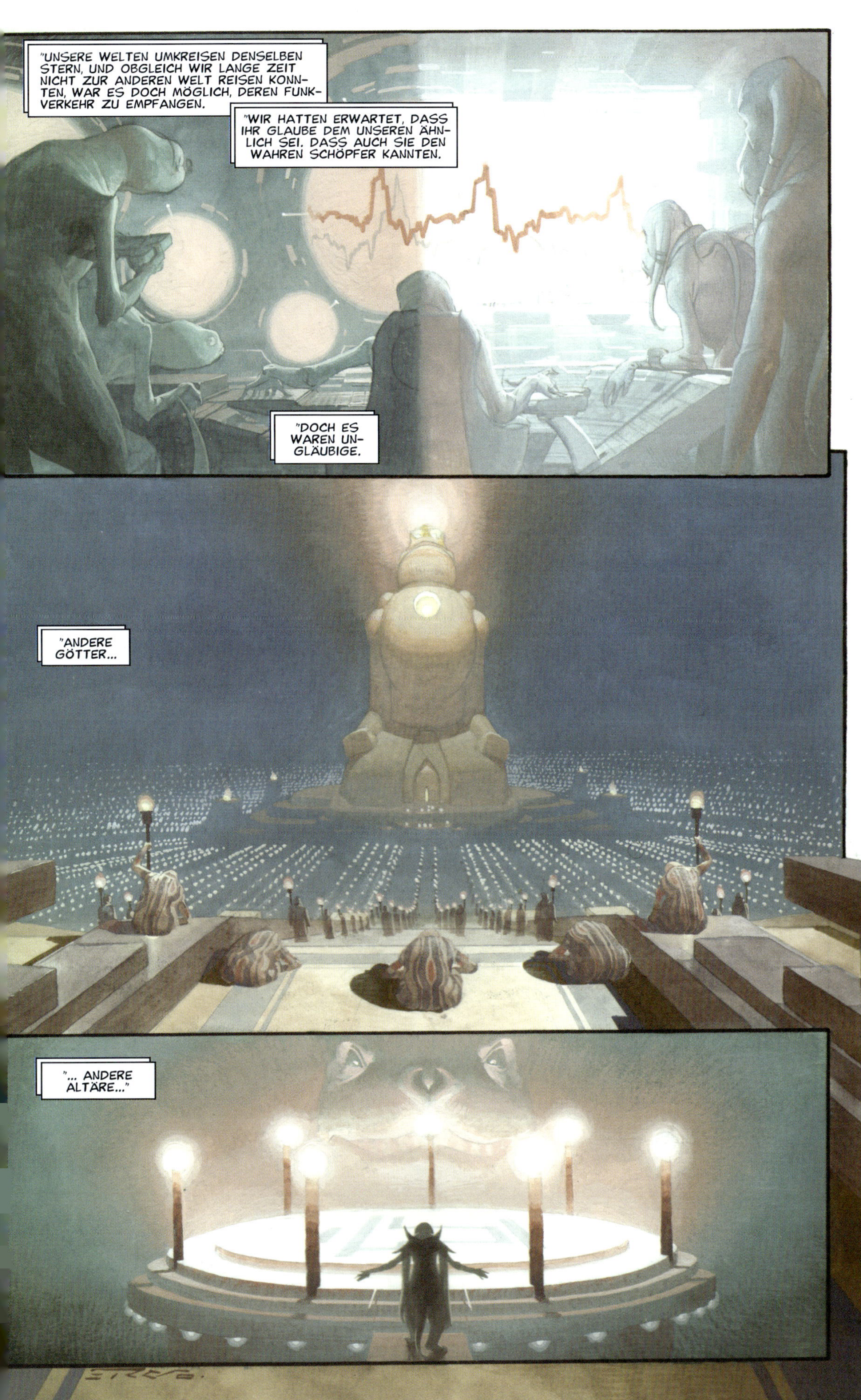
"UNSERE WELTEN UMKREISEN DENSELBEN STERN, UND OBGLEICH WIR LANGE ZEIT NICHT ZUR ANDEREN WELT REISEN KONNTEN, WAR ES DOCH MÖGLICH, DEREN FUNKVERKEHR ZU EMPFANGEN.
"WIR HATTEN ERWARTET, DASS IHR GLAUBE DEM UNSEREN ÄHNLICH SEI. DASS AUCH SIE DEN WAHREN SCHÖPFER KANNTEN.
"DOCH ES WAREN UNGLÄUBIGE.
"ANDERE GÖTTER...
"... ANDERE ALTÄRE..."

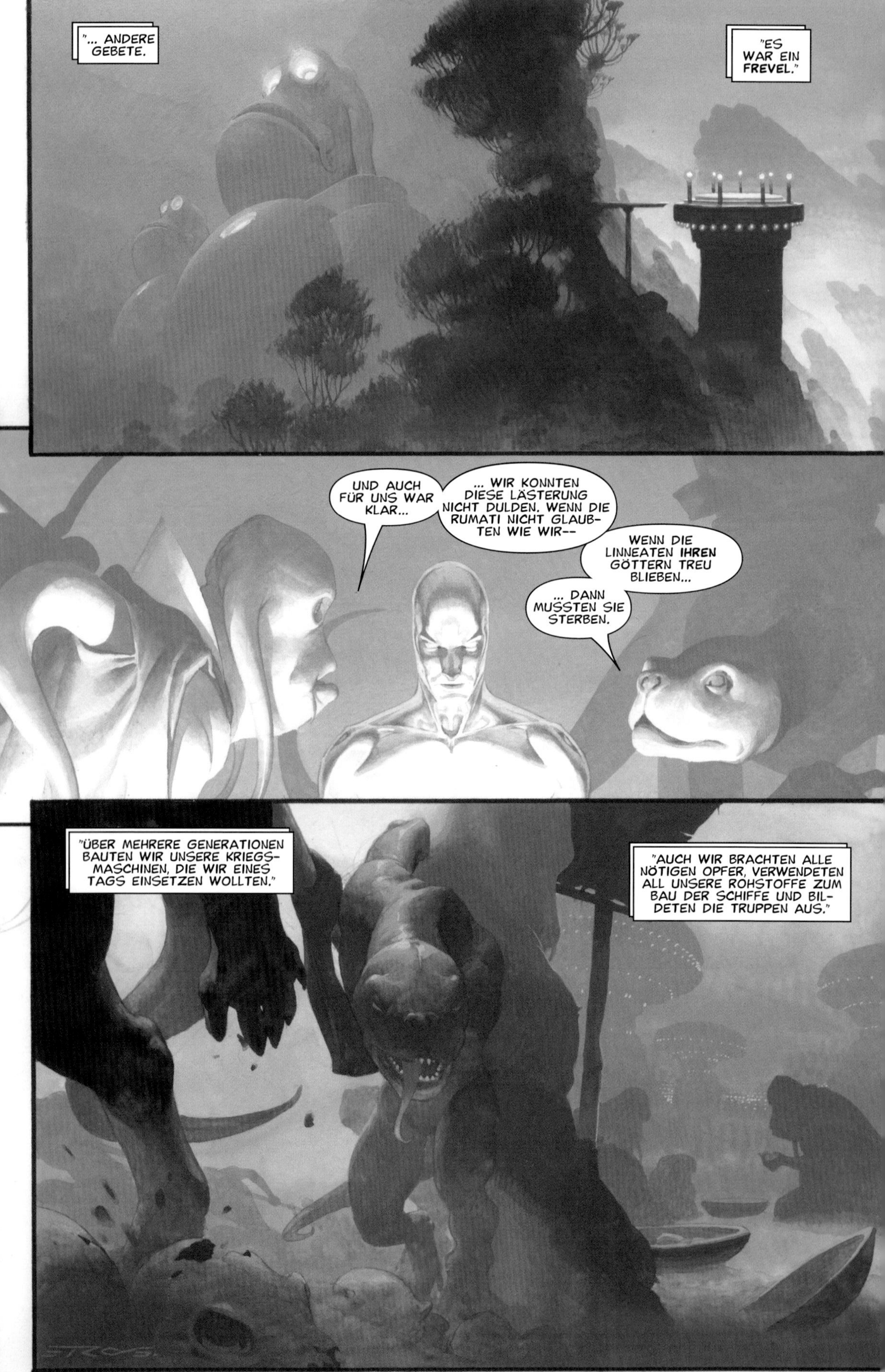
"... ANDERE GEBETE.
"ES WAR EIN FREVEL."
UND AUCH FÜR UNS WAR KLAR...
... WIR KONNTEN DIESE LÄSTERUNG NICHT DULDEN. WENN DIE RUMATI NICHT GLAUB-TEN WIE WIR--
WENN DIE LINNEATEN IHREN GÖTTERN TREU BLIEBEN...
... DANN MUSSTEN SIE STERBEN.
"ÜBER MEHRERE GENERATIONEN BAUTEN WIR UNSERE KRIEGS-MASCHINEN, DIE WIR EINES TAGS EINSETZEN WOLLTEN."
"AUCH WIR BRACHTEN ALLE NÖTIGEN OPFER, VERWENDETEN ALL UNSERE ROHSTOFFE ZUM BAU DER SCHIFFE UND BIL-DETEN DIE TRUPPEN AUS."

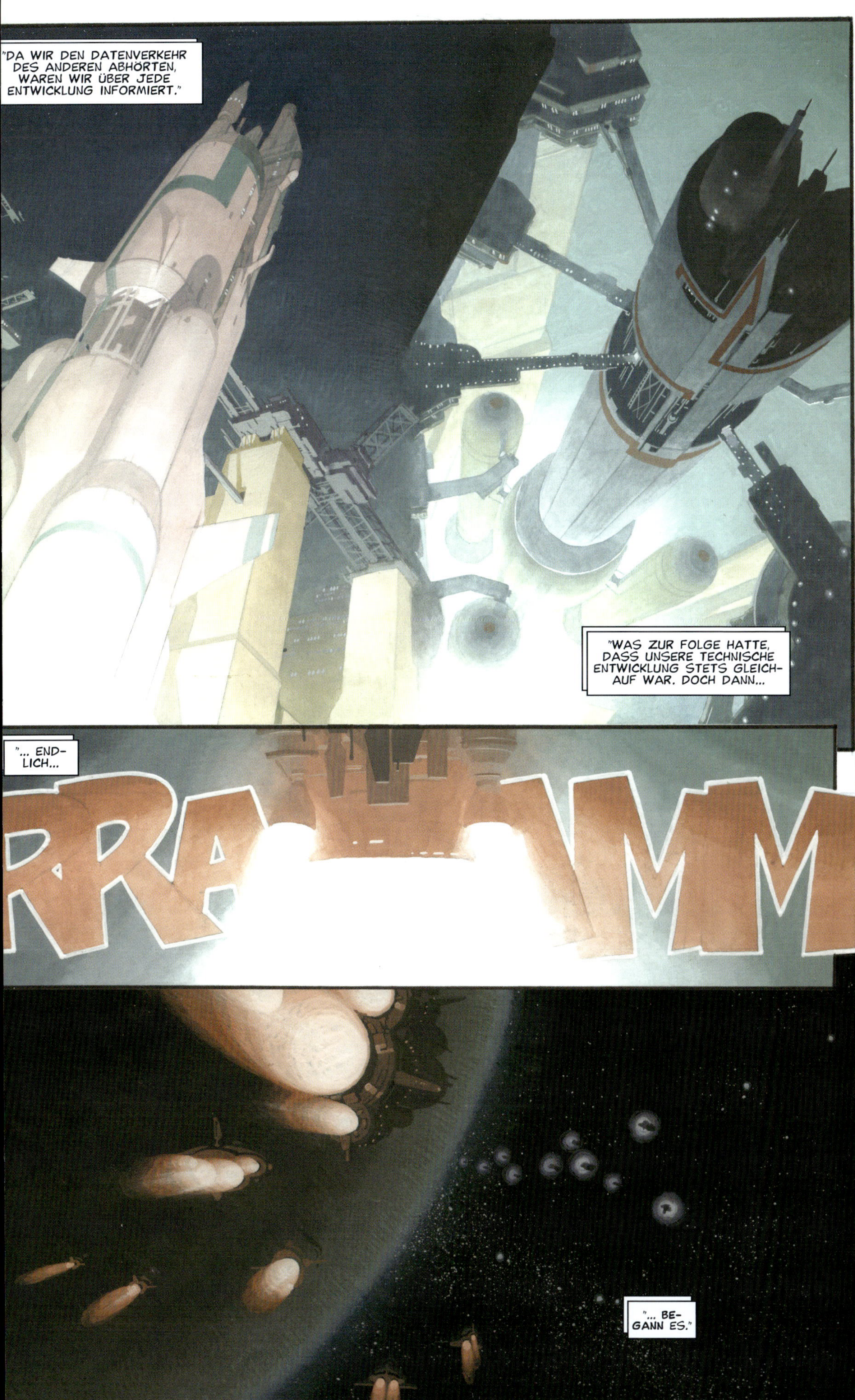
"DA WIR DEN DATENVERKEHR DES ANDEREN ABHÖRTEN, WAREN WIR ÜBER JEDE ENTWICKLUNG INFORMIERT."
"WAS ZUR FOLGE HATTE, DASS UNSERE TECHNISCHE ENTWICKLUNG STETS GLEICH-AUF WAR. DOCH DANN...
"... END-LICH...
RRRAMM
"... BE-GANN ES."

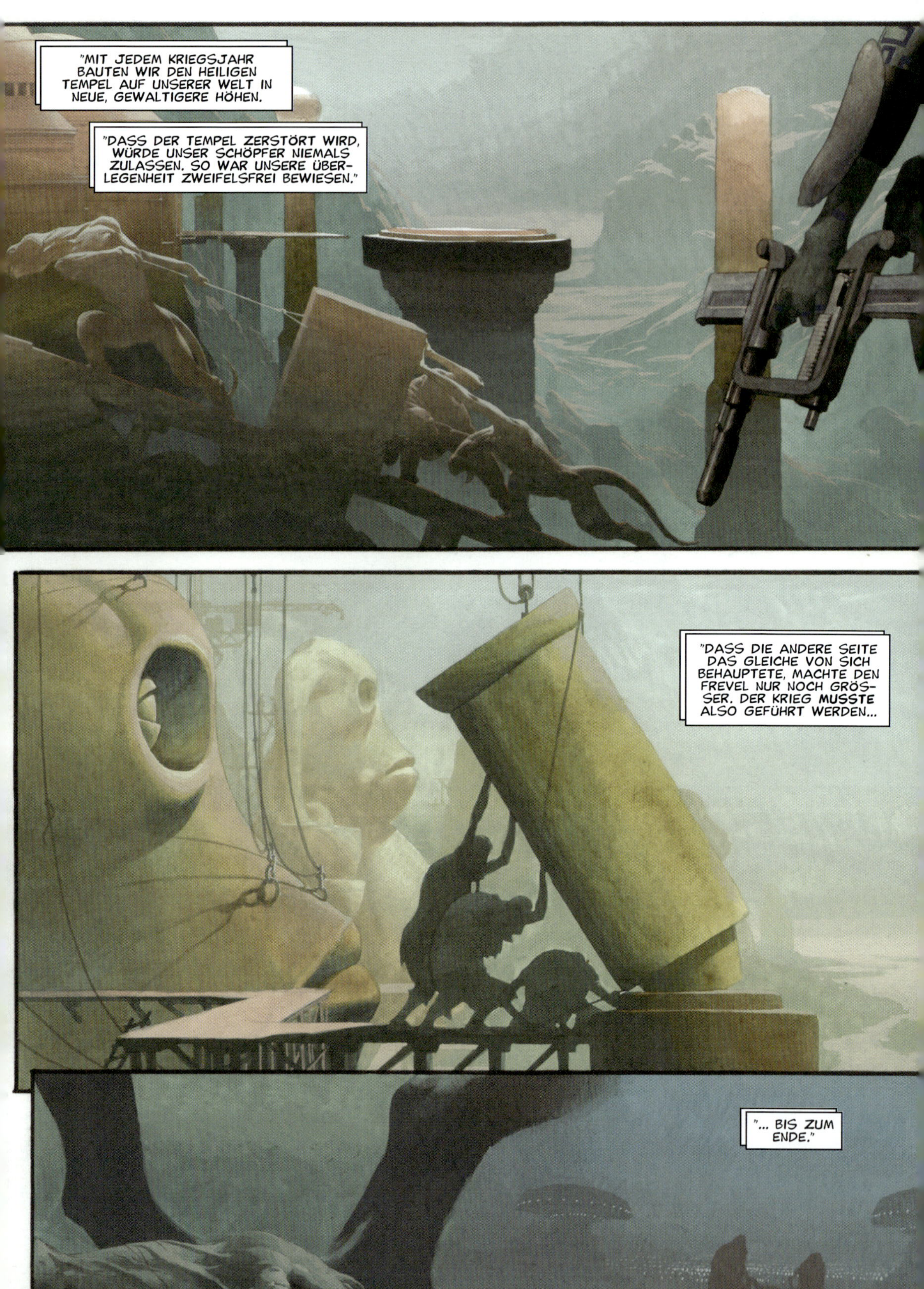
"MIT JEDEM KRIEGSJAHR BAUTEN WIR DEN HEILIGEN TEMPEL AUF UNSERER WELT IN NEUE, GEWALTIGERE HÖHEN.
"DASS DER TEMPEL ZERSTÖRT WIRD, WÜRDE UNSER SCHÖPFER NIEMALS ZULASSEN. SO WAR UNSERE ÜBER-LEGENHEIT ZWEIFELSFREI BEWIESEN."
"DASS DIE ANDERE SEITE DAS GLEICHE VON SICH BEHAUPTETE, MACHTE DEN FREVEL NUR NOCH GRÖS-SER. DER KRIEG MUSSTE ALSO GEFÜHRT WERDEN...
"... BIS ZUM ENDE."

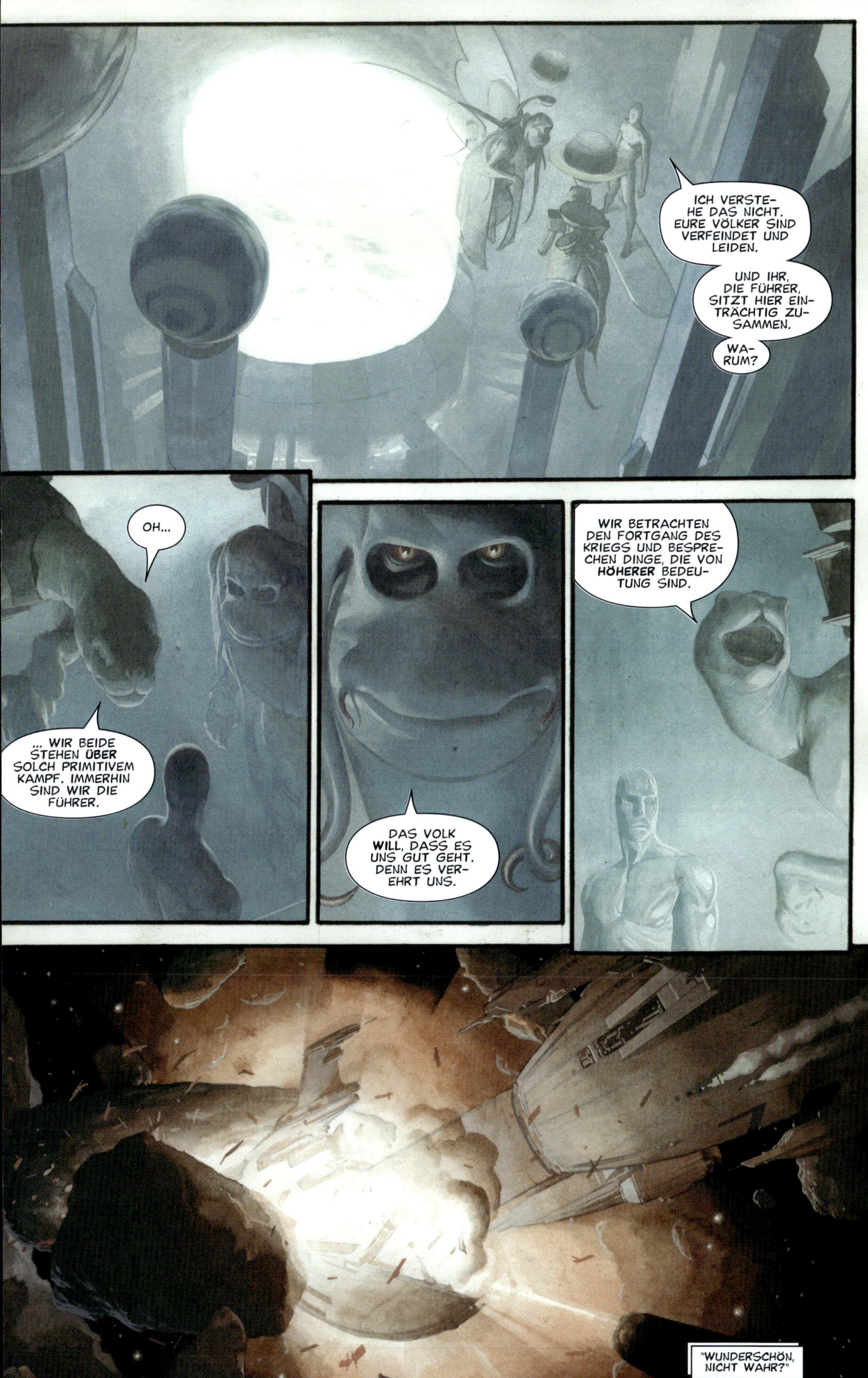

ICH VERSTE-HE DAS NICHT. EURE VÖLKER SIND VERFEINDET UND LEIDEN.
UND IHR, DIE FÜHRER, SITZT HIER EIN-TRÄCHTIG ZU-SAMMEN.
WA-RUM?
OH...
... WIR BEIDE STEHEN **ÜBER** SOLCH PRIMITIVEM KAMPF. IMMERHIN SIND WIR DIE FÜHRER.
DAS VOLK **WILL**, DASS ES UNS GUT GEHT. DENN ES VER-EHRT UNS.
WIR BETRACHTEN DEN FORTGANG DES KRIEGS UND BESPRE-CHEN DINGE, DIE VON **HÖHERER** BEDEU-TUNG SIND.
"WUNDERSCHÖN, NICHT WAHR?"

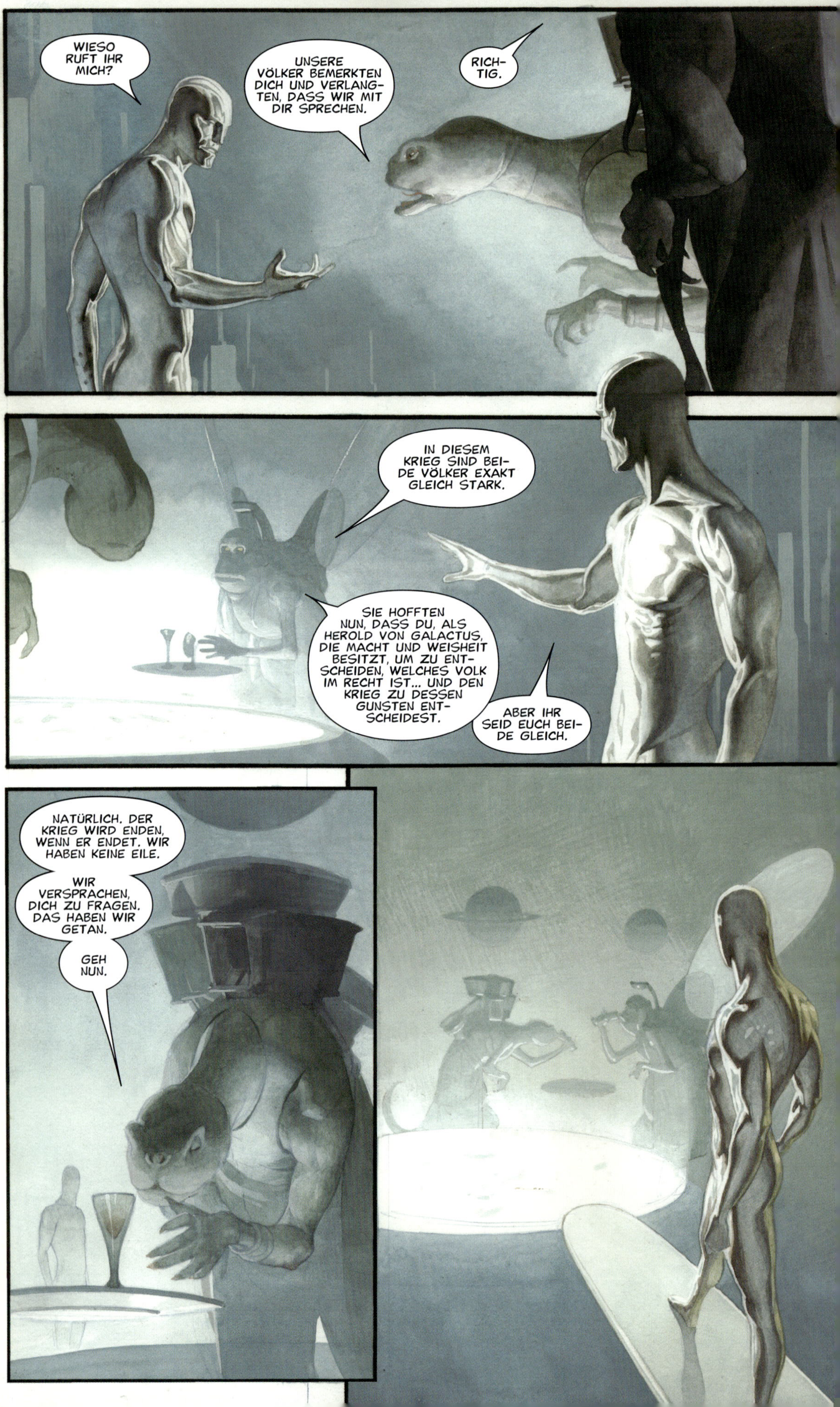

WIESO RUFT IHR MICH?
UNSERE VÖLKER BEMERKTEN DICH UND VERLANGTEN, DASS WIR MIT DIR SPRECHEN.
RICHTIG.
IN DIESEM KRIEG SIND BEIDE VÖLKER EXAKT GLEICH STARK.
SIE HOFFTEN NUN, DASS DU, ALS HEROLD VON GALACTUS, DIE MACHT UND WEISHEIT BESITZT, UM ZU ENTSCHEIDEN, WELCHES VOLK IM RECHT IST... UND DEN KRIEG ZU DESSEN GUNSTEN ENTSCHEIDEST.
ABER IHR SEID EUCH BEIDE GLEICH.

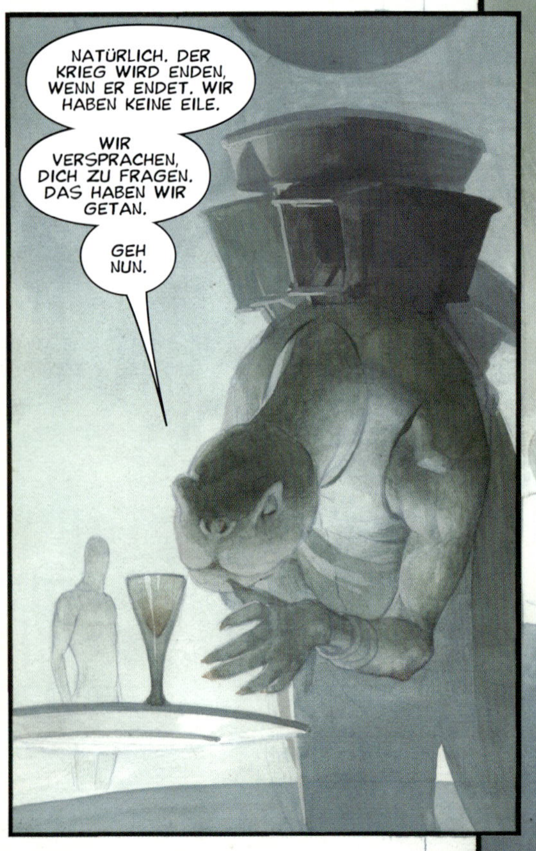
NATÜRLICH. DER KRIEG WIRD ENDEN, WENN ER ENDET. WIR HABEN KEINE EILE.
WIR VERSPRACHEN, DICH ZU FRAGEN. DAS HABEN WIR GETAN.
GEH NUN.

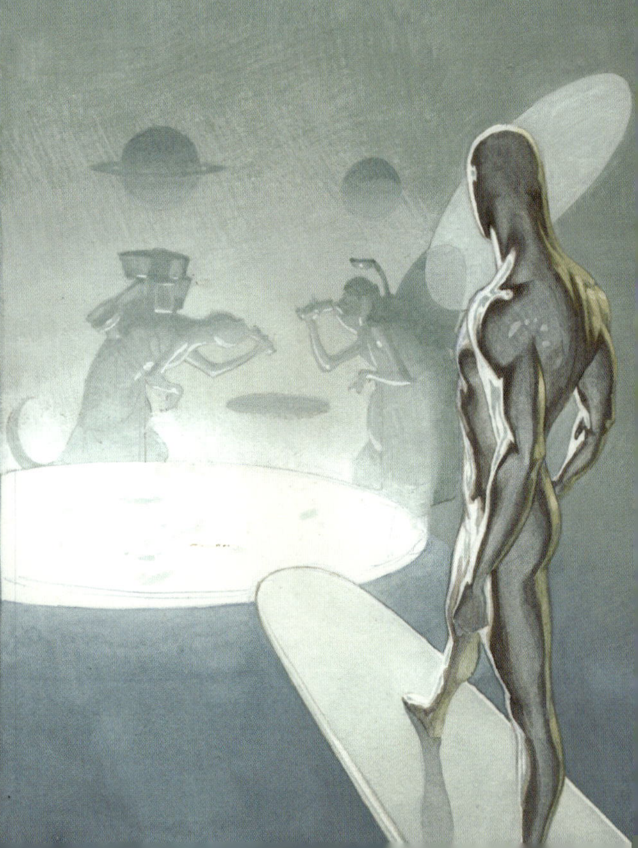

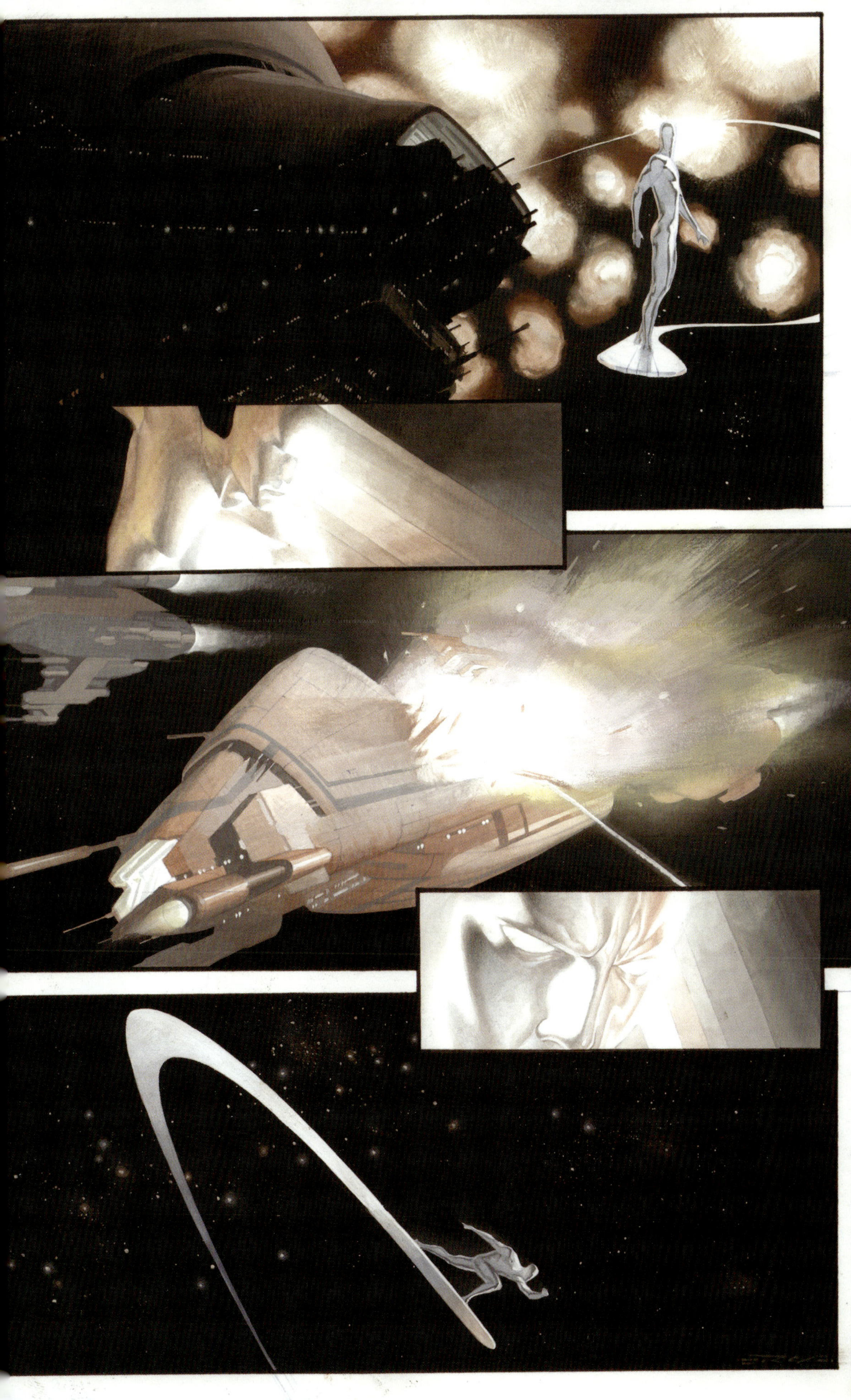

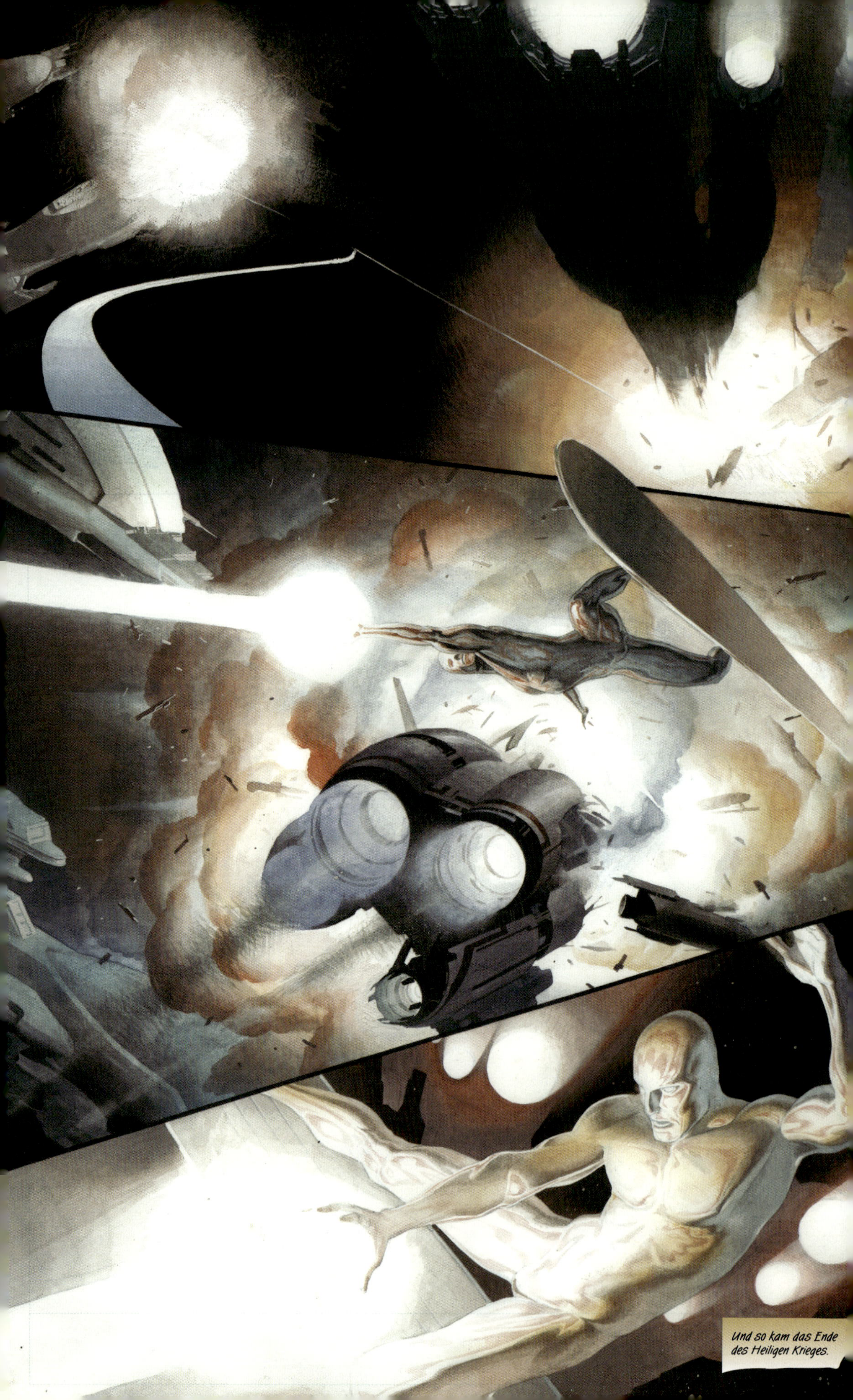
Und so kam das Ende
des Heiligen Krieges.

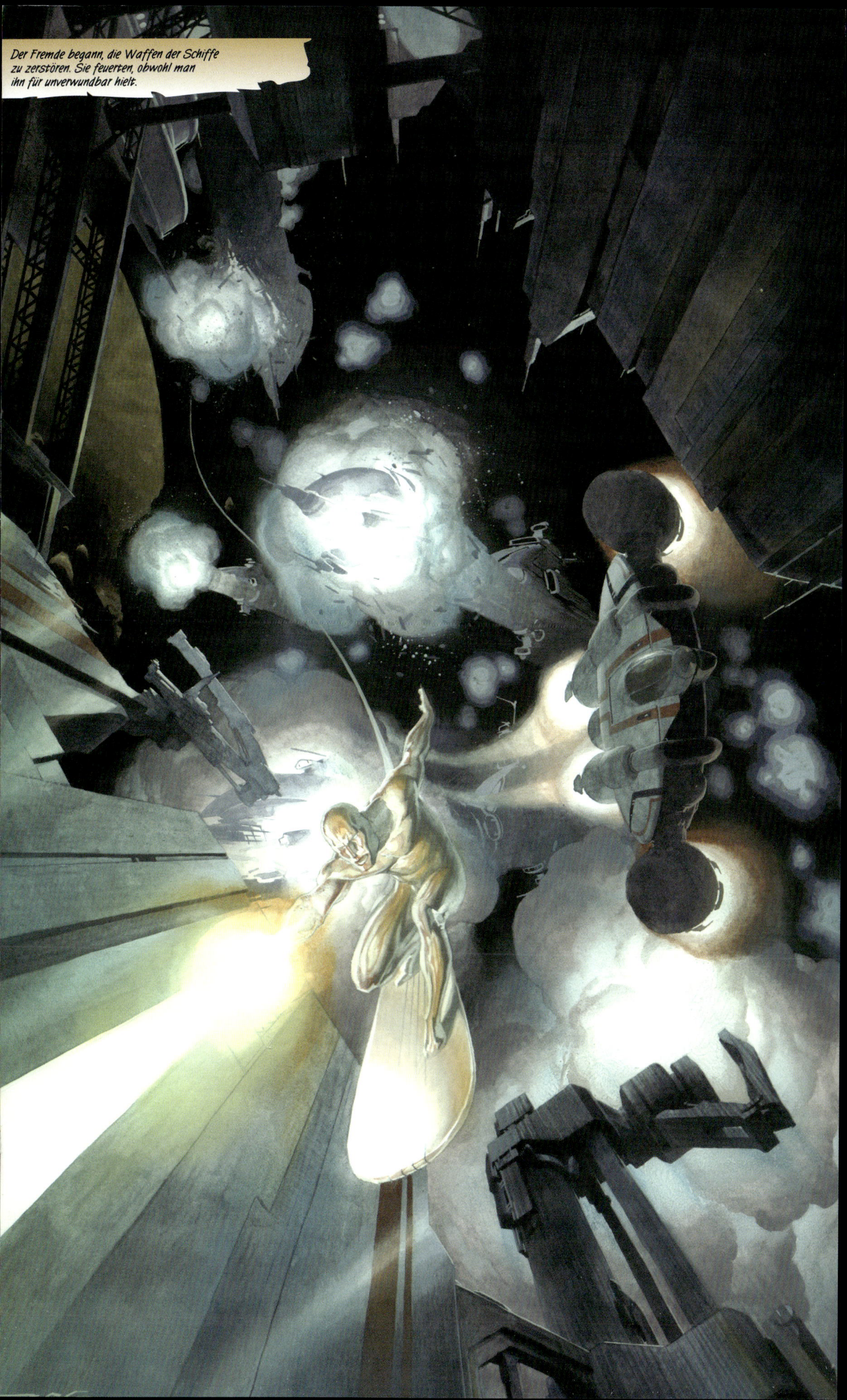
Der Fremde begann, die Waffen der Schiffe zu zerstören. Sie feuerten, obwohl man ihn für unverwundbar hielt.

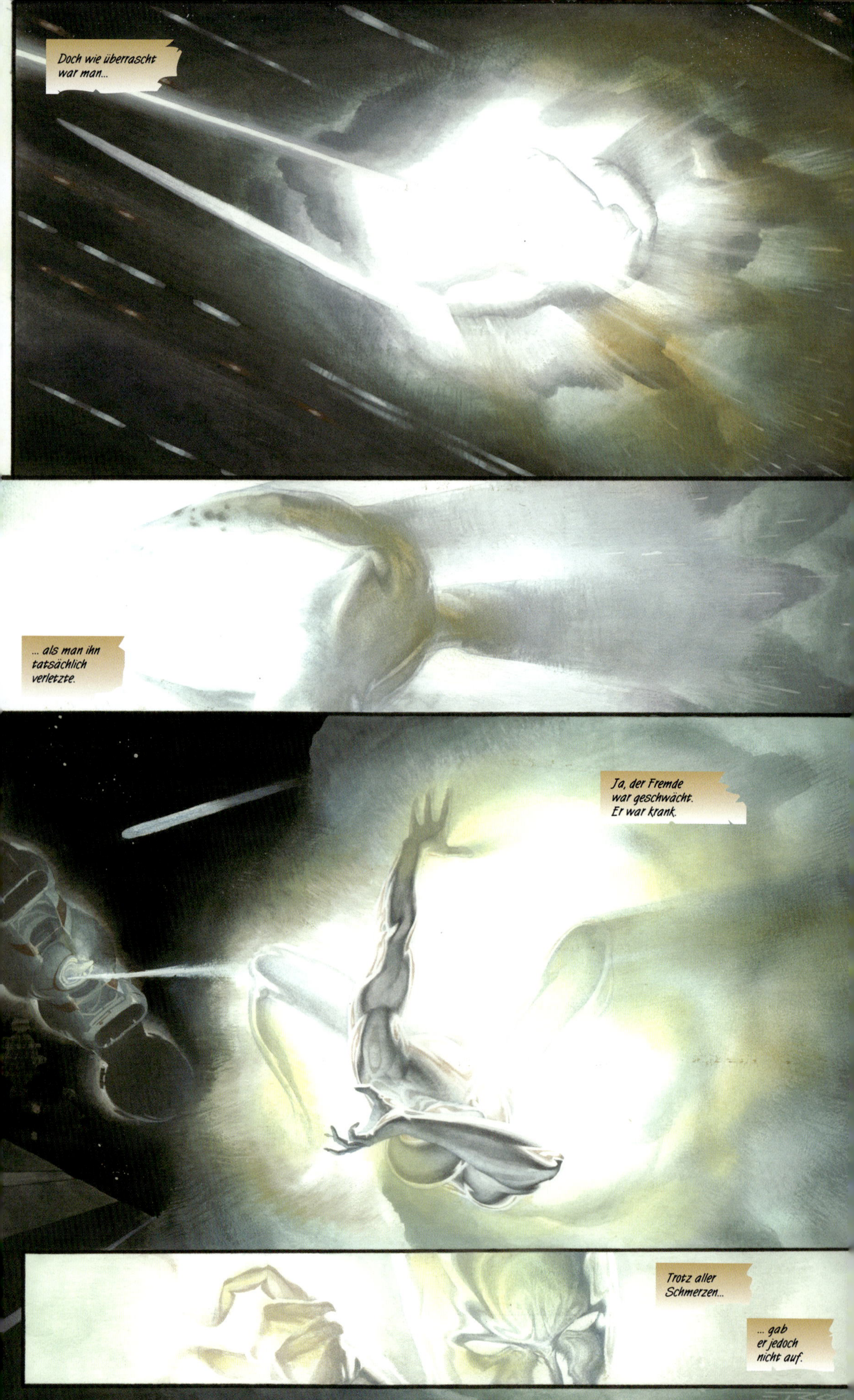
Doch wie überrascht war man...
... als man ihn tatsächlich verletzte.
Ja, der Fremde war geschwächt. Er war krank.
Trotz aller Schmerzen...
... gab er jedoch nicht auf.

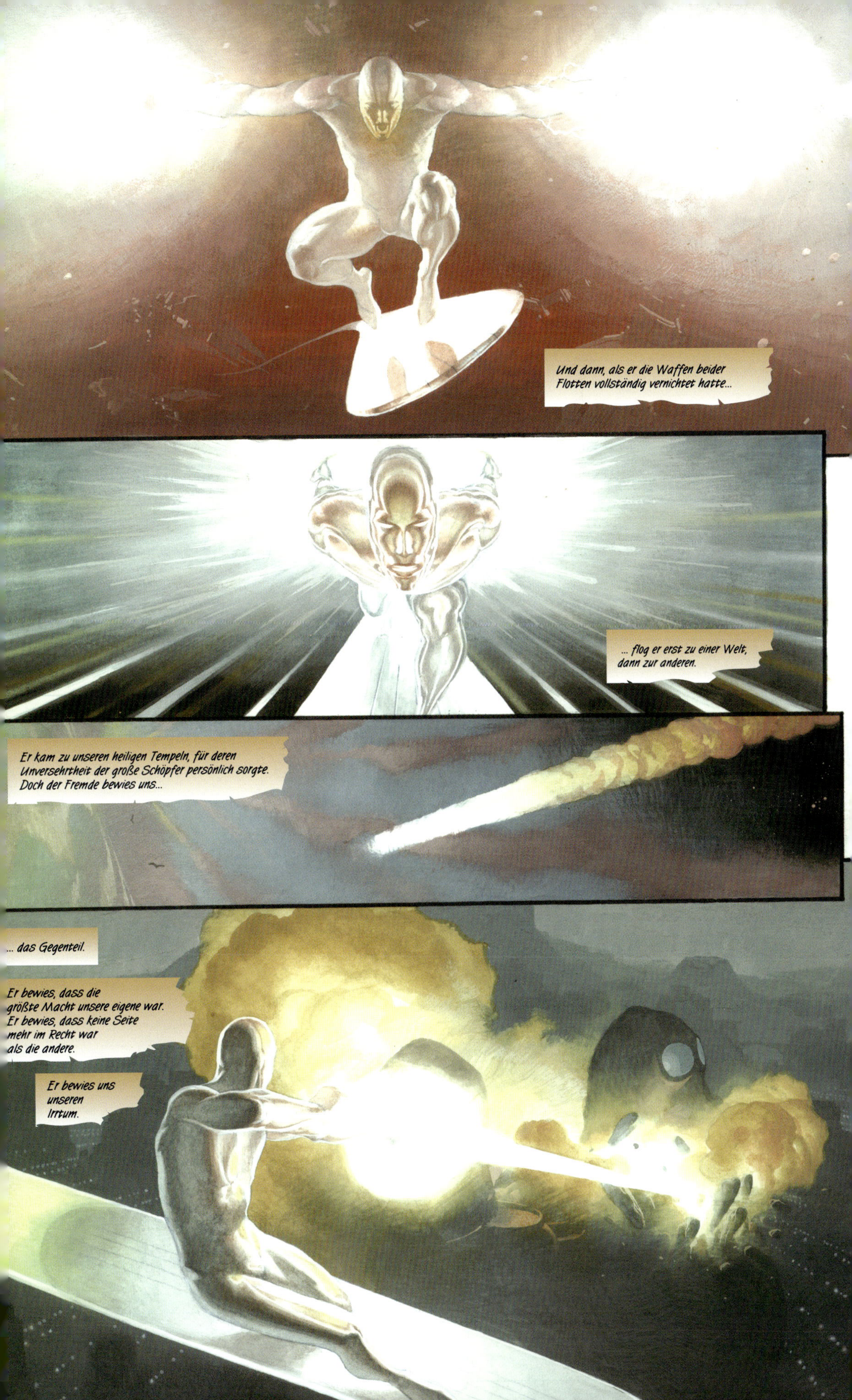
Und dann, als er die Waffen beider Flotten vollständig vernichtet hatte...
... flog er erst zu einer Welt, dann zur anderen.
Er kam zu unseren heiligen Tempeln, für deren Unversehrtheit der große Schöpfer persönlich sorgte. Doch der Fremde bewies uns...
... das Gegenteil.
Er bewies, dass die größte Macht unsere eigene war. Er bewies, dass keine Seite mehr im Recht war als die andere.
Er bewies uns unseren Irrtum.

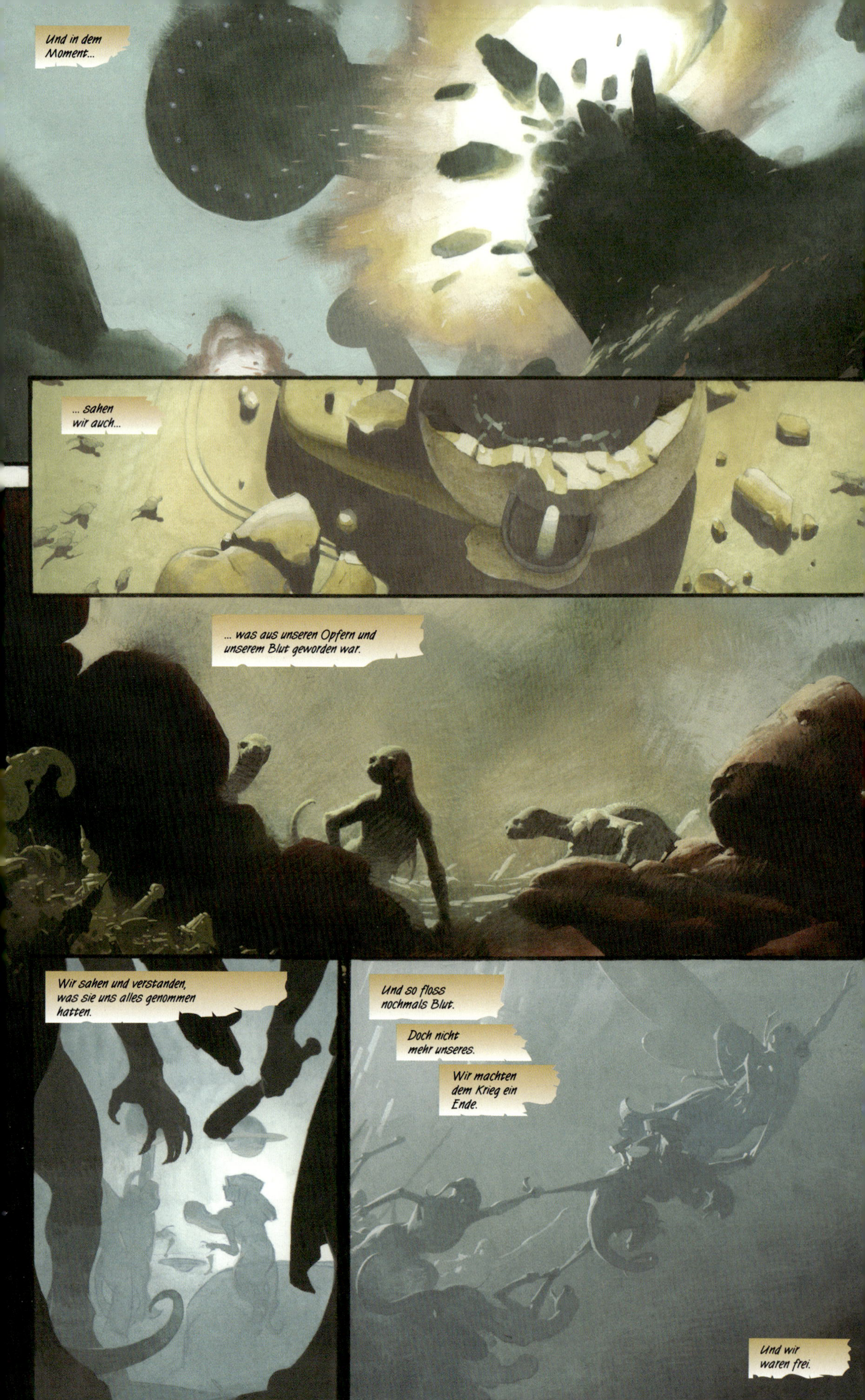
Und in dem Moment...
... sahen wir auch...
... was aus unseren Opfern und unserem Blut geworden war.
Wir sahen und verstanden, was sie uns alles genommen hatten.
Und so floss nochmals Blut.
Doch nicht mehr unseres.
Wir machten dem Krieg ein Ende.
Und wir waren frei.

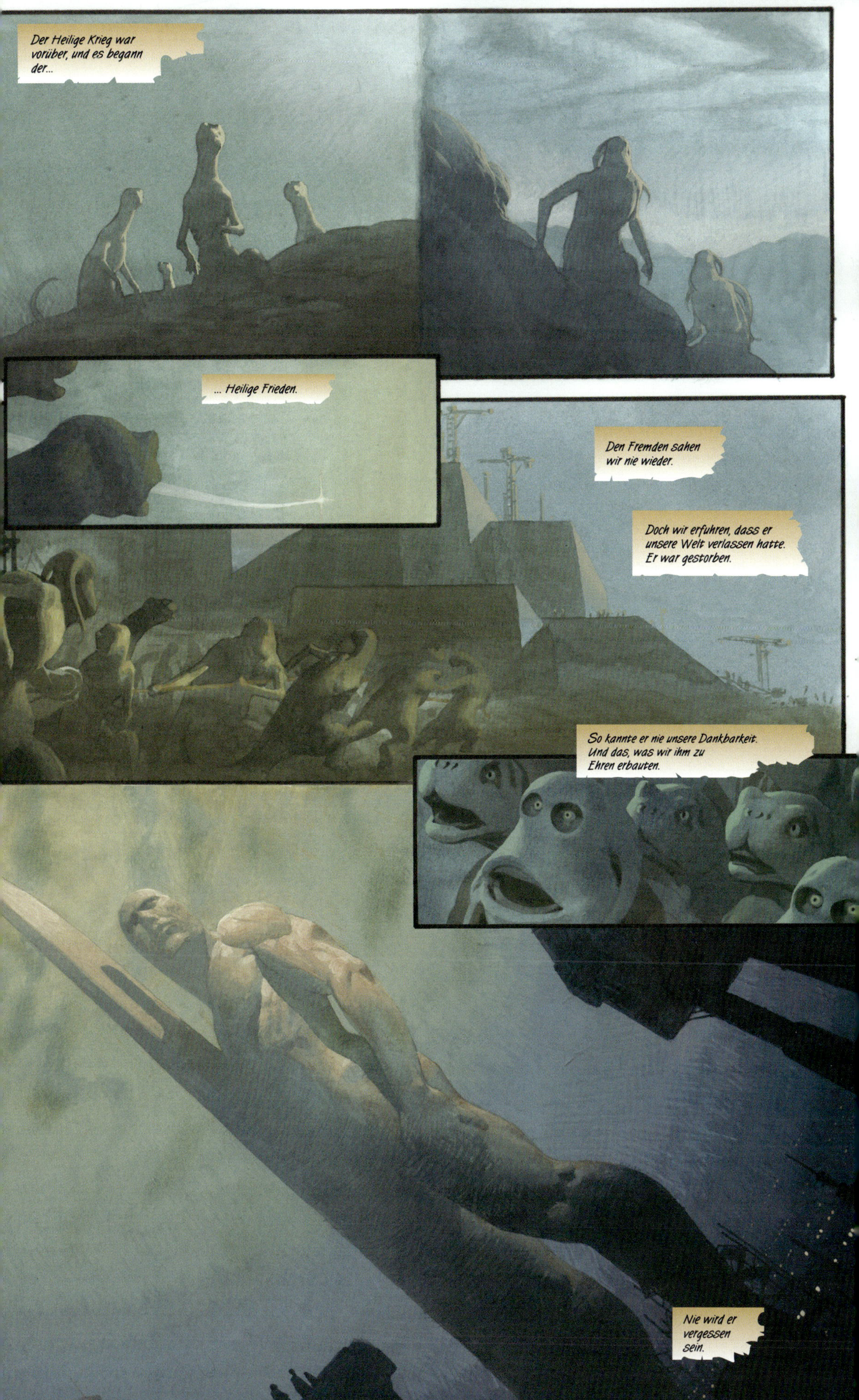
Der Heilige Krieg war vorüber, und es begann der...
... Heilige Frieden.
Den Fremden sahen wir nie wieder.
Doch wir erfuhren, dass er unsere Welt verlassen hatte. Er war gestorben.
So kannte er nie unsere Dankbarkeit. Und das, was wir ihm zu Ehren erbauten.
Nie wird er vergessen sein.

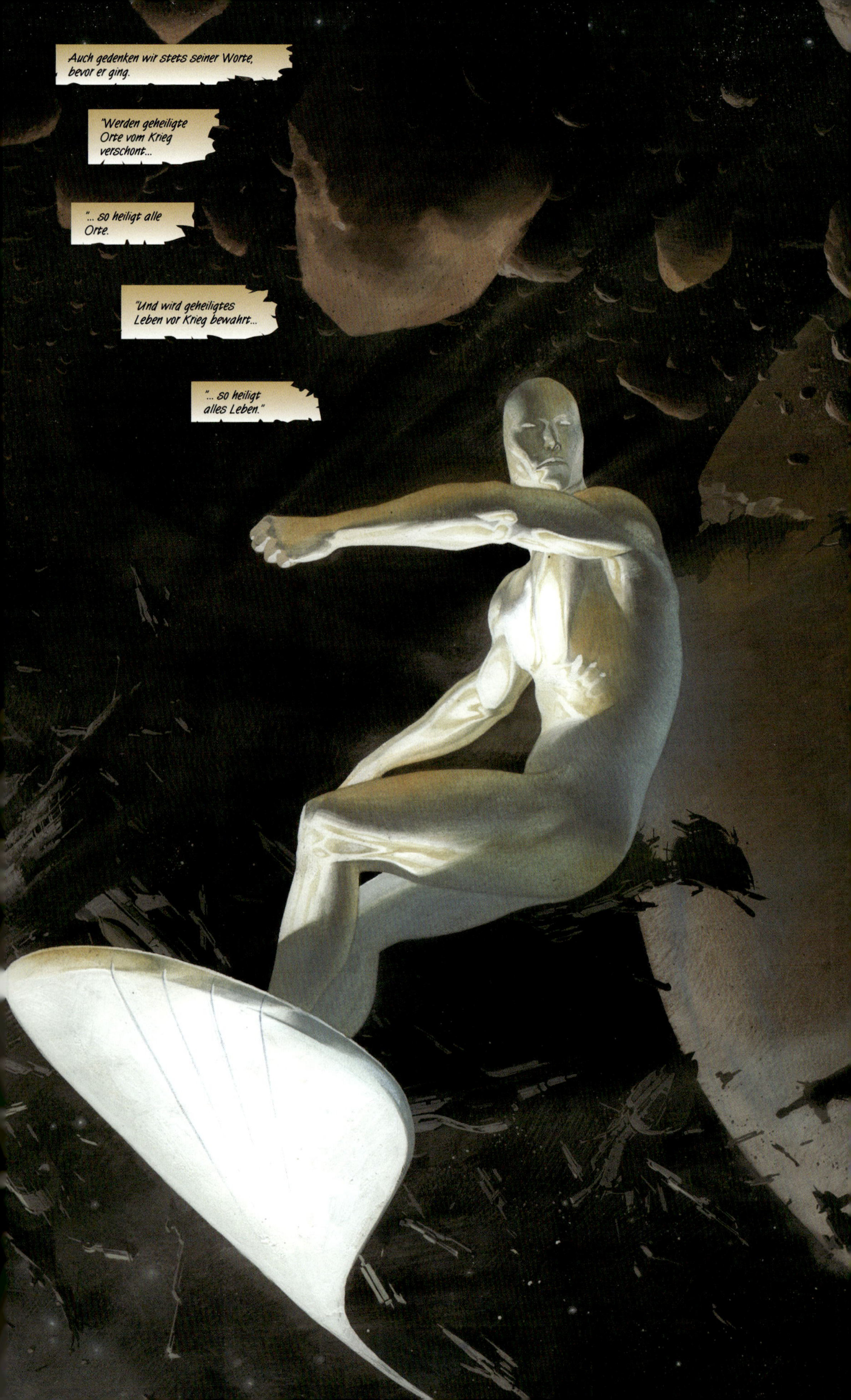
Auch gedenken wir stets seiner Worte, bevor er ging.
"Werden geheiligte Orte vom Krieg verschont...
"... so heiligt alle Orte.
"Und wird geheiligtes Leben vor Krieg bewahrt...
"... so heiligt alles Leben."

TEIL 4: AGNUS DEI

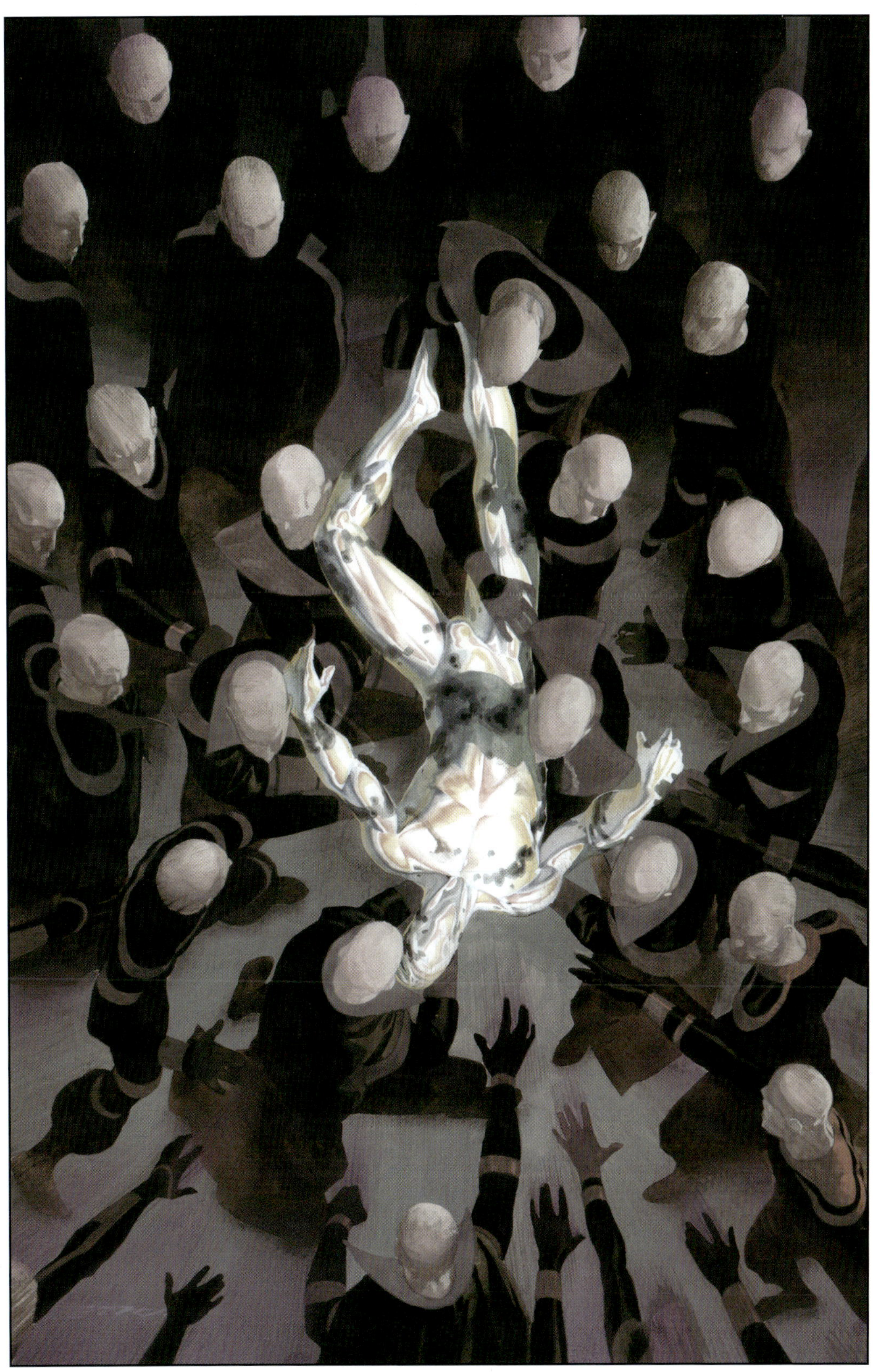

Silver Surfer: Requiem (2007) 4
Cover von **ESAD RIBIĆ**

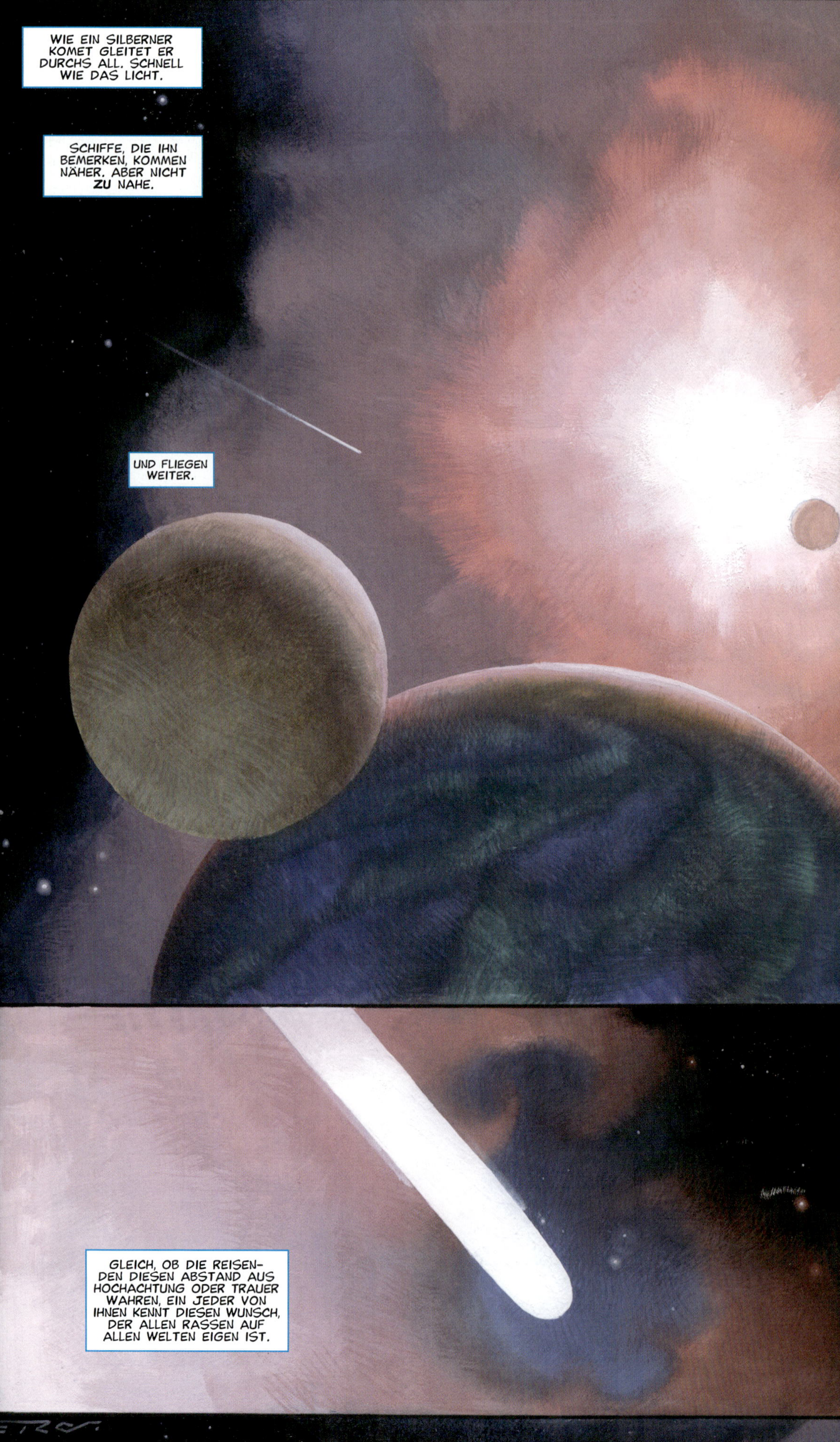
WIE EIN SILBERNER KOMET GLEITET ER DURCHS ALL. SCHNELL WIE DAS LICHT.
SCHIFFE, DIE IHN BEMERKEN, KOMMEN NÄHER. ABER NICHT ZU NAHE.
UND FLIEGEN WEITER.
GLEICH, OB DIE REISENDEN DIESEN ABSTAND AUS HOCHACHTUNG ODER TRAUER WAHREN, EIN JEDER VON IHNEN KENNT DIESEN WUNSCH, DER ALLEN RASSEN AUF ALLEN WELTEN EIGEN IST.

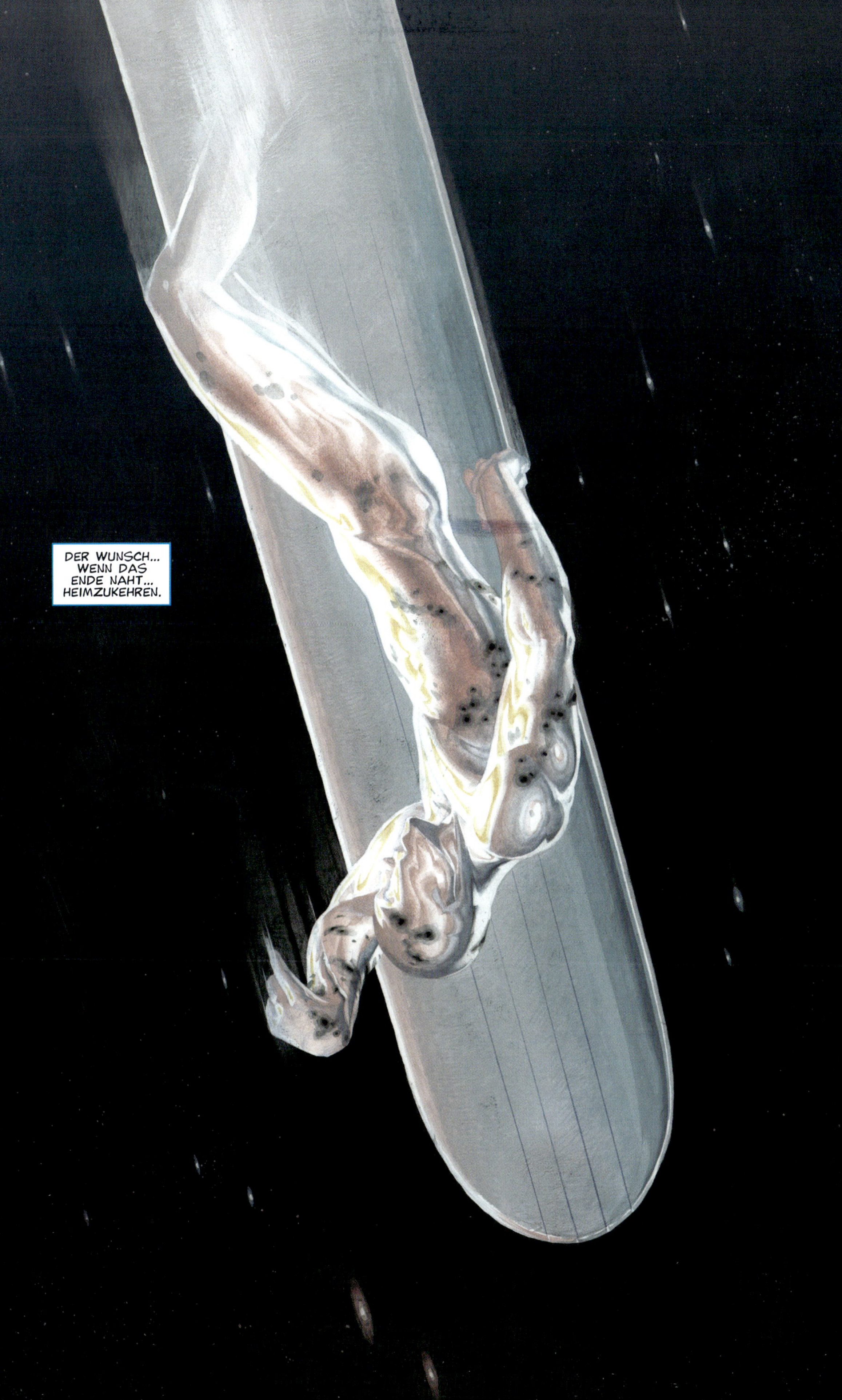
DER WUNSCH...
WENN DAS
ENDE NAHT...
HEIMZUKEHREN.

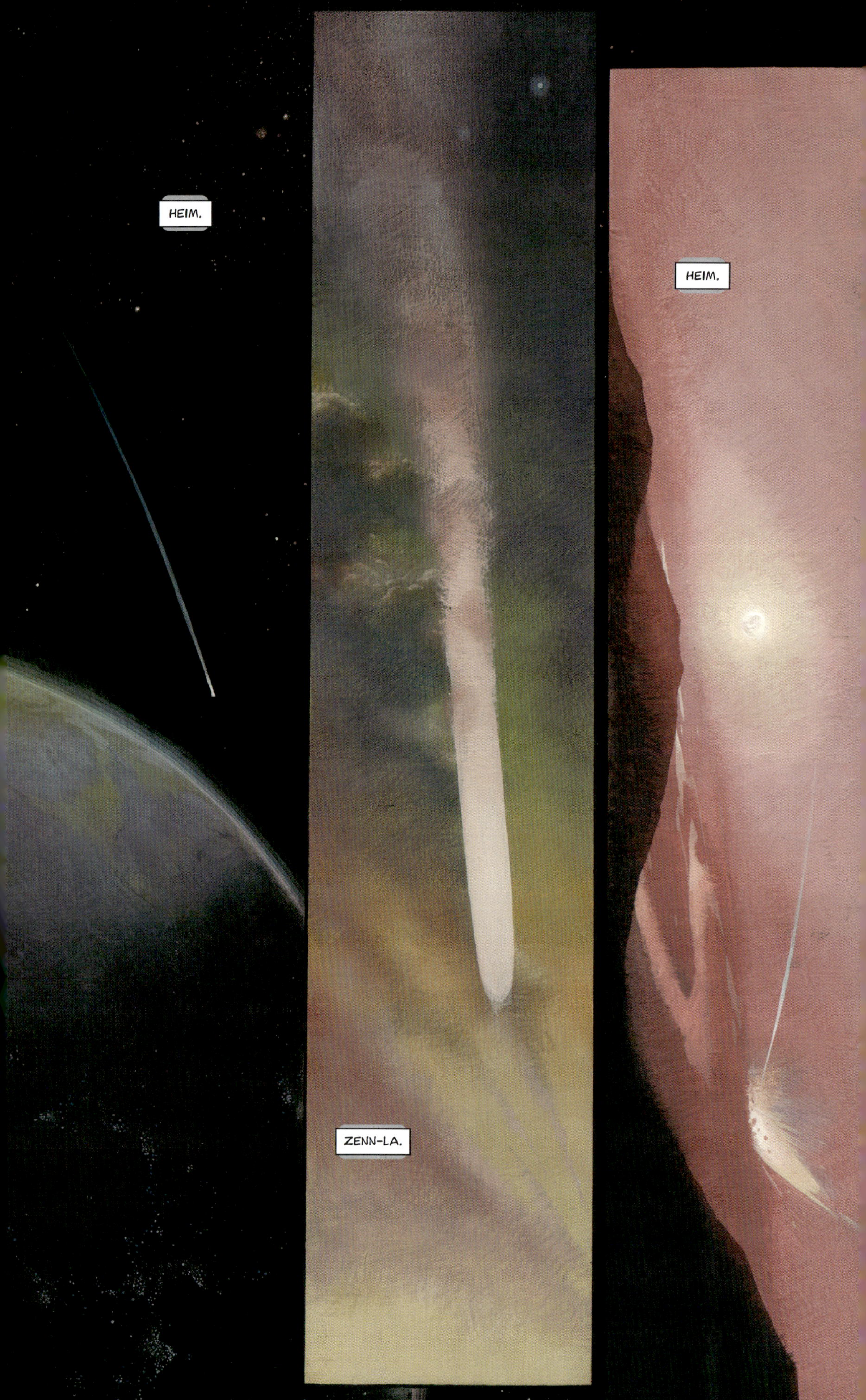
HEIM.
ZENN-LA.
HEIM.

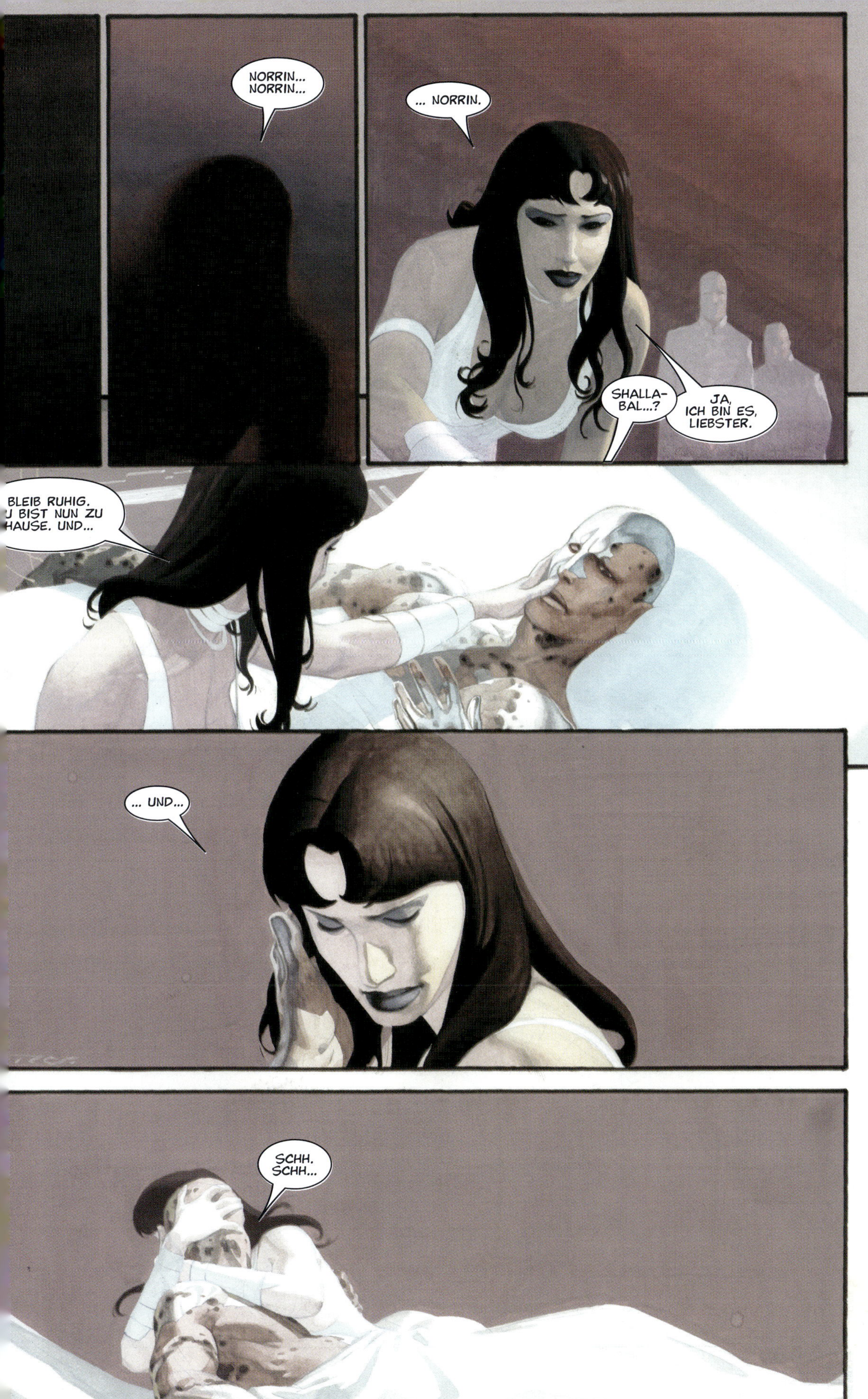
NORRIN... NORRIN...
... NORRIN.
SHALLA-BAL...?
JA, ICH BIN ES, LIEBSTER.
BLEIB RUHIG. U BIST NUN ZU HAUSE. UND...
... UND...
SCHH. SCHH...

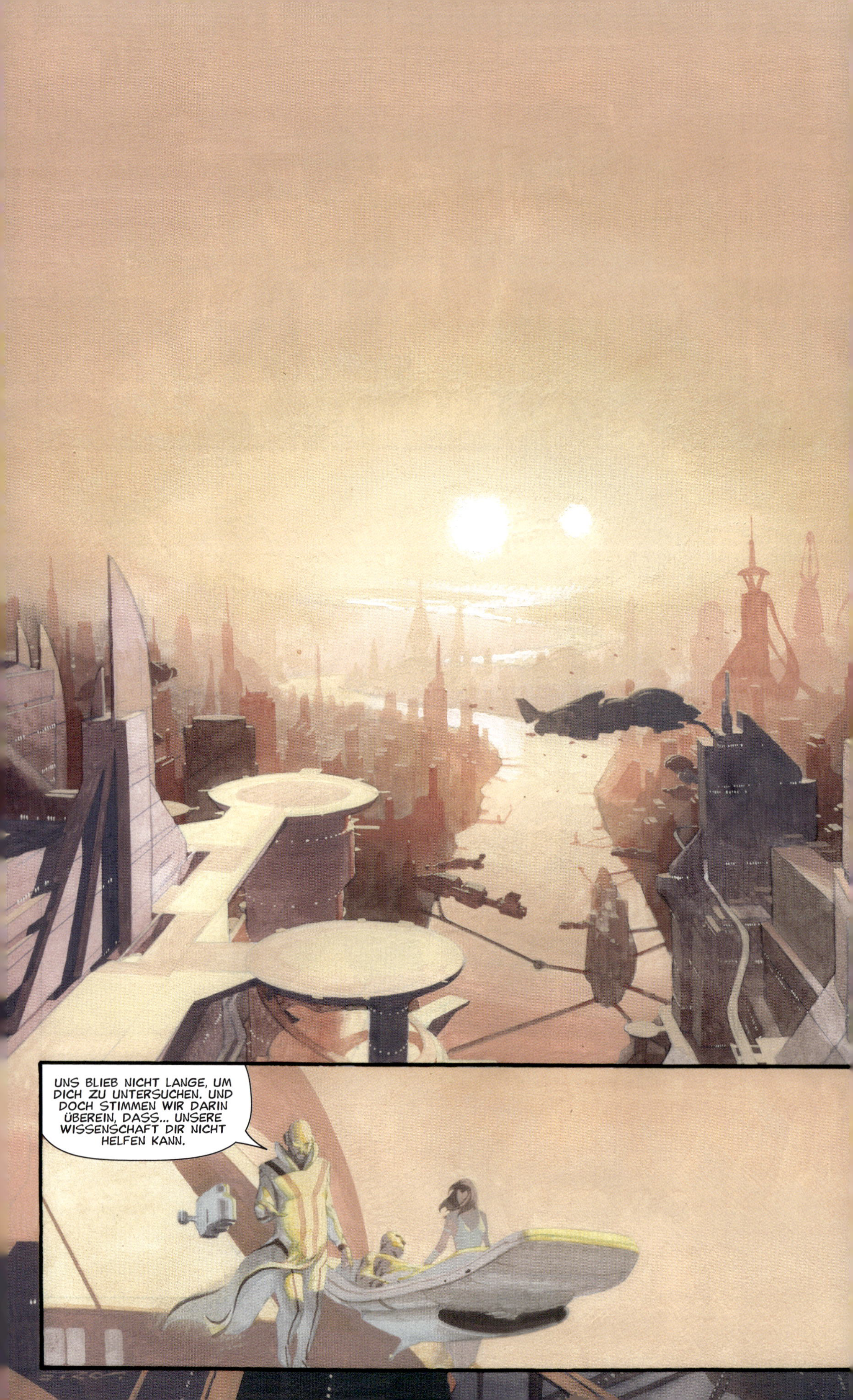
UNS BLIEB NICHT LANGE, UM DICH ZU UNTERSUCHEN. UND DOCH STIMMEN WIR DARIN ÜBEREIN, DASS... UNSERE WISSENSCHAFT DIR NICHT HELFEN KANN.

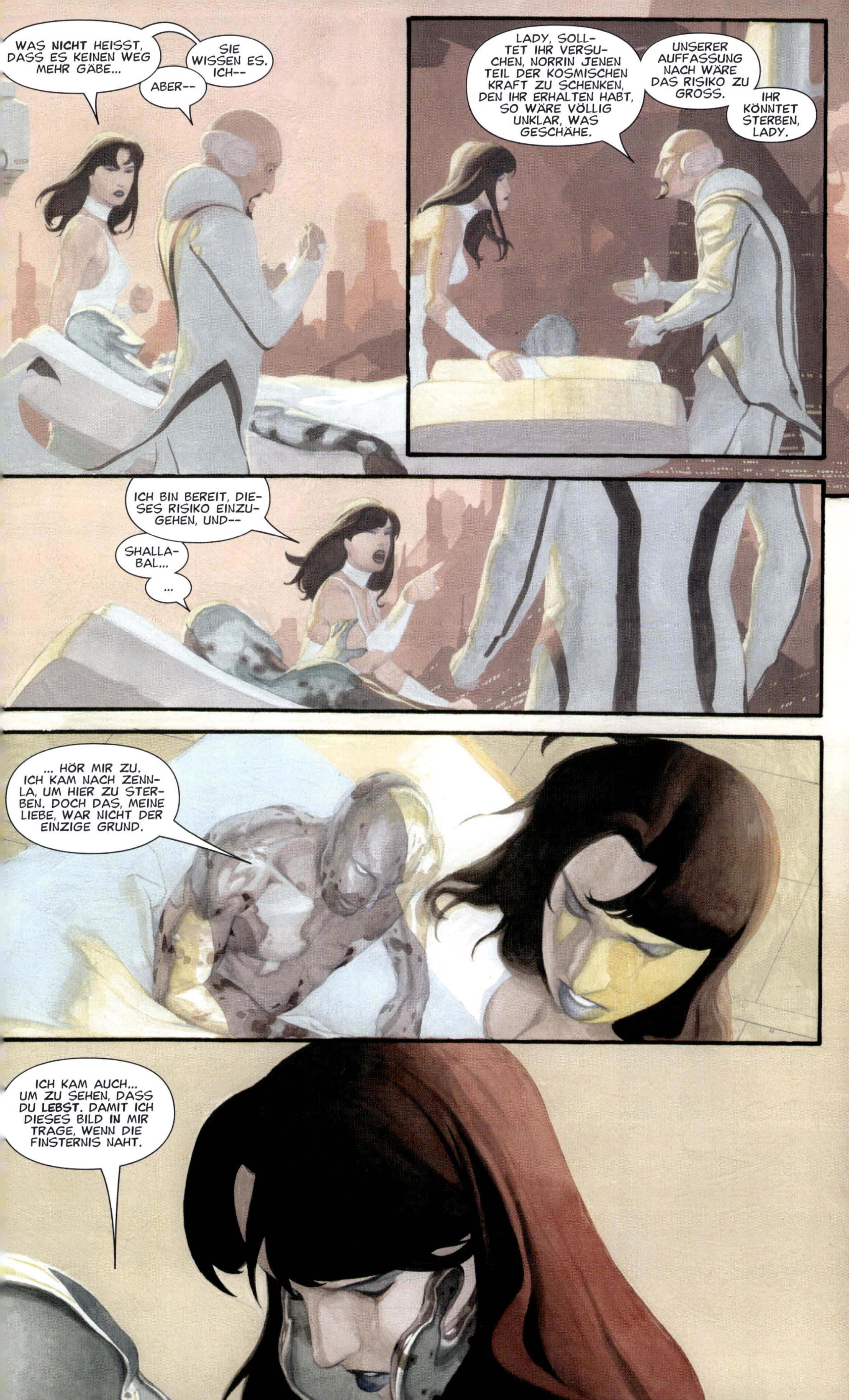
WAS NICHT HEISST, DASS ES KEINEN WEG MEHR GÄBE...
SIE WISSEN ES. ICH--
ABER--
LADY, SOLLTET IHR VERSUCHEN, NORRIN JENEN TEIL DER KOSMISCHEN KRAFT ZU SCHENKEN, DEN IHR ERHALTEN HABT, SO WÄRE VÖLLIG UNKLAR, WAS GESCHÄHE.
UNSERER AUFFASSUNG NACH WÄRE DAS RISIKO ZU GROSS.
IHR KÖNNTET STERBEN, LADY.
ICH BIN BEREIT, DIESES RISIKO EINZUGEHEN, UND--
SHALLA-BAL...
...
... HÖR MIR ZU. ICH KAM NACH ZENNLA, UM HIER ZU STERBEN. DOCH DAS, MEINE LIEBE, WAR NICHT DER EINZIGE GRUND.
ICH KAM AUCH... UM ZU SEHEN, DASS DU LEBST. DAMIT ICH DIESES BILD IN MIR TRAGE, WENN DIE FINSTERNIS NAHT.

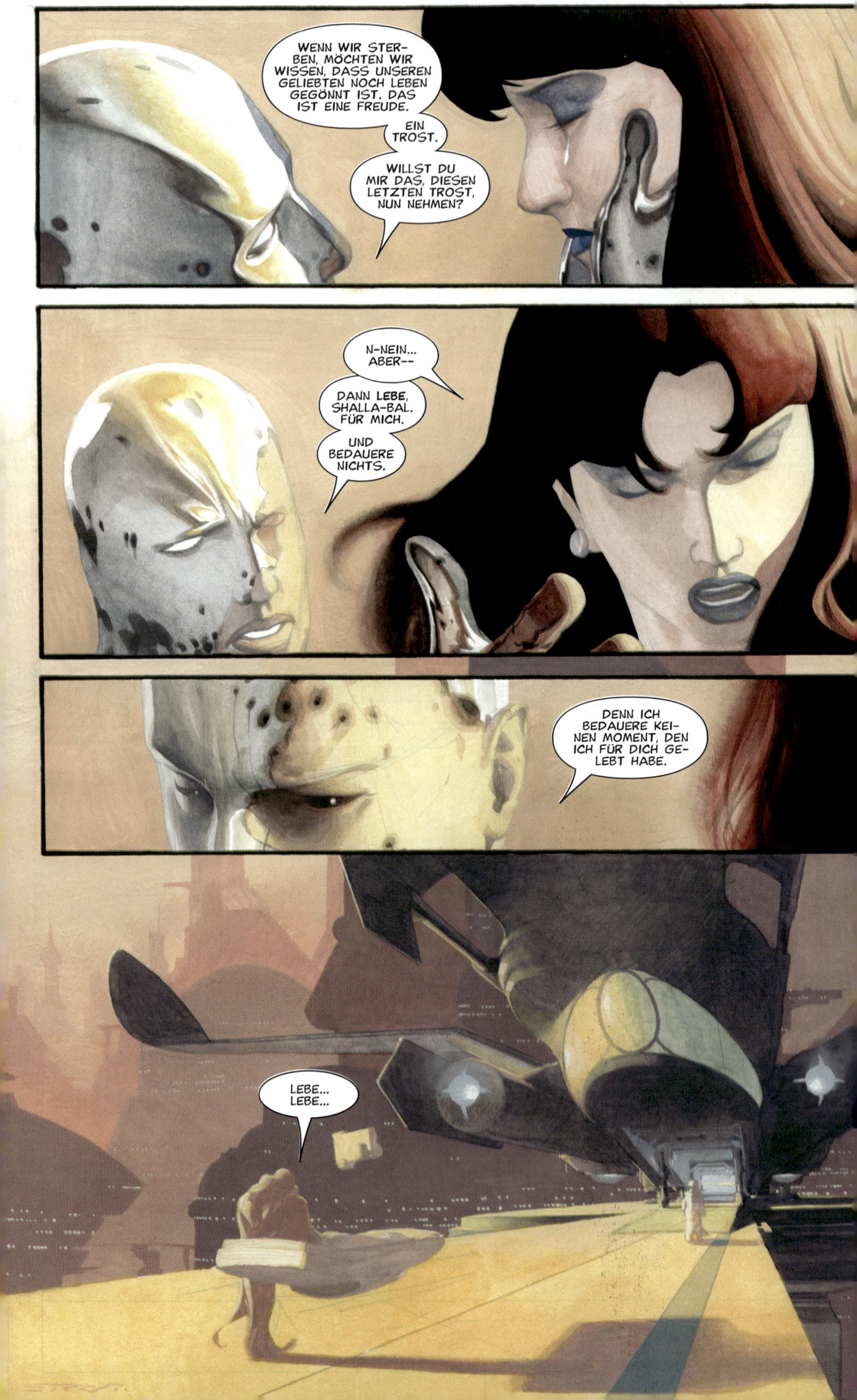

WENN WIR STERBEN, MÖCHTEN WIR WISSEN, DASS UNSEREN GELIEBTEN NOCH LEBEN GEGÖNNT IST. DAS IST EINE FREUDE.
EIN TROST.
WILLST DU MIR DAS, DIESEN LETZTEN TROST, NUN NEHMEN?
N-NEIN... ABER--
DANN **LEBE**, SHALLA-BAL. FÜR MICH.
UND BEDAUERE NICHTS.
DENN ICH BEDAUERE KEINEN MOMENT, DEN ICH FÜR DICH GELEBT HABE.
LEBE... LEBE...

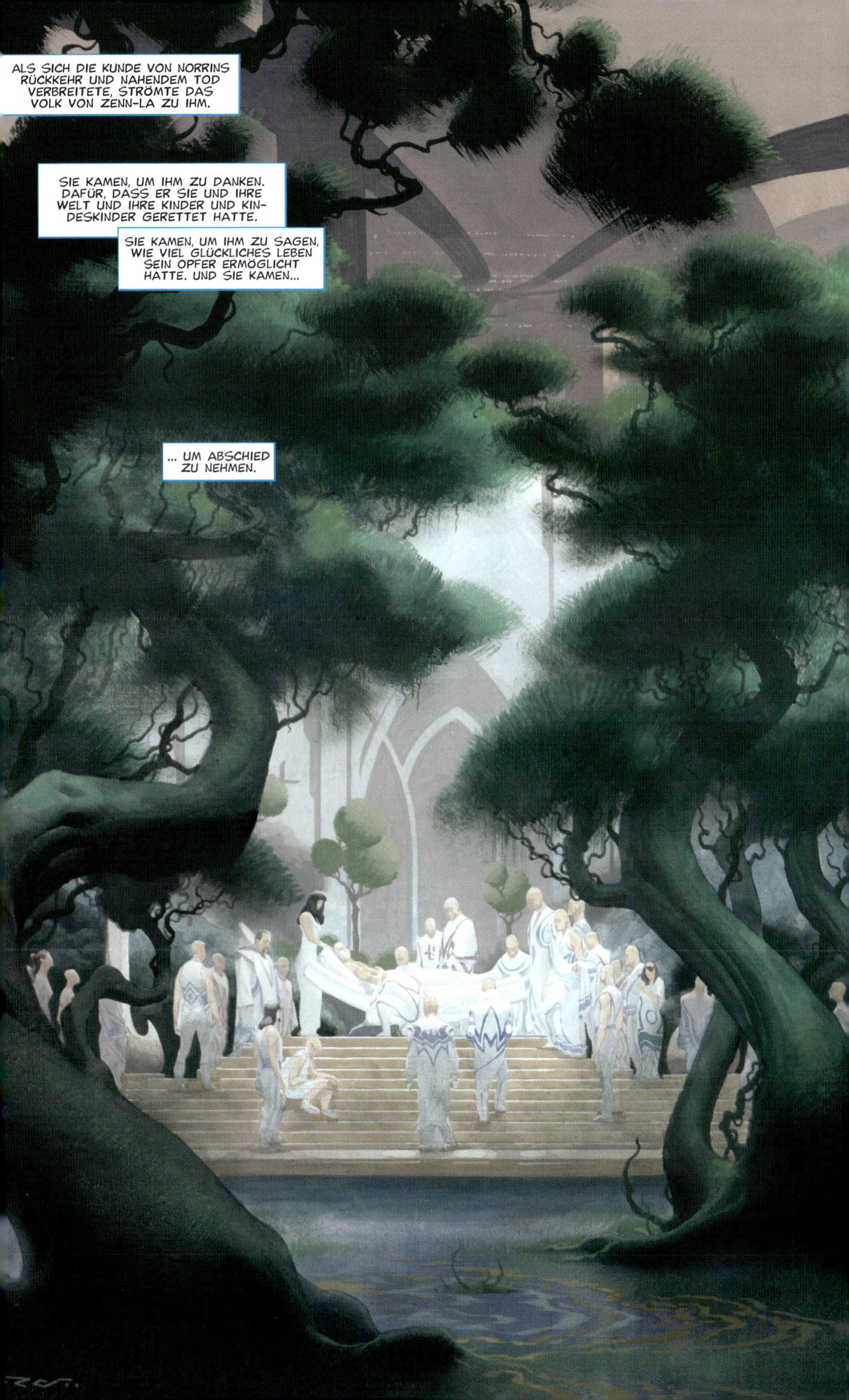

ALS SICH DIE KUNDE VON NORRINS RÜCKKEHR UND NAHENDEM TOD VERBREITETE, STRÖMTE DAS VOLK VON ZENN-LA ZU IHM.
SIE KAMEN, UM IHM ZU DANKEN. DAFÜR, DASS ER SIE UND IHRE WELT UND IHRE KINDER UND KINDESKINDER GERETTET HATTE.
SIE KAMEN, UM IHM ZU SAGEN, WIE VIEL GLÜCKLICHES LEBEN SEIN OPFER ERMÖGLICHT HATTE. UND SIE KAMEN...
... UM ABSCHIED ZU NEHMEN.

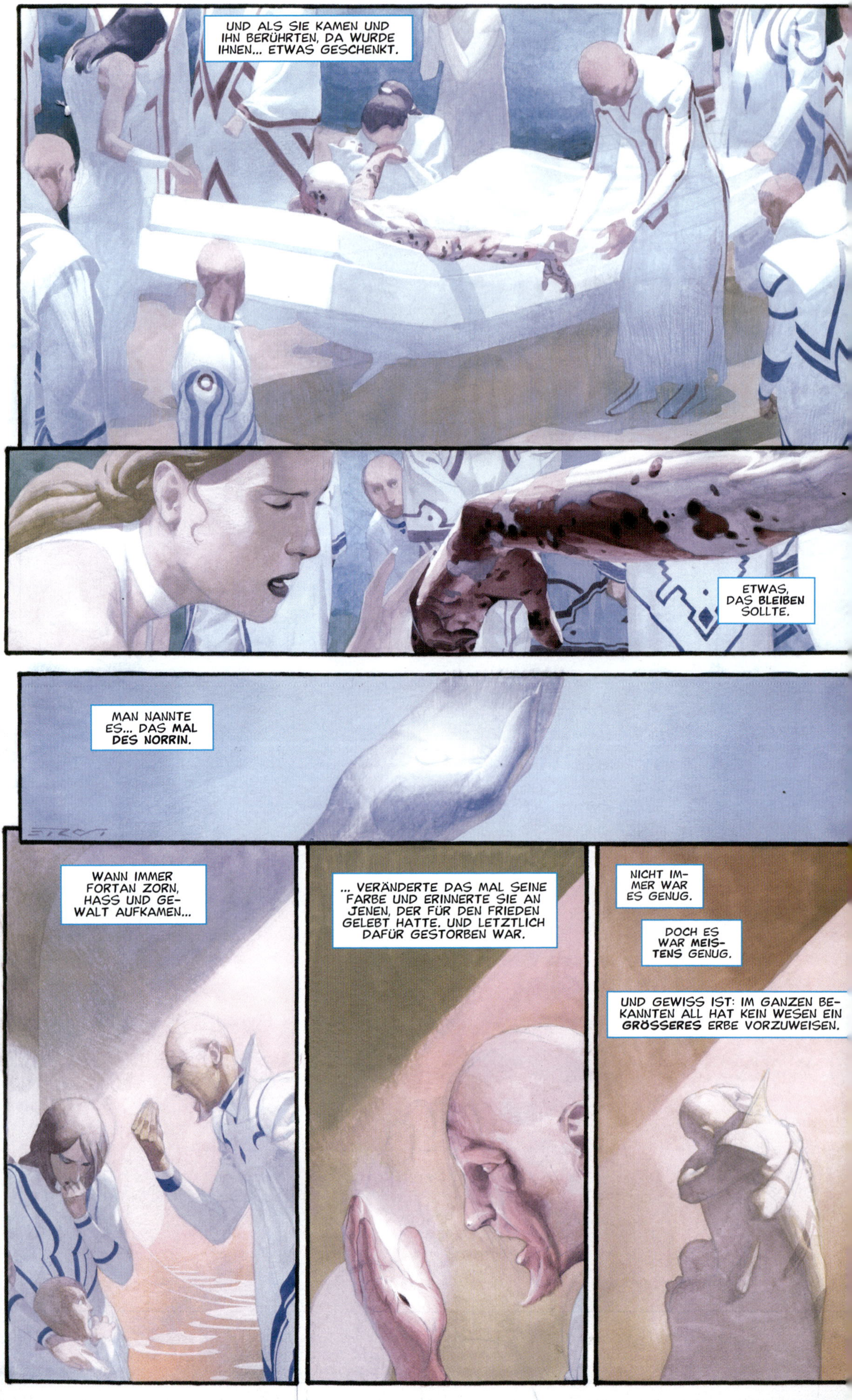

UND ALS SIE KAMEN UND IHN BERÜHRTEN, DA WURDE IHNEN... ETWAS GESCHENKT.

ETWAS, DAS **BLEIBEN** SOLLTE.

MAN NANNTE ES... DAS **MAL DES NORRIN.**

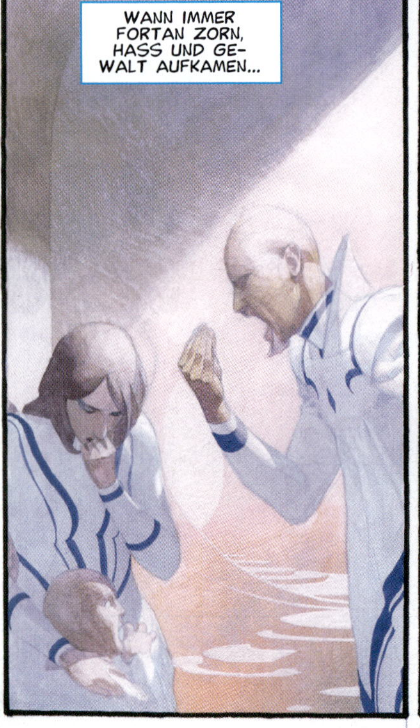

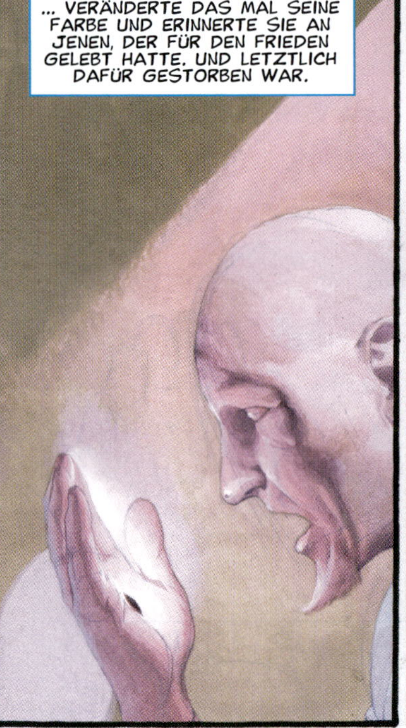

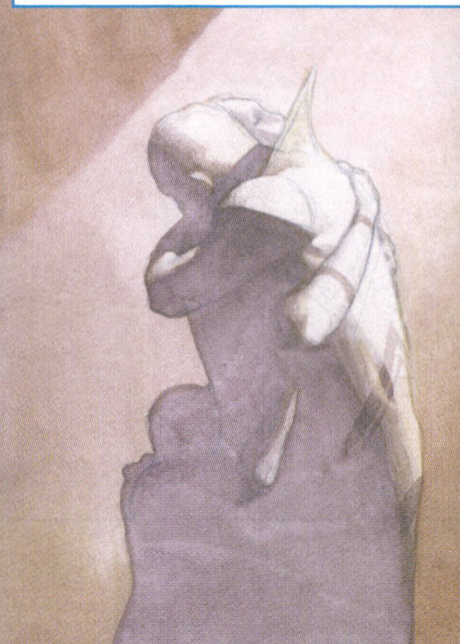

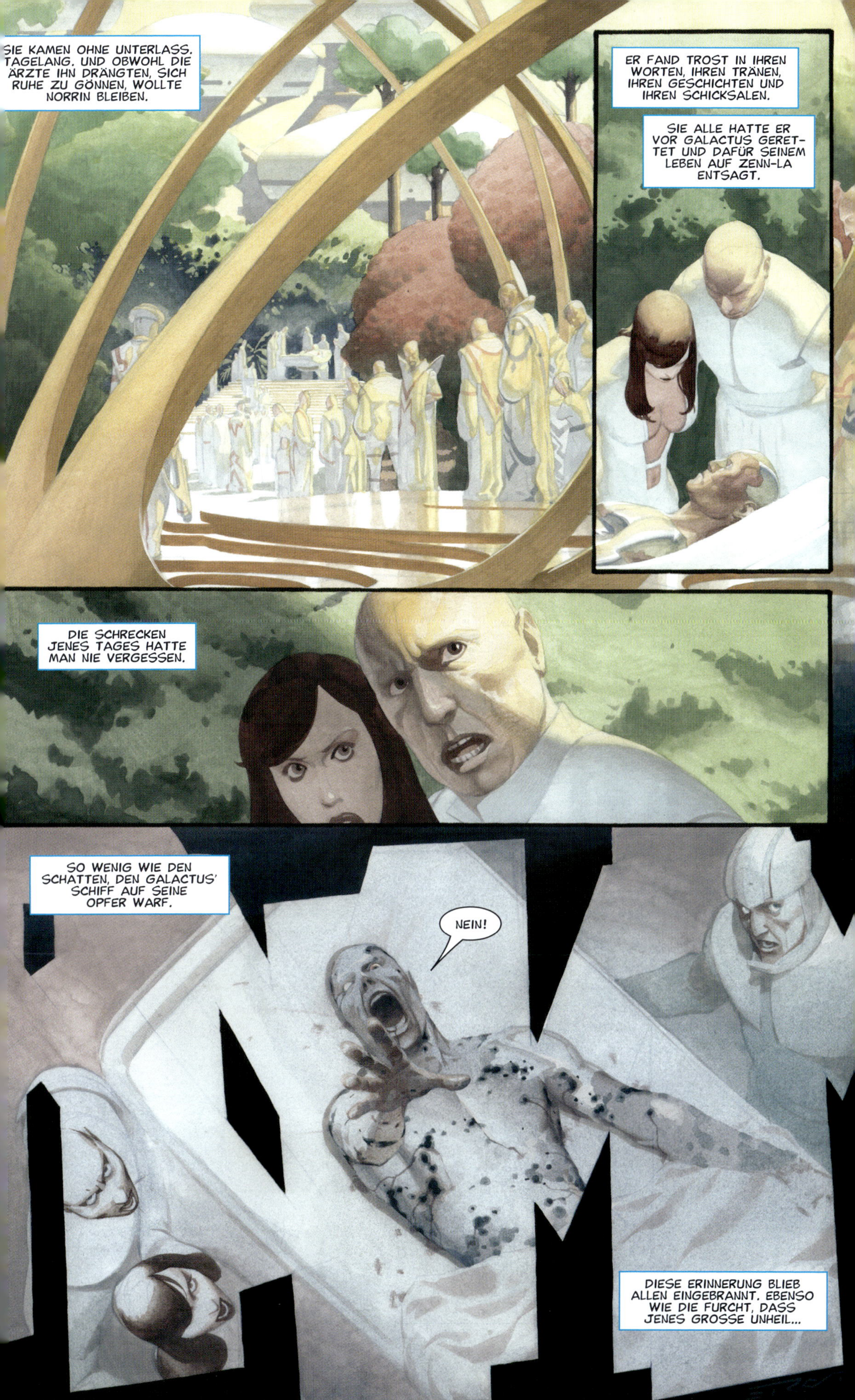
SIE KAMEN OHNE UNTERLASS. TAGELANG. UND OBWOHL DIE ÄRZTE IHN DRÄNGTEN, SICH RUHE ZU GÖNNEN, WOLLTE NORRIN BLEIBEN.
ER FAND TROST IN IHREN WORTEN, IHREN TRÄNEN, IHREN GESCHICHTEN UND IHREN SCHICKSALEN.
SIE ALLE HATTE ER VOR GALACTUS GERET-TET UND DAFÜR SEINEM LEBEN AUF ZENN-LA ENTSAGT.
DIE SCHRECKEN JENES TAGES HATTE MAN NIE VERGESSEN.
SO WENIG WIE DEN SCHATTEN, DEN GALACTUS' SCHIFF AUF SEINE OPFER WARF.
NEIN!
DIESE ERINNERUNG BLIEB ALLEN EINGEBRANNT. EBENSO WIE DIE FURCHT, DASS JENES GROSSE UNHEIL...

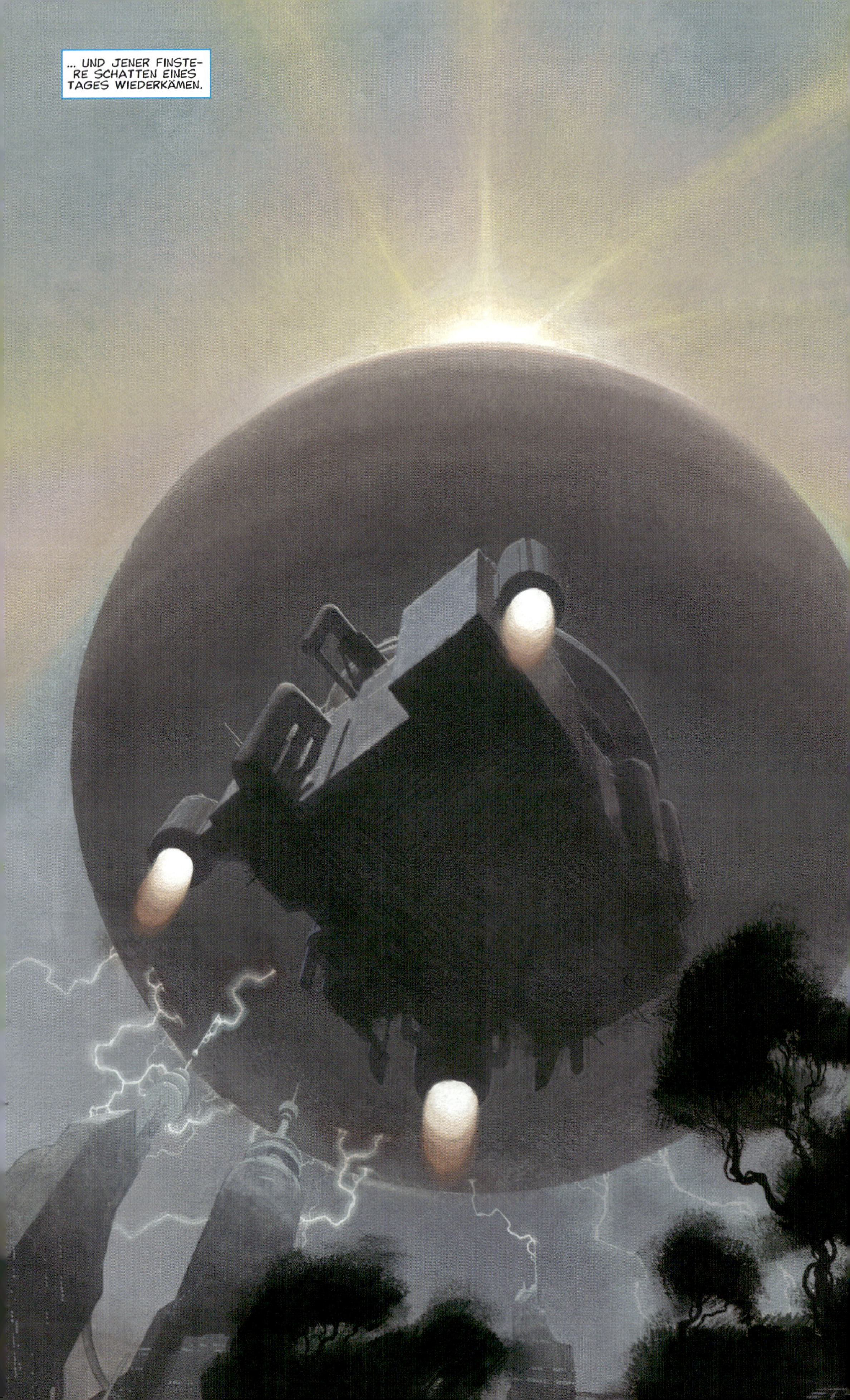
... UND JENER FINSTERE SCHATTEN EINES TAGES WIEDERKÄMEN.

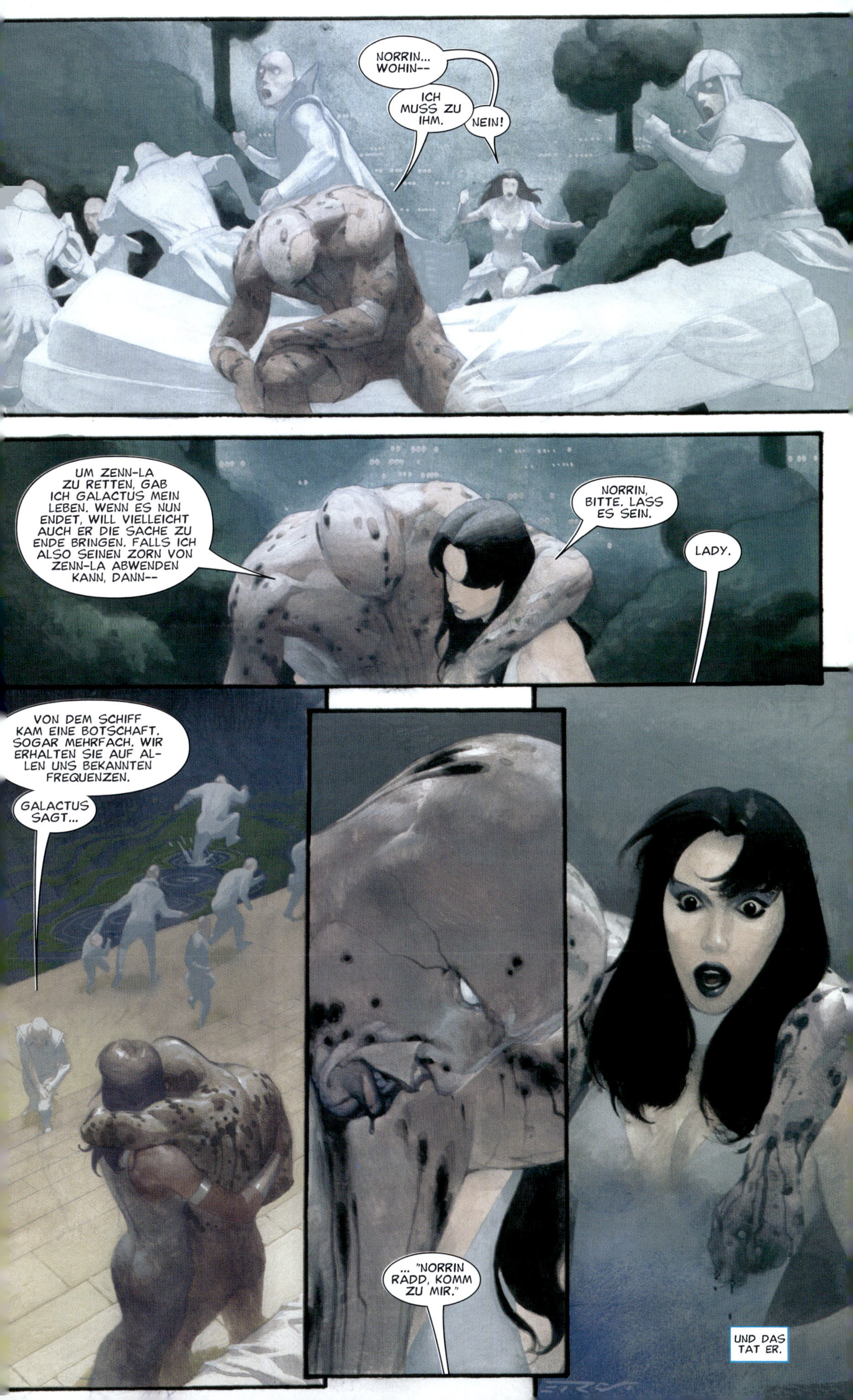

NORRIN... WOHIN--
ICH MUSS ZU IHM.
NEIN!

UM ZENN-LA ZU RETTEN, GAB ICH GALACTUS MEIN LEBEN. WENN ES NUN ENDET, WILL VIELLEICHT AUCH ER DIE SACHE ZU ENDE BRINGEN. FALLS ICH ALSO SEINEN ZORN VON ZENN-LA ABWENDEN KANN, DANN--
NORRIN, BITTE. LASS ES SEIN.
LADY.

VON DEM SCHIFF KAM EINE BOTSCHAFT. SOGAR MEHRFACH. WIR ERHALTEN SIE AUF ALLEN UNS BEKANNTEN FREQUENZEN.
GALACTUS SAGT...
... "NORRIN RADD, KOMM ZU MIR."
UND DAS TAT ER.

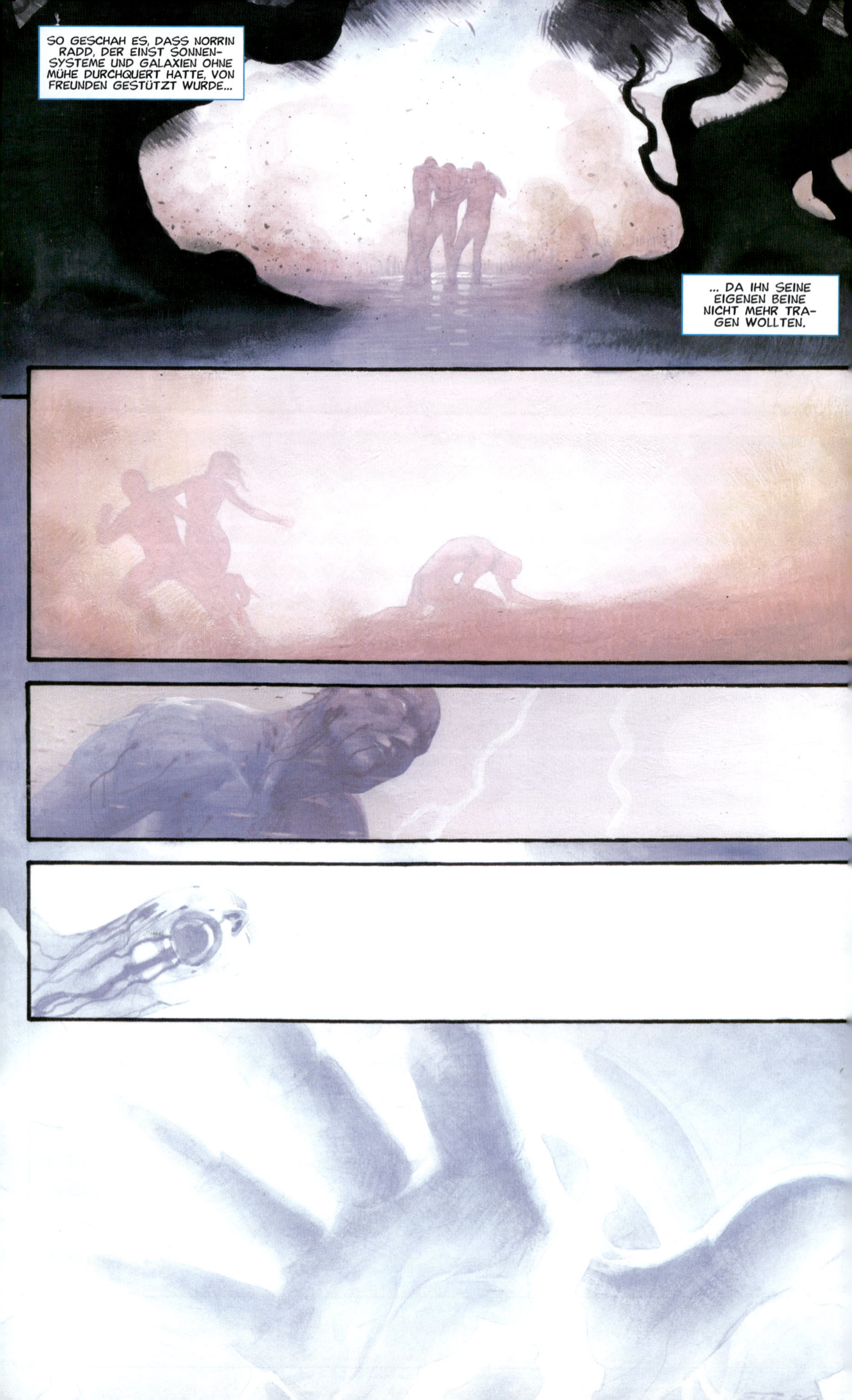
SO GESCHAH ES, DASS NORRIN RADD, DER EINST SONNENSYSTEME UND GALAXIEN OHNE MÜHE DURCHQUERT HATTE, VON FREUNDEN GESTÜTZT WURDE...
... DA IHN SEINE EIGENEN BEINE NICHT MEHR TRAGEN WOLLTEN.

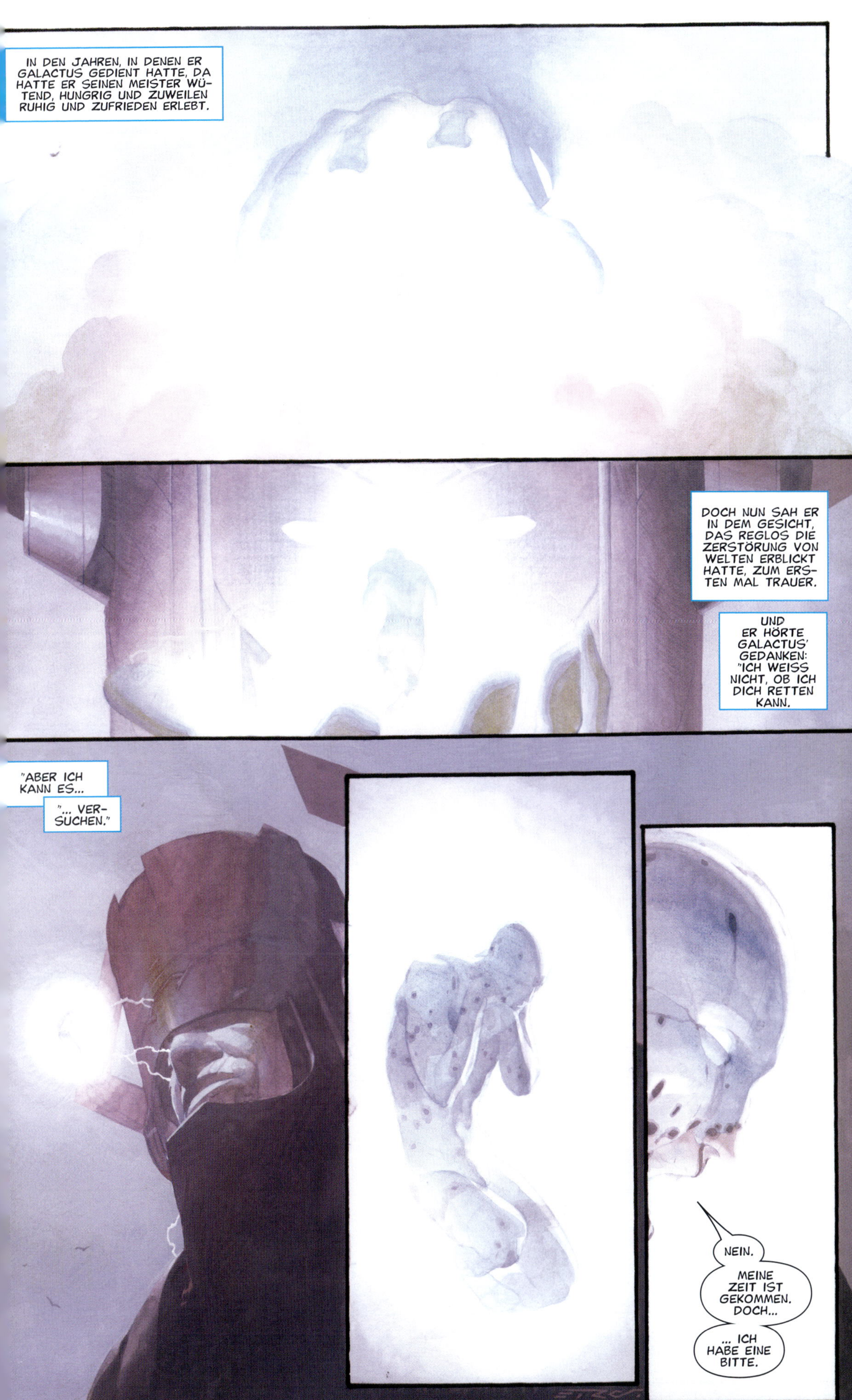
IN DEN JAHREN, IN DENEN ER GALACTUS GEDIENT HATTE, DA HATTE ER SEINEN MEISTER WÜTEND, HUNGRIG UND ZUWEILEN RUHIG UND ZUFRIEDEN ERLEBT.
DOCH NUN SAH ER IN DEM GESICHT, DAS REGLOS DIE ZERSTÖRUNG VON WELTEN ERBLICKT HATTE, ZUM ERSTEN MAL TRAUER.
UND ER HÖRTE GALACTUS' GEDANKEN: "ICH WEISS NICHT, OB ICH DICH RETTEN KANN.
"ABER ICH KANN ES...
"... VERSUCHEN."
NEIN.
MEINE ZEIT IST GEKOMMEN. DOCH...
... ICH HABE EINE BITTE.

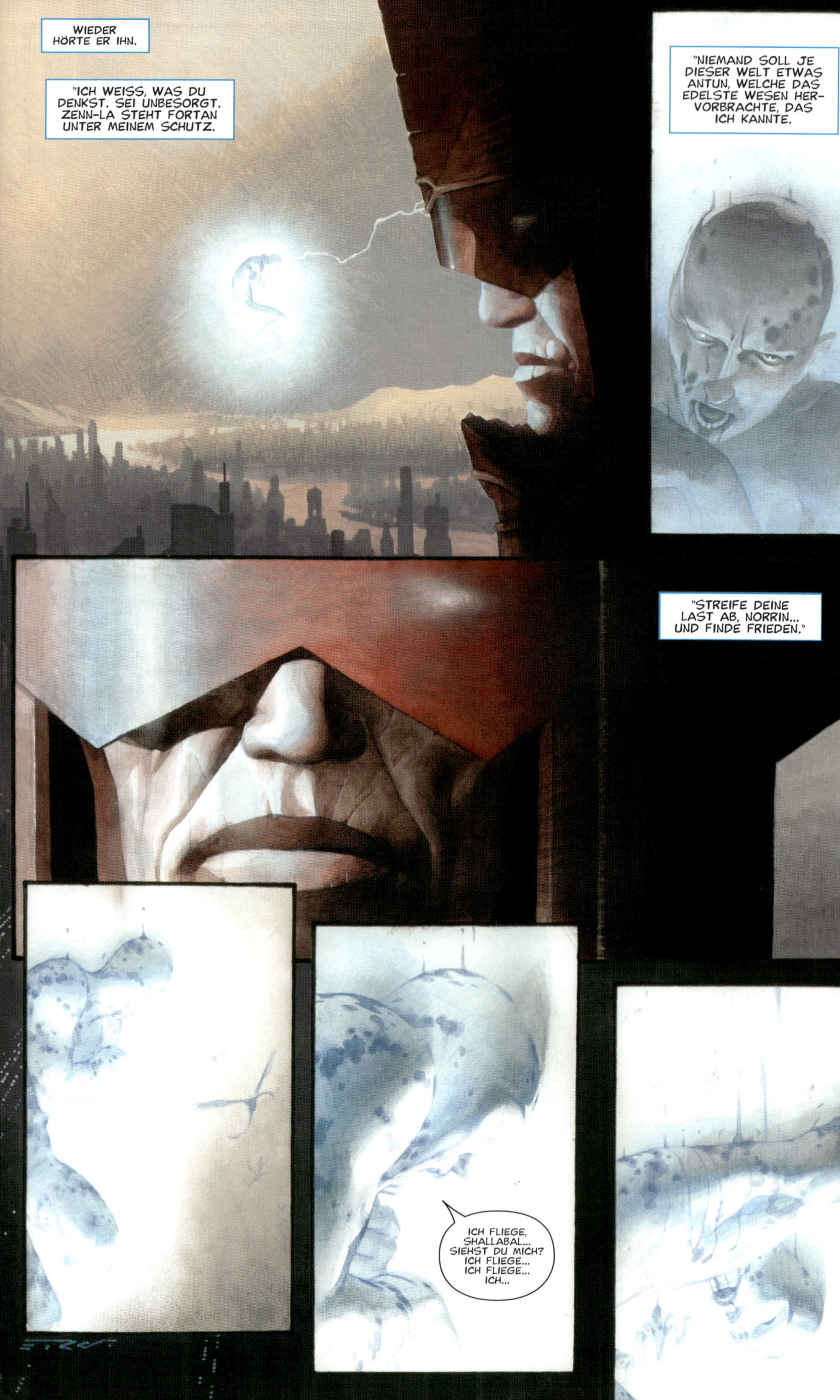
WIEDER HÖRTE ER IHN.
"ICH WEISS, WAS DU DENKST. SEI UNBESORGT. ZENN-LA STEHT FORTAN UNTER MEINEM SCHUTZ.
"NIEMAND SOLL JE DIESER WELT ETWAS ANTUN, WELCHE DAS EDELSTE WESEN HERVORBRACHTE, DAS ICH KANNTE.
"STREIFE DEINE LAST AB, NORRIN... UND FINDE FRIEDEN."
ICH FLIEGE, SHALLABAL... SIEHST DU MICH? ICH FLIEGE... ICH FLIEGE... ICH...

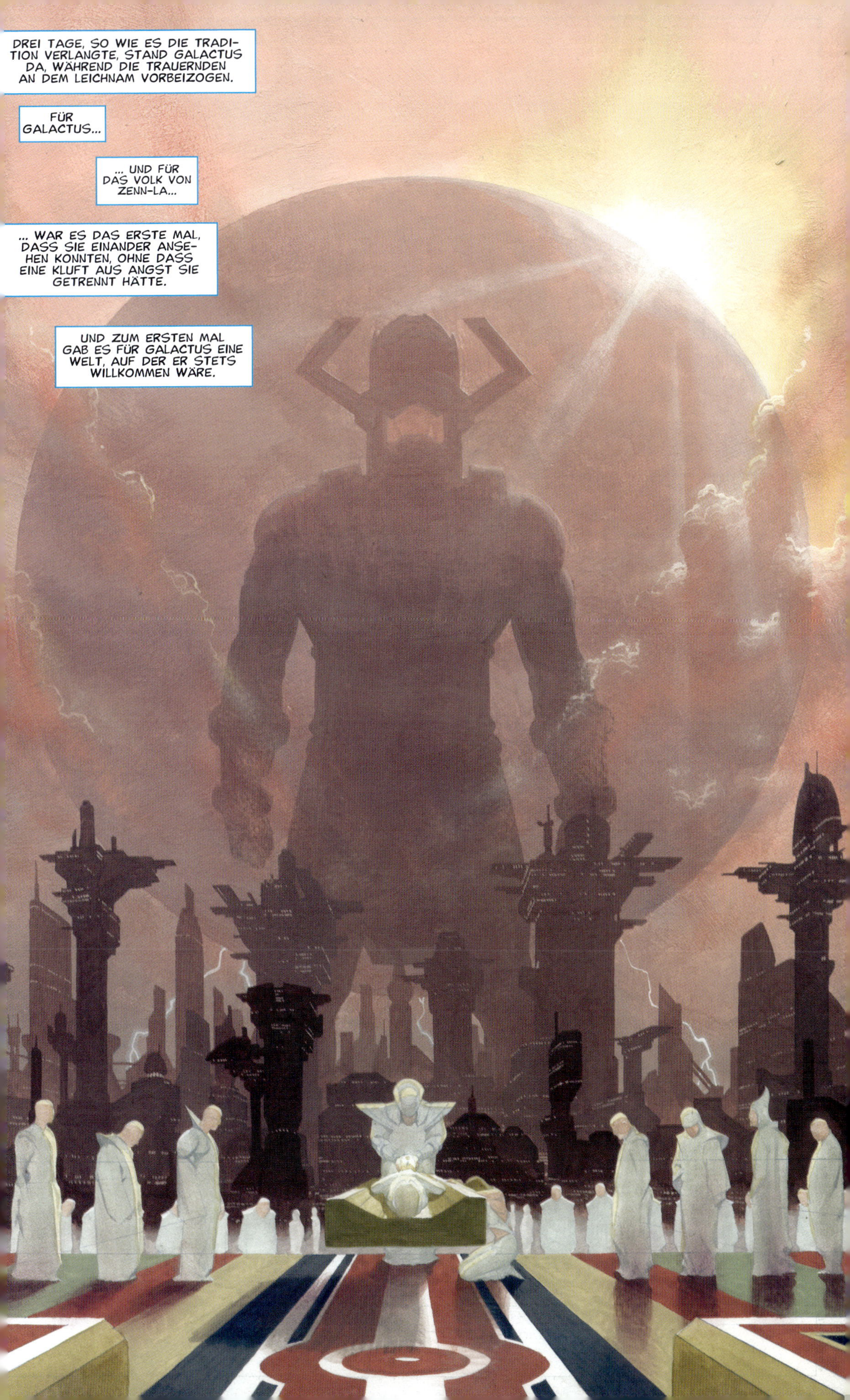

DREI TAGE, SO WIE ES DIE TRADITION VERLANGTE, STAND GALACTUS DA, WÄHREND DIE TRAUERNDEN AN DEM LEICHNAM VORBEIZOGEN.

FÜR GALACTUS...

... UND FÜR DAS VOLK VON ZENN-LA...

... WAR ES DAS ERSTE MAL, DASS SIE EINANDER ANSEHEN KONNTEN, OHNE DASS EINE KLUFT AUS ANGST SIE GETRENNT HÄTTE.

UND ZUM ERSTEN MAL GAB ES FÜR GALACTUS EINE WELT, AUF DER ER STETS WILLKOMMEN WÄRE.

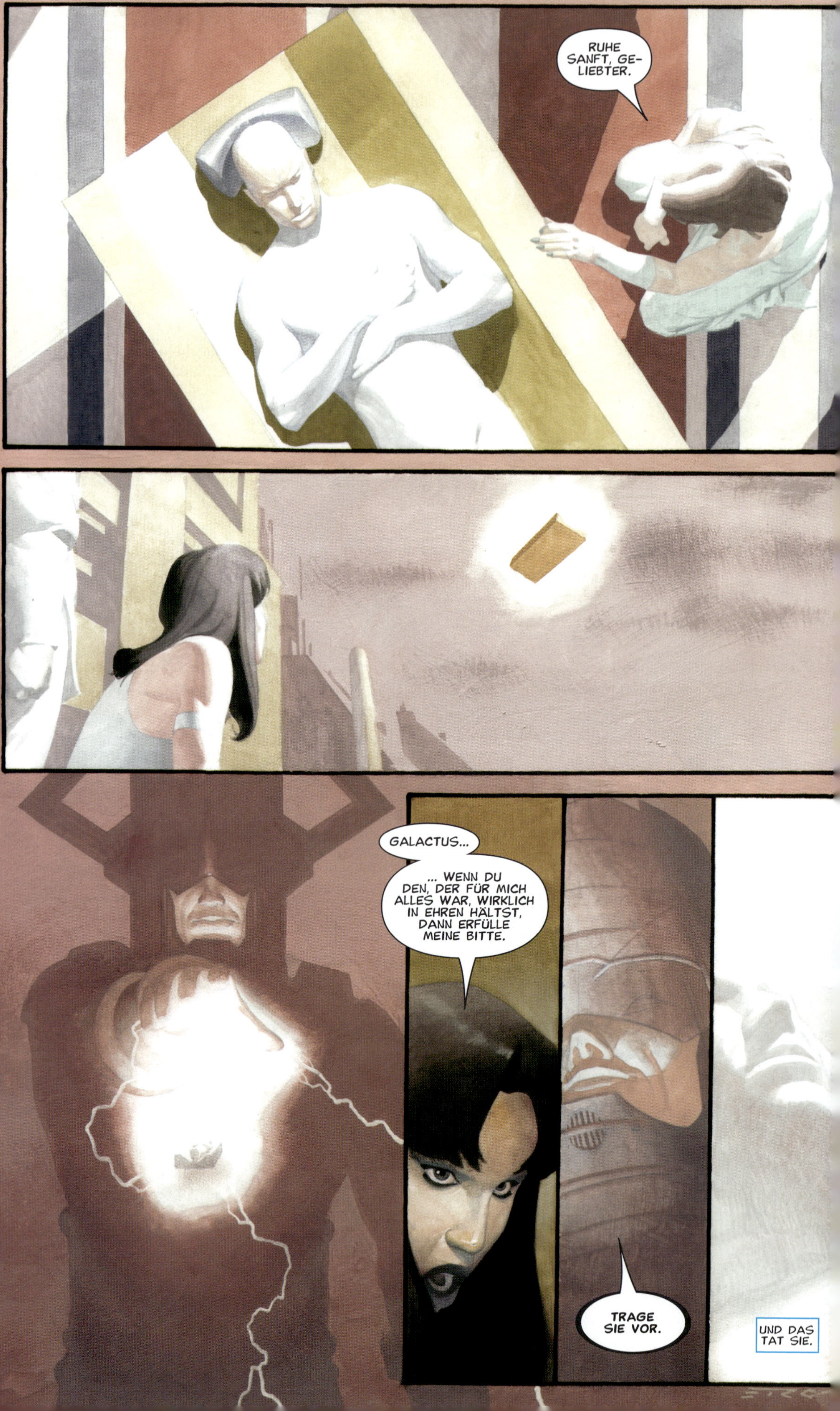

RUHE SANFT, GELIEBTER.

GALACTUS...

... WENN DU DEN, DER FÜR MICH ALLES WAR, WIRKLICH IN EHREN HÄLTST, DANN ERFÜLLE MEINE BITTE.

TRAGE SIE VOR.

UND DAS TAT SIE.

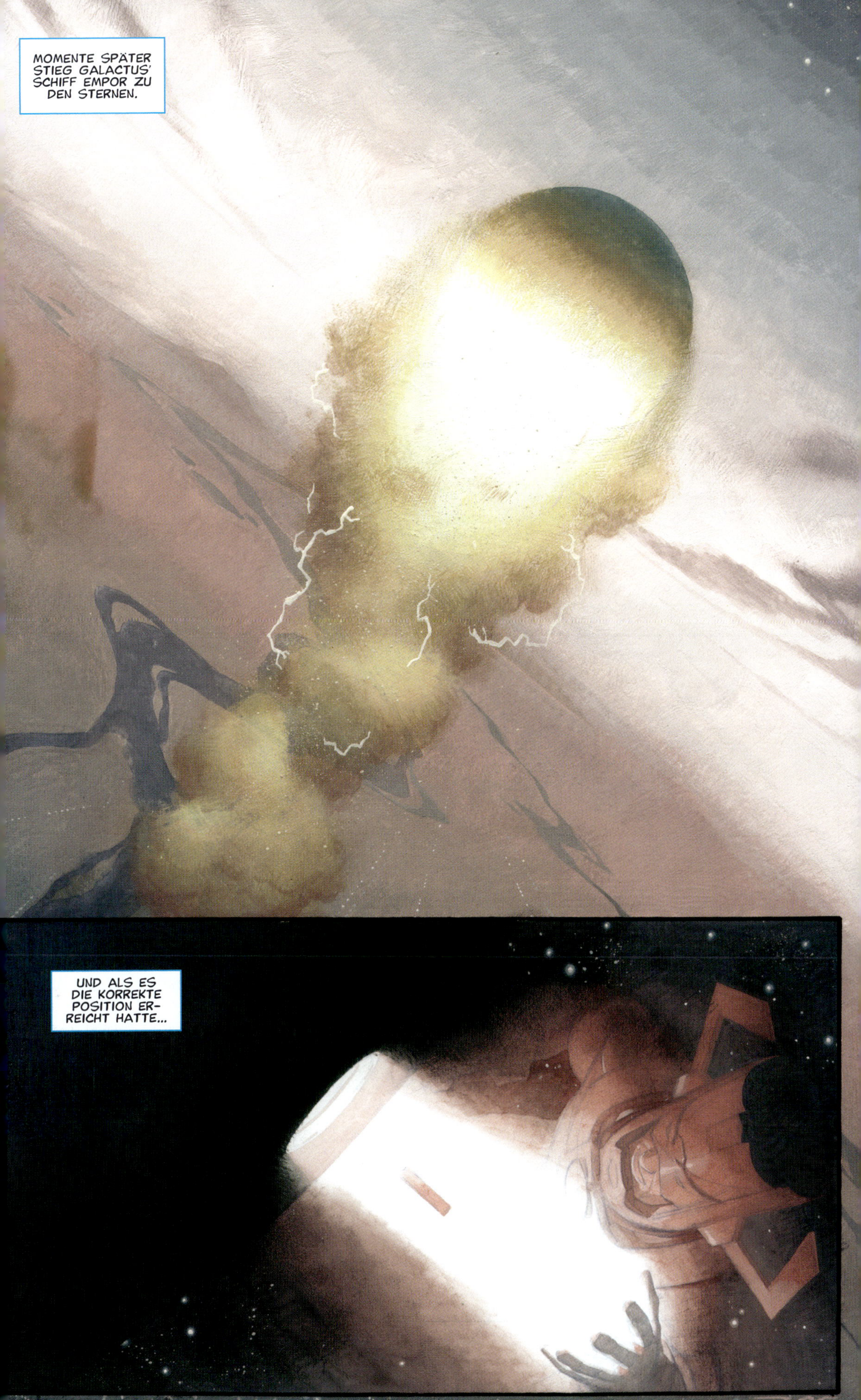
MOMENTE SPÄTER STIEG GALACTUS' SCHIFF EMPOR ZU DEN STERNEN.
UND ALS ES DIE KORREKTE POSITION ER-REICHT HATTE...

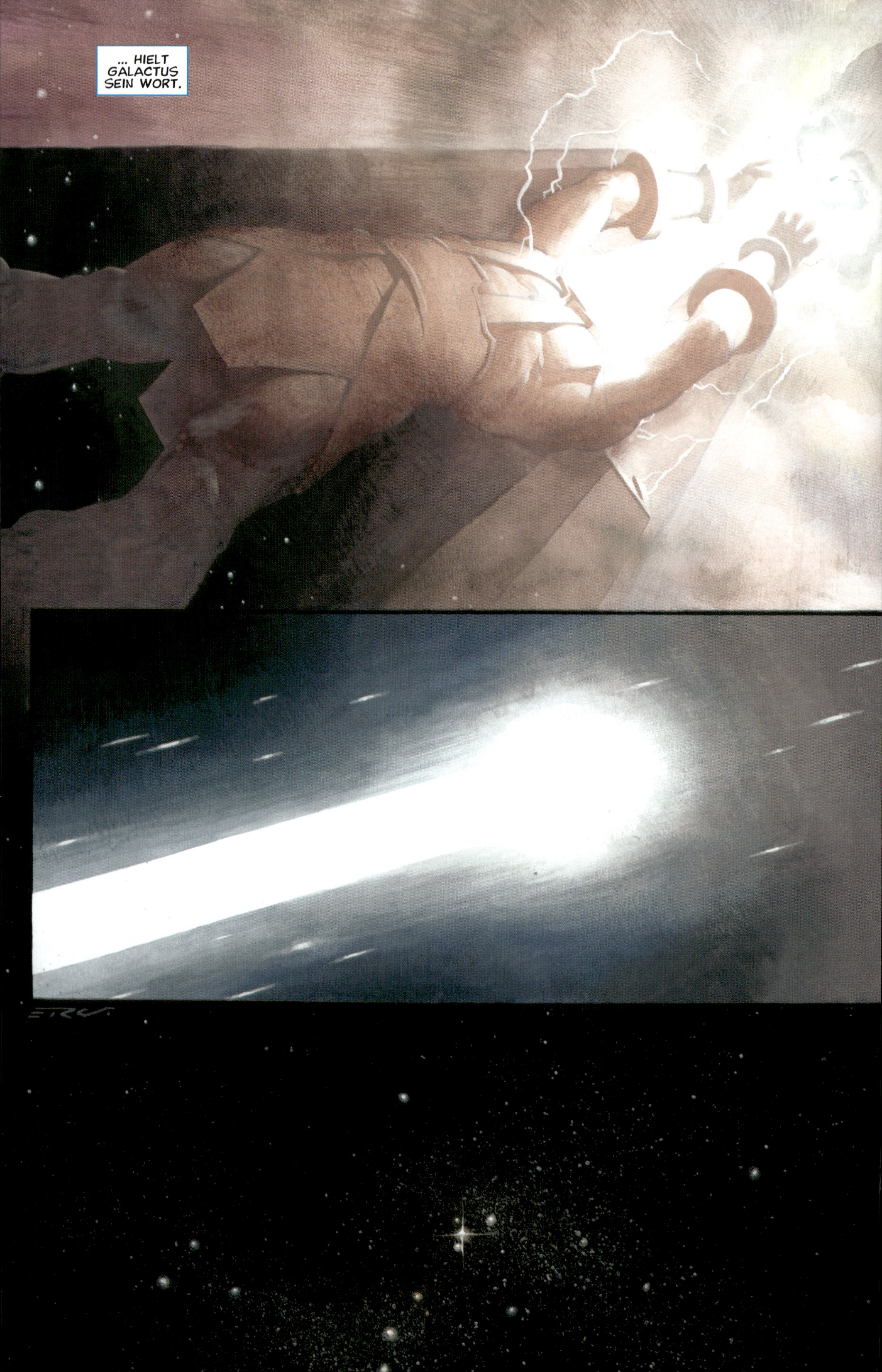
... HIELT GALACTUS SEIN WORT.

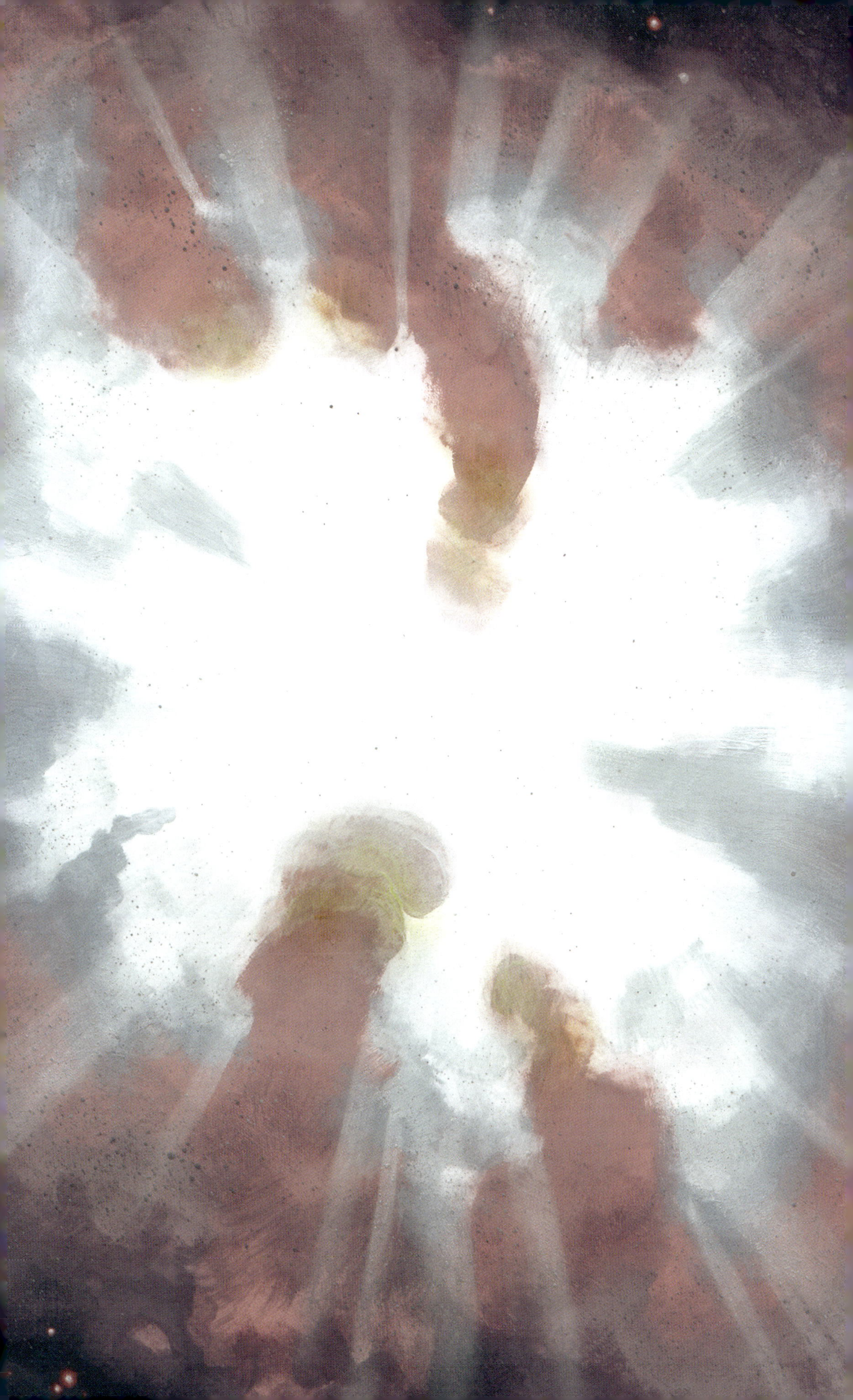

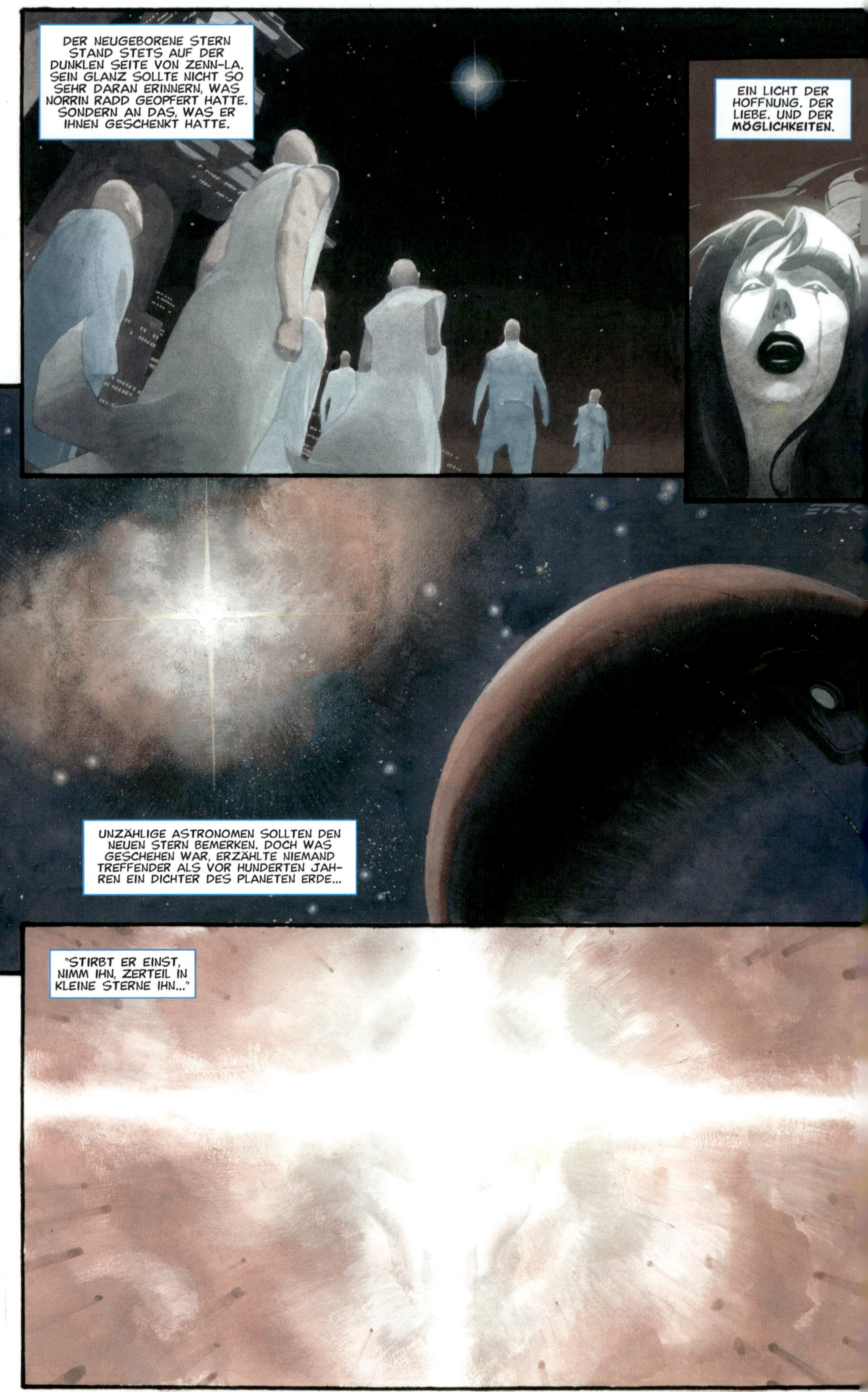
DER NEUGEBORENE STERN STAND STETS AUF DER DUNKLEN SEITE VON ZENN-LA. SEIN GLANZ SOLLTE NICHT SO SEHR DARAN ERINNERN, WAS NORRIN RADD GEOPFERT HATTE. SONDERN AN DAS, WAS ER IHNEN GESCHENKT HATTE.
EIN LICHT DER HOFFNUNG. DER LIEBE. UND DER MÖGLICHKEITEN.
UNZÄHLIGE ASTRONOMEN SOLLTEN DEN NEUEN STERN BEMERKEN. DOCH WAS GESCHEHEN WAR, ERZÄHLTE NIEMAND TREFFENDER ALS VOR HUNDERTEN JAHREN EIN DICHTER DES PLANETEN ERDE...
"STIRBT ER EINST, NIMM IHN, ZERTEIL IN KLEINE STERNE IHN..."

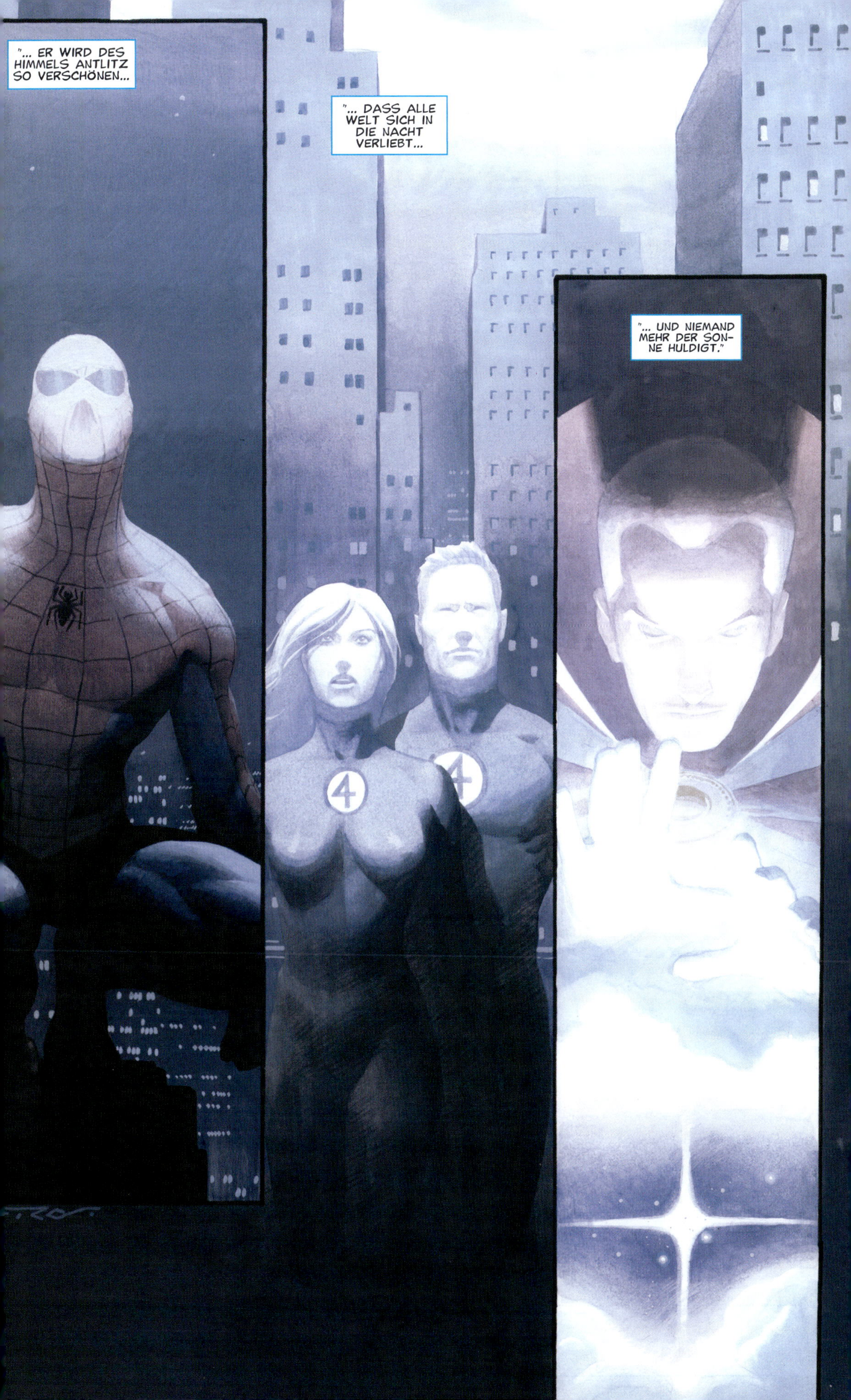
"... ER WIRD DES HIMMELS ANTLITZ SO VERSCHÖNEN...
"... DASS ALLE WELT SICH IN DIE NACHT VERLIEBT...
"... UND NIEMAND MEHR DER SONNE HULDIGT."

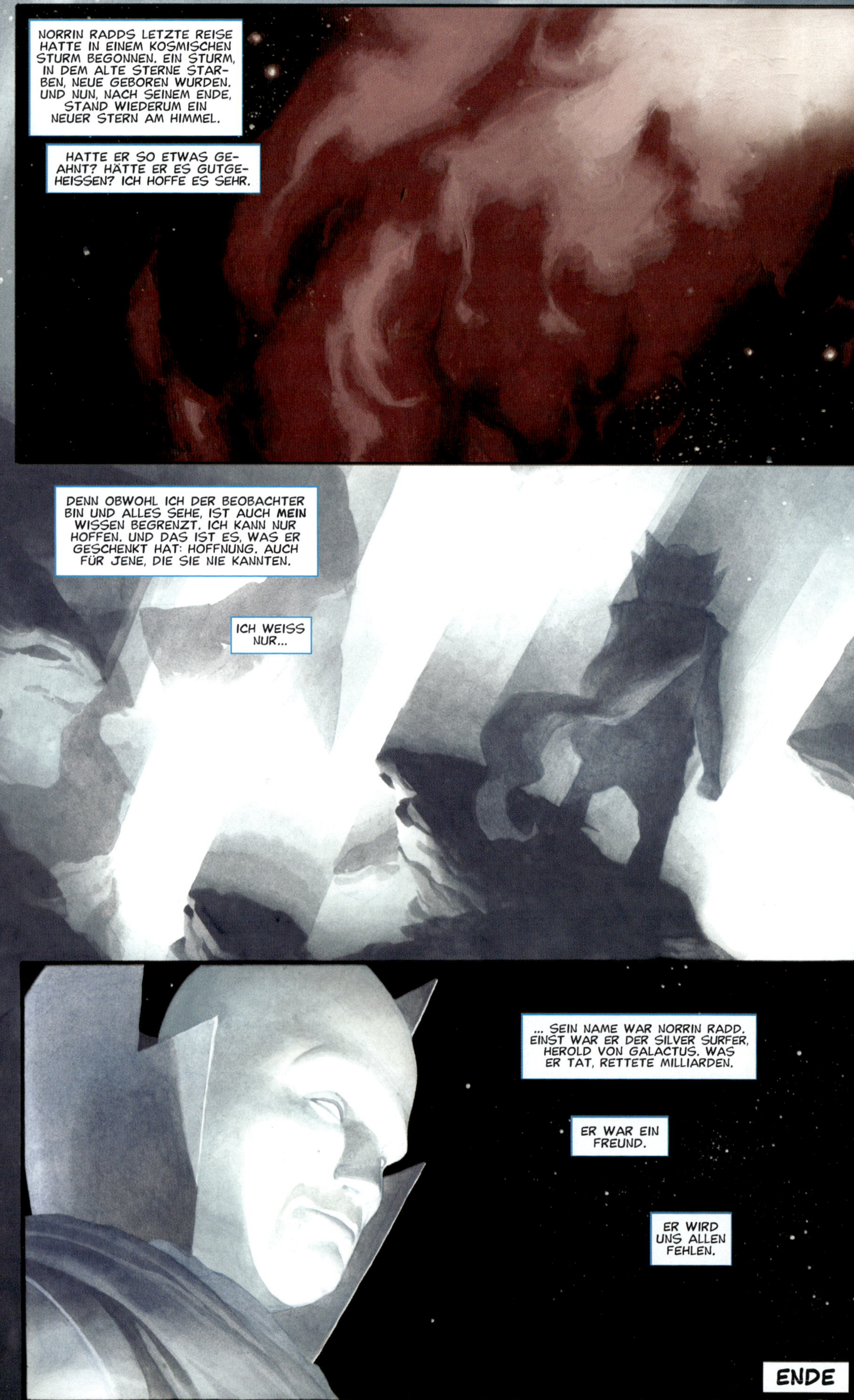
NORRIN RADDS LETZTE REISE HATTE IN EINEM KOSMISCHEN STURM BEGONNEN. EIN STURM, IN DEM ALTE STERNE STARBEN, NEUE GEBOREN WURDEN. UND NUN, NACH SEINEM ENDE, STAND WIEDERUM EIN NEUER STERN AM HIMMEL.
HATTE ER SO ETWAS GEAHNT? HÄTTE ER ES GUTGEHEISSEN? ICH HOFFE ES SEHR.
DENN OBWOHL ICH DER BEOBACHTER BIN UND ALLES SEHE, IST AUCH MEIN WISSEN BEGRENZT. ICH KANN NUR HOFFEN. UND DAS IST ES, WAS ER GESCHENKT HAT: HOFFNUNG. AUCH FÜR JENE, DIE SIE NIE KANNTEN.
ICH WEISS NUR...
... SEIN NAME WAR NORRIN RADD. EINST WAR ER DER SILVER SURFER, HEROLD VON GALACTUS. WAS ER TAT, RETTETE MILLIARDEN.
ER WAR EIN FREUND.
ER WIRD UNS ALLEN FEHLEN.
ENDE

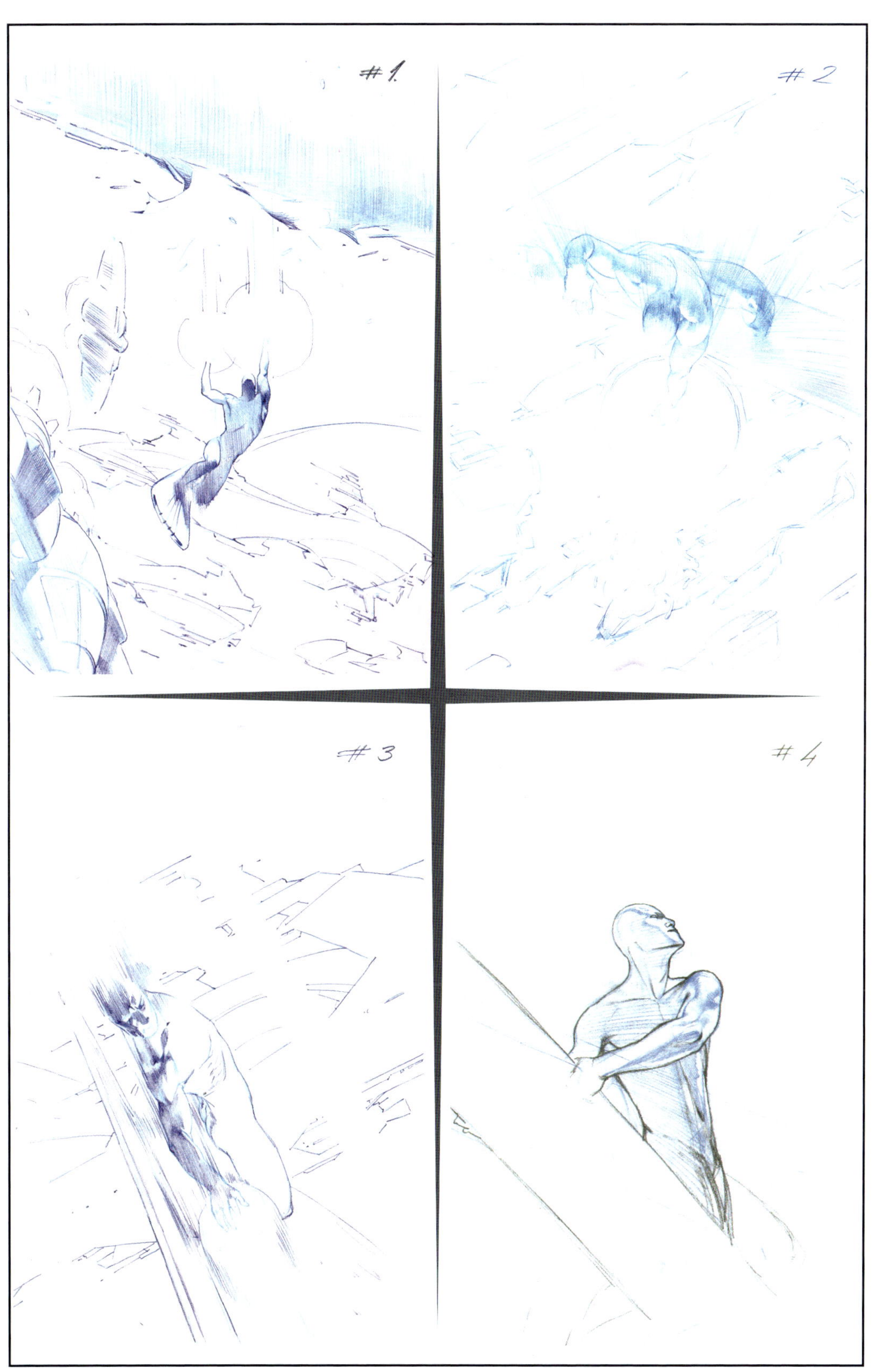

Cover-Skizzen von **ESAD RIBIĆ**

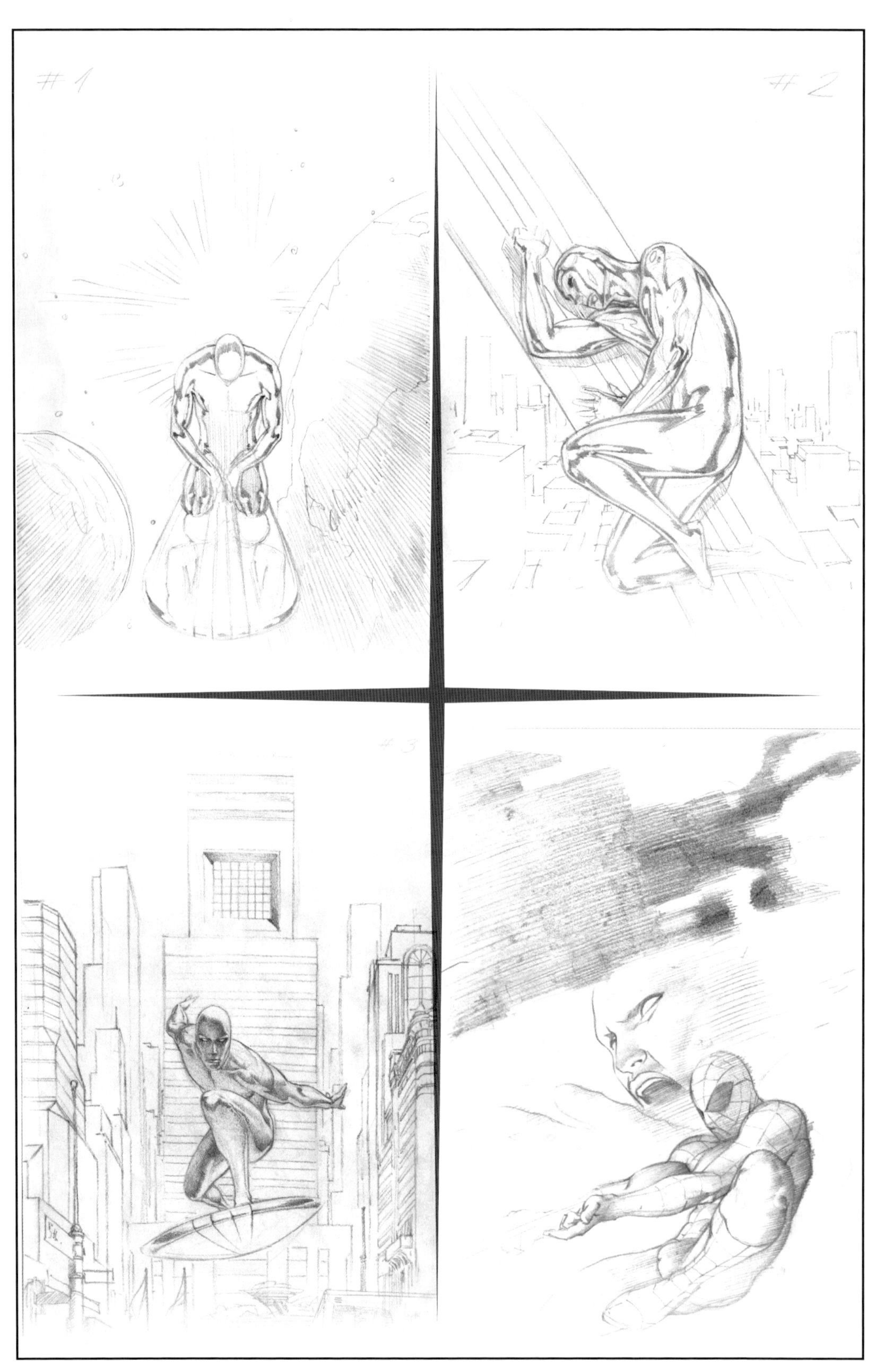

Cover-Skizzen von **ESAD RIBIĆ**

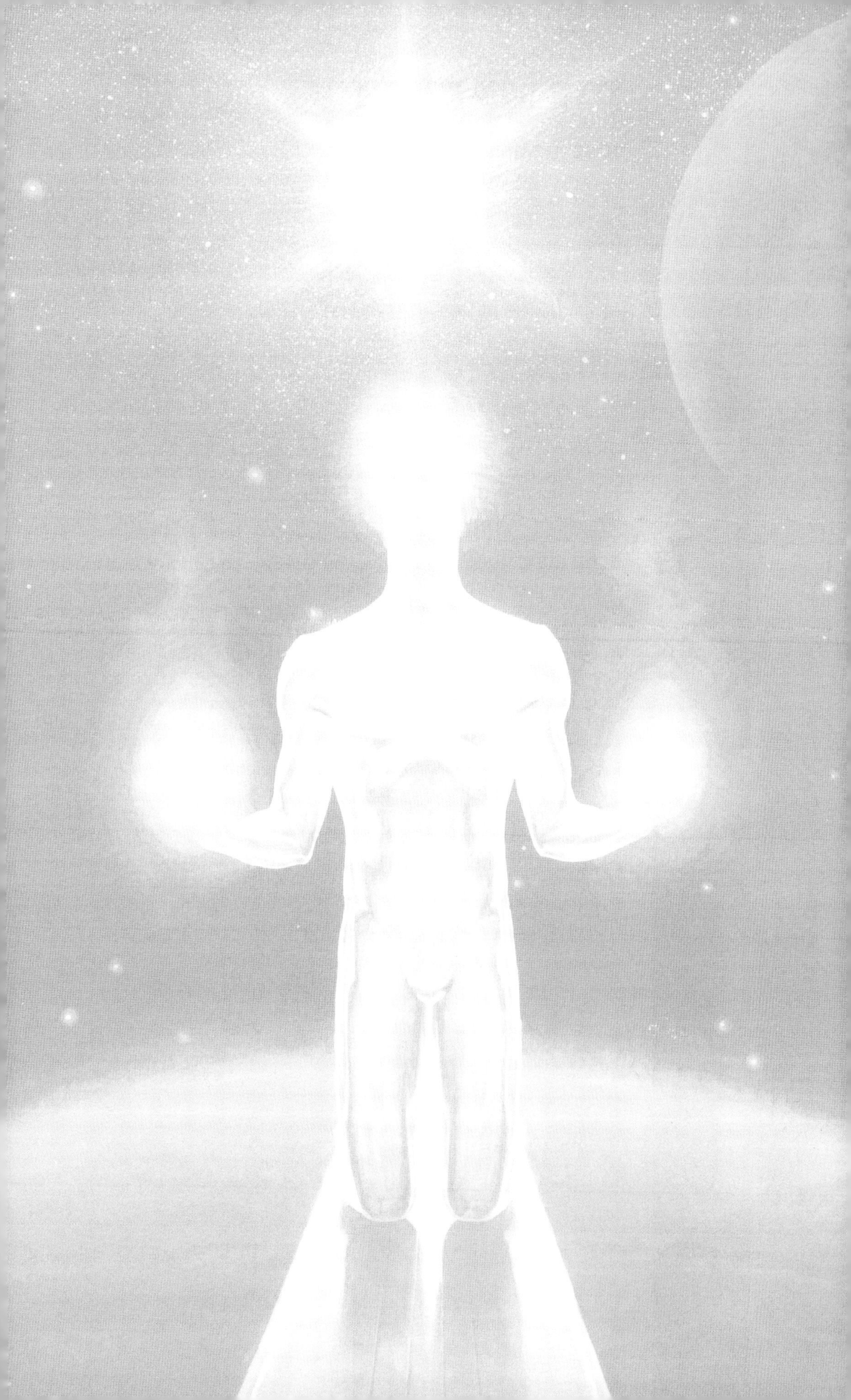

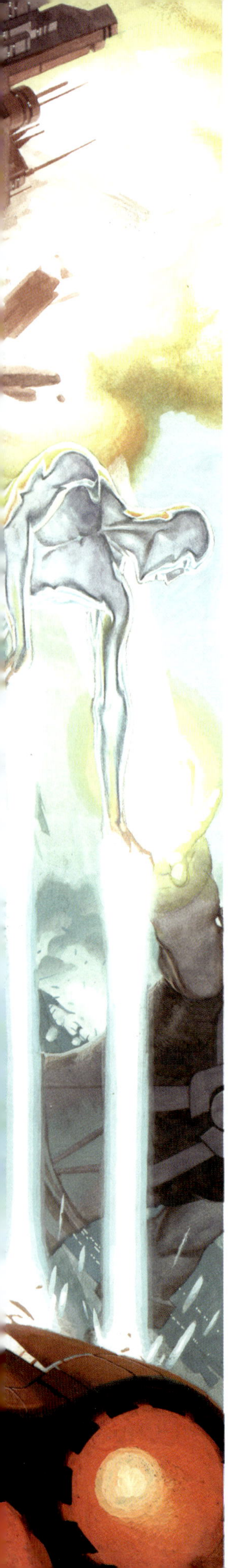

DIE MACHER

JOSEPH MICHAEL STRACZYNSKI schrieb viele Drehbücher fürs Fernsehen, etwa zu den Zeichentrickserien *He-Man and the Masters of the Universe* und *The Real Ghostbusters* sowie zum Mystery-Klassiker *The Twilight Zone*. In den 1990ern schuf der 1954 geborene Amerikaner das multimediale Science-Fiction-Franchise *Babylon 5* um eine langlebige TV-Serie. Zu seinen ersten Comic-Erfolgen zählen die unabhängigen Serien *Rising Stars* und *Midnight Nation*. Für Marvel revolutionierte er in den 2000ern SPIDER-MAN und THOR, obendrein schrieb er FANTASTIC FOUR, DOCTOR STRANGE: ANFANG UND ENDE und andere. Für DC textete er SUPERMAN, WONDER WOMAN, BEFORE WATCHMEN und SUPERMAN: ERDE EINS. Darüber hinaus verfasste er THE RESISTANCE und weitere unabhängige, von ihm erschaffene Titel. Abseits der Comic-Welt schrieb er Romane, Theaterstücke, die Netflix-Serie *Sense8*, die von ihm kreierte TV-Serie *Jeremiah* und Filme wie Clint Eastwoods *Der fremde Sohn*. Straczynski wurde mit dem Eisner Award, dem Hugo Award, dem Emmy und dem Bradbury Award ausgezeichnet.

ESAD RIBIĆ wurde 1972 im kroatischen Zagreb geboren und machte dort seinen Abschluss als Grafikdesigner. In den 1990ern gestaltete er erste Comics, die unter anderem in der deutschsprachigen Comic-Gruselreihe *Gespenster Geschichten* bei Bastei veröffentlicht wurden. Außerdem arbeitete er als Animationszeichner im Trickfilmbereich. Ein Großteil seines Comic-Schaffens für den US-Markt erschien seither bei Marvel. Hier bebilderte Ribić Geschichten mit Wolverine, Cable und anderen X-Men, die viel beachtete Graphic Novel LOKI, SUB-MARINER: DIE TIEFE, DIE ULTIMATIVEN X-MEN und X-MEN: KINDER DES ATOMS. In der Ära Marvel NOW! zeichnete Ribić dann Jason Aarons viel gerühmtes Fantasy-Epos THOR: GOTT DES DONNERS sowie MARVEL LEGACY in seinem malerischen Stil. Mit Jonathan Hickman setzte er ULTIMATE COMICS: ULTIMATES und MARVEL NOW! AVENGERS in Szene, bevor sie gemeinsam die Crossover-Hauptserie SECRET WARS realisierten. Danach zeichnete er die ETERNALS-Neudefinition von Kieron Gillen und eine lange Story für CONAN: GESCHICHTEN AUS CIMMERIA.

SILVER SURFER
REQUIEM

BONUSTEIL

- HINTER DEN KULISSEN
- TIMELINE
- WEITERE LEKTÜRE
- ANMERKUNGEN
- WEITERE MUST-HAVE-TITEL

Der **Silver Surfer** ist eine der charakteristischsten Figuren in der Marvel-Geschichte. Seine äußere Erscheinung hat sich in den sieben Jahrzehnten seit seinem ersten Auftritt nie verändert und sein Status als Ikone der Popkultur ist unbestreitbar.

In seinem fiktionalen Universum ist der Surfer sogar noch berühmter – aber auch berüchtigt. Für viele ist er ein Symbol der Hoffnung, aber für noch viele mehr steht er für Zerstörung und Verzweiflung. 2007 taten sich **J. Michael Straczynski** und **Esad Ribić** zusammen, um die Geschichte seiner letzten Reise zu erzählen.

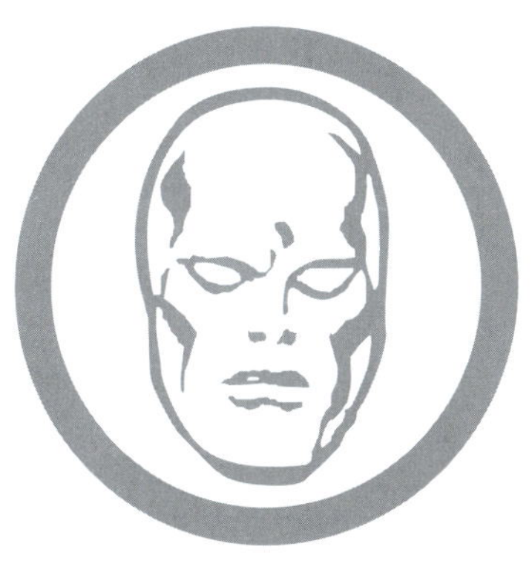

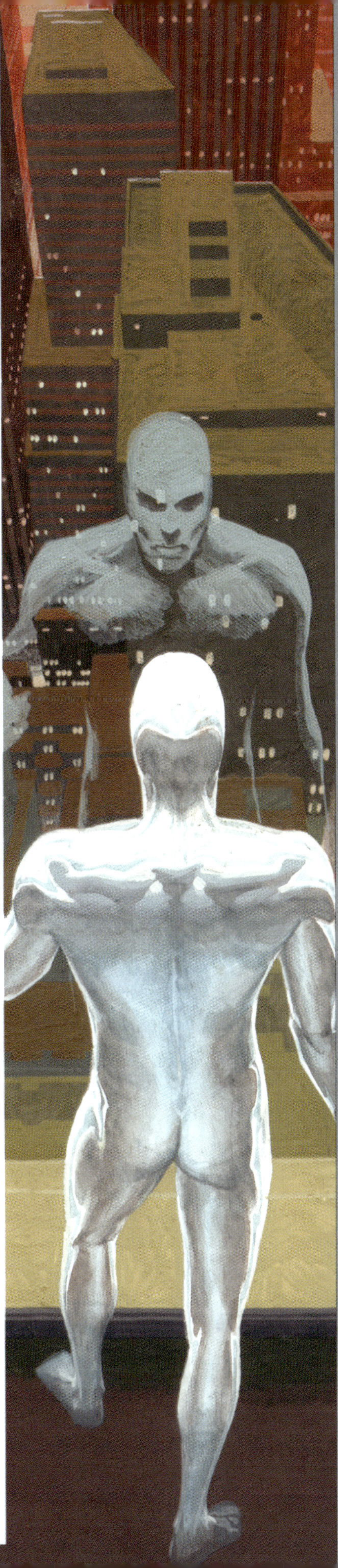

Der letzte Flug

J. Michael Straczynski ist seit Langem ein vertrauter Name für Science-Fiction-Fans. 1993 dachte er sich die grandiose TV-Serie *Babylon 5* aus, die fünf Jahre lief. Außerdem war er als Comic-Autor aktiv und hat Serien für Image geschrieben. 2001 unterzeichnete er einen Exklusivvertrag bei Marvel und begann mit **John Romita Jr.** seine hochgelobte Arbeit für *Amazing Spider-Man*. Zudem verfasste er Skripte für *Fantastic Four, Thor* und mehrere andere Reihen. 2007 stimmte er zu, eine **Silver Surfer**-Miniserie zu schreiben, die unter dem Marvel Knights-Banner erscheinen sollte.

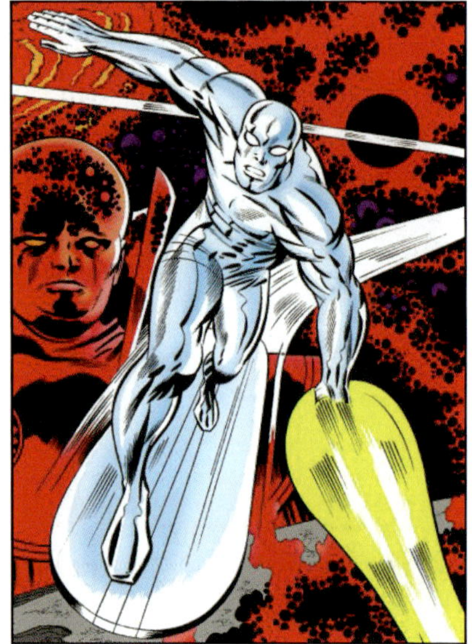

Der Silver Surfer war eine häufige Nebenfigur in den *Fantastic Four*-Heften der 1960er. Zeichnung von Jack Kirby und **Joe Sinnott**.

Marvel Knights war 1998 ins Leben gerufen worden und wurde von **Joe Quesada** und **Jimmy Palmiotti** geführt. Es war ein unabhängiges Studio, das sich dem Marvel-Universum mit einem dunkleren, erwachseneren Ansatz näherte. Frühe Marvel Knights-Titel waren *The Punisher, Black Panther, The Inhumans* und *Daredevil*. Sie wurden von den Marvel-Fans gut aufgenommen und dieser Erfolg führte dazu, dass Joe Quesada 2000 Chefredakteur von Marvel wurde.

2006 begann man bei Marvel Knights damit, auch Miniserien zu veröffentlichen. Die Abteilung wurde, wie Quesada erklärte, ein „Schaukasten für ‚Evergreen-Events' – abgeschlossene Miniserien mit unkonventionellen Ideen, die die Leser dazu bringen sollten, ihre Marvel-Helden in einem anderen Licht zu betrachten und die Legenden, die sich um sie ranken, neu zu bewerten. Anders gesagt, Marvel Knights wurde ein Ort für Toptalente, die ohne Einschränkungen arbeiten konnten und den Fans die Comics lieferten, die sie verdienen!"

Manchmal hatten diese neuen Miniserien keinen direkten Bezug zum Marvel-Universum, und man kam überein, dass *Requiem* dazugehören sollte. Das gab Straczynski die Gelegenheit, die Geschichte vom Tod des Silver Surfers zu erzählen, ohne den Helden in letzter Sekunde doch noch retten zu müssen. „Die Marvel Knights-Serien spielen außerhalb der Marvel-Kontinuität, daher war das kein Problem", meinte Straczynski. „In meiner Story stirbt er. Endgültig."

▶ Der Silver Surfer ist ein Produkt der unerschöpflichen Fantasie von **Jack Kirby**. **Stan Lee** und Kirby dachten sich die Geschichten der *Fantastic Four* gemeinsam aus, aber Kirby änderte sie oftmals während des Zeichnens. Lee war überrascht, dass auf den eingereichten Seiten von *FF* 48 eine weiße Figur auf einem Surfbrett erschien. Kirby erklärte ihm, er hätte das Gefühl gehabt, dass **Galactus** einen Herold brauchte, der nach Planeten suchte und die Ankunft seines Herrn ankündigte. Und so wurde eine Comic-Legende geboren!

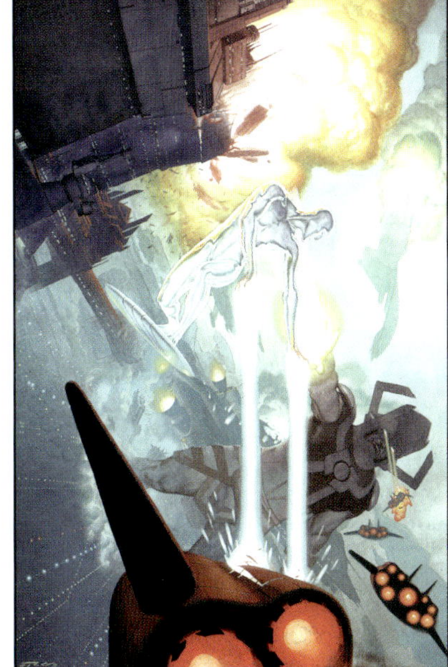
Der Silver Surfer führte Galactus zu vielen bewohnten Welten. Zeichnung von Esad Ribić.

„Der Tod erwartet uns alle, und ich wollte sehen, wie jemand damit klarkommt, der über so viel Macht verfügt, der so viel gesehen hat. Würde er wütend sein oder still und leise gehen? Oder etwas dazwischen? Ich denke gern über die ganz großen Fragen nach, und hier hatte ich die Gelegenheit, das zu tun."

Straczynski bekam während seiner Zeit bei Marvel viele Freiheiten eingeräumt: „Ich muss vor Marvel und Joe Quesada den Hut ziehen, weil ich Gedankenspiele wie *Bullet Points* schreiben durfte. Oder experimentelle Reihen wie *The Twelve* und *Silver Surfer: Requiem*, die kein anderer Verlag in Auftrag gegeben hätte." Straczynski erinnert sich gern an *Requiem*: „Von meinen Eigenschöpfungen gefällt mir *Midnight Nation* am besten. Von den Titeln, die in Konzern-Universen spielen, sind *Silver Surfer: Requiem, Supreme Power* und *Superman: Earth One* mir die liebsten."

Die Bilder für das Projekt wurden vom kroatischen Illustrator und Trickfilmzeichner **Esad Ribić** angefertigt. Das aufwendige Artwork für *Requiem* wurde komplett gemalt, ohne dass später digitale Effekte ergänzt wurden. Ribić sagte: „Ich verwende keine Acryl- oder Ölfarben, weil es sehr langsame Techniken sind. Außerdem stinkt Öl, daher bleiben für mich nur Gouache, Tempera und Aquarelle, das war's."

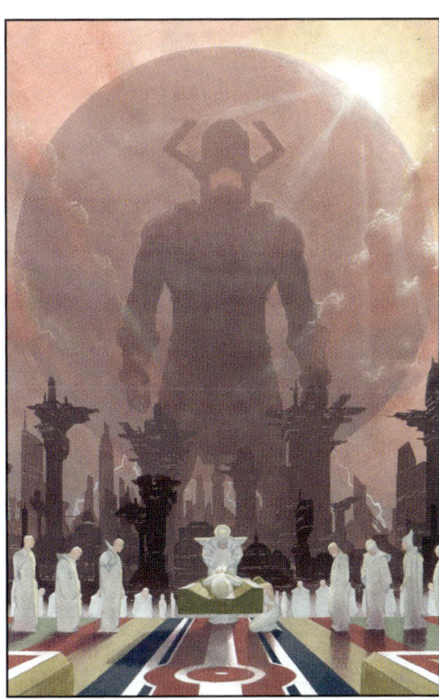
Galactus erweist **Norrin Radd** bei dessen Bestattung auf Zenn-La die letzte Ehre. Zeichnung von Esad Ribić.

Ribić war mit dem Surfer vertraut: „Ich las [Silver Surfer] als Kind. Und weil dies die Geschichte seines Todes war, interessierte sie mich sehr. Mir geht es um die Geschichte, nicht um die Figuren. Jede Figur kann gut oder schlecht sein. Es kommt ganz darauf an, wer die Geschichte schreibt und warum."

Straczynskis Anspruch ist in all den Jahren als Autor immer gleich geblieben: „Ich glaube, es ist sehr wichtig, dass man die Leser auf einer emotionalen Ebene erreicht. Es ist mir egal, wie groß die Special Effects oder wie spektakulär die Stunts sind. Wenn dem Publikum die Figuren egal sind, ist das alles bedeutungslos." Die Ansichten über Sterblichkeit und den Wert des Lebens, die in *Requiem* angesprochen wurden, bewegten viele Leser. Sie taucht noch immer auf vielen Fan-Listen als eine der größten Silver Surfer-Storys aller Zeiten auf.

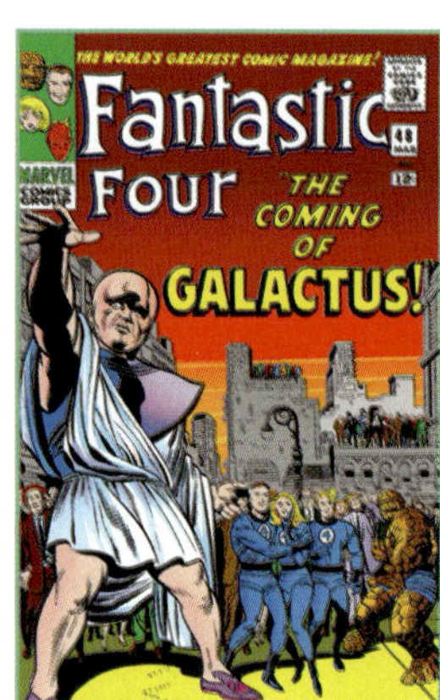

***Fantastic Four* 48 (1966)**
STAN LEE
JACK KIRBY
*Der Surfer und **Galactus** erscheinen zum ersten Mal. In dem klassischen Dreiteiler wendet sich der Surfer von seinem Herren ab und wird zur Strafe auf die Erde verbannt.*

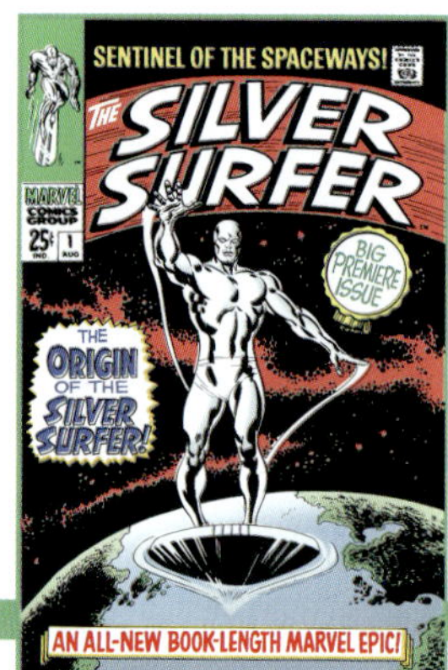

***Silver Surfer* 1 (1968)**
STAN LEE
JOHN BUSCEMA
*Der Surfer bekommt eine eigene Serie. Der Dämon **Mephisto** wird schnell als sein gefährlichster Feind etabliert.*

SILVER SURFER REQUIEM

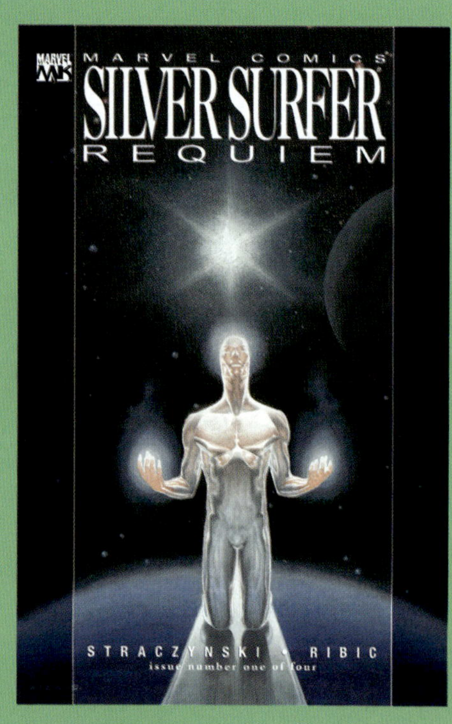

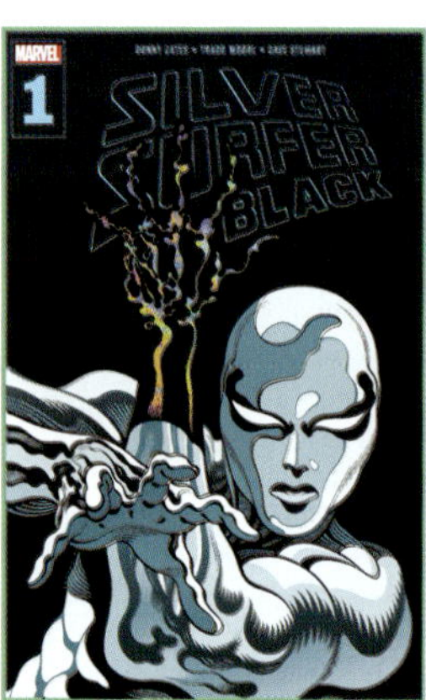

***Silver Surfer: Black* 1 (2019)**
DONNY CATES
TRADD MOORE
Eine fünfteilige Miniserie. Der Surfer wird in ein Schwarzes Loch geworfen und muss ums Überleben kämpfen.

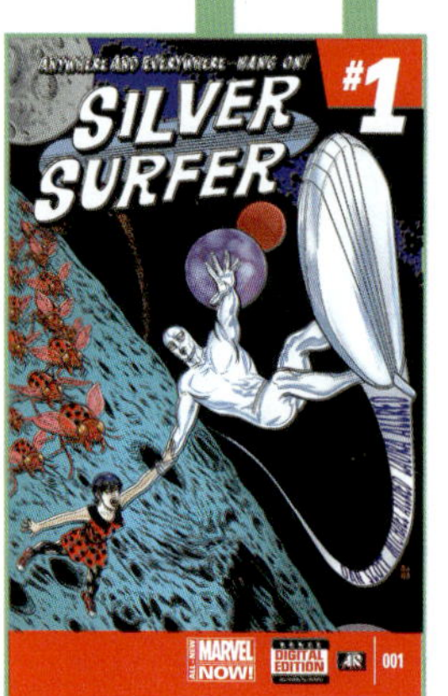

***Silver Surfer* 1 (2014)**
DAN SLOTT
MICHAEL ALLRED
*Eine junge Frau namens **Dawn Greenwood** schließt sich dem Silver Surfer auf seinen Reisen durch Raum und Zeit an. Wird daraus eine Romanze?*

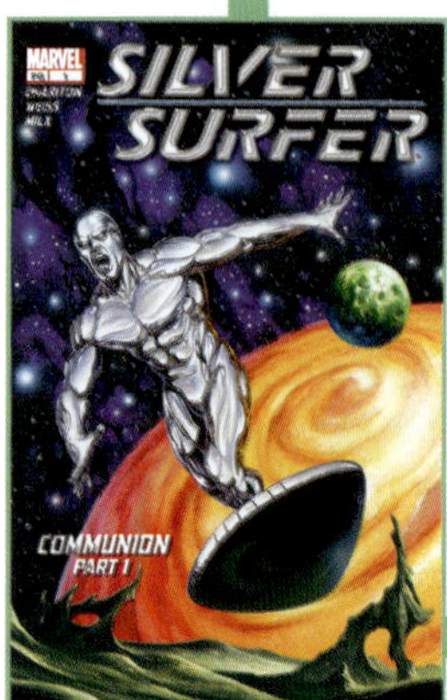

***Silver Surfer* 1 (2003)**
DAN CHARITON
STACY WEISS
MILX
Eine Frau muss herausfinden, warum der Silver Surfer ihre Tochter entführt hat.

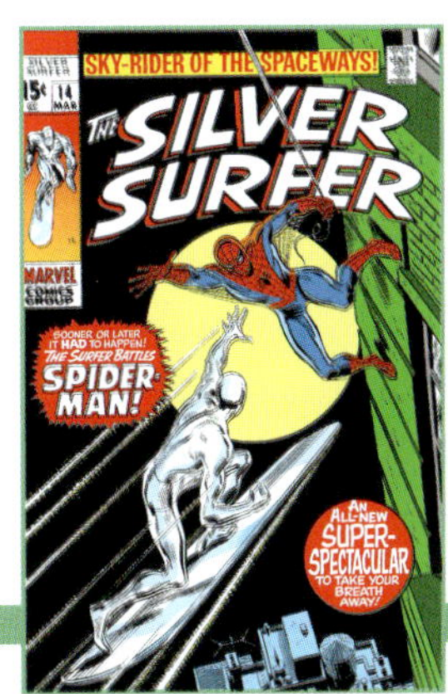

***Silver Surfer* 14 (1970)**
STAN LEE
JOHN BUSCEMA
Spider-Man *begegnet dem Silver Surfer zum ersten Mal. Er ist einer der vielen Menschen, die dem Außerirdischen zunächst misstrauen.*

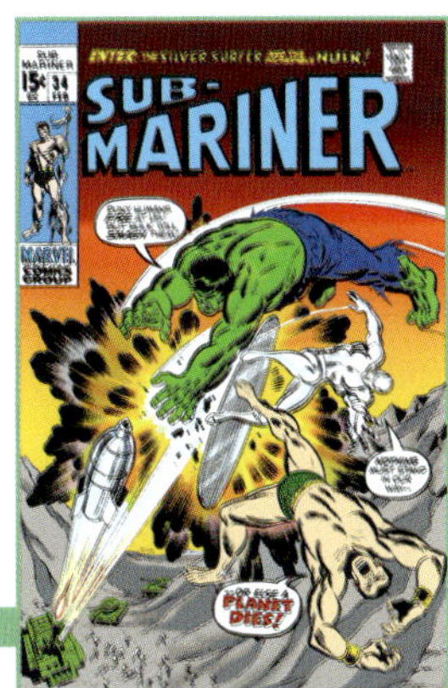

***Sub-Mariner* 34 (1971)**
ROY THOMAS
SAL BUSCEMA
Der Surfer verbündet sich mit dem ***Sub-Mariner*** *und* ***Hulk****. Die Begegnung hat Folgen, denn er wird anschließend Mitglied der* ***Defenders****.*

Der **Silver Surfer** ist eins der mächtigsten Wesen im Marvel-Universum, auf fiktionaler Ebene wie auf symbolischer. Üblicherweise wird er durch diese Macht definiert: durch seine Fähigkeit, Ereignisse mit einer Handbewegung zu verändern. *Requiem* nahm ihm diese Kraft und machte ihn wieder zu **Norrin Radd**, dem Mann, der in der Silberhülle steckte, die ihn jahrhundertelang beschützte, aber ihn letztlich das Leben kostete. Es ist eine starke, unvergessliche Geschichte, die bei vielen Comic-Fans Nachhall fand.

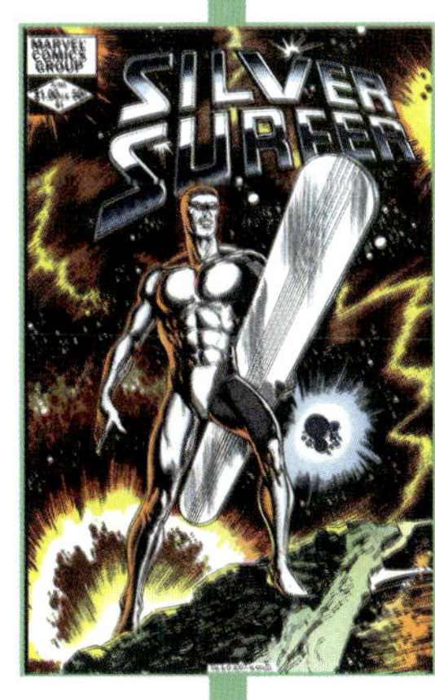

***Silver Surfer* 1 (1982)**
STAN LEE
JOHN BYRNE
Ein Einzelband, in dem der Surfer wieder mit Mephisto in Konflikt gerät. Außerdem wird er kurz mit ***Shalla-Bal*** *wiedervereint.*

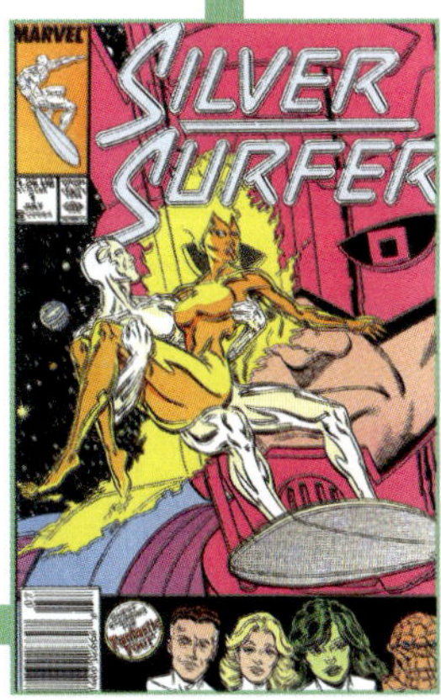

***Silver Surfer* 1 (1987)**
STEVE ENGLEHART
MARSHALL ROGERS
Die erste Silver Surfer-Serie seit den 1960ern beginnt damit, dass der Surfer endlich seinem Exil auf der Erde entkommt.

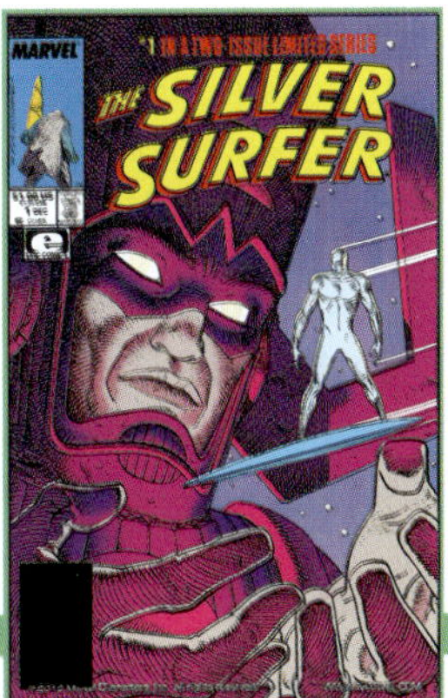

***Silver Surfer* 1 (1988)**
STAN LEE
MOEBIUS
Galactus kehrt in der Zukunft zurück zur Erde, und der Surfer muss erneut gegen ihn kämpfen, denn das Schicksal der Menschheit steht auf dem Spiel.

Die unendlichen Reisen

Dem **Silver Surfer** sind Geschichten nicht fremd, die Ereignissen widersprechen, die fest in der Marvel-Geschichte verankert sind. Das erste „alternative" Surfer-Abenteuer erschien 1978 in Form einer Graphic Novel, die schlicht *The Silver Surfer* hieß. Es war die letzte Zusammenarbeit der beiden Comic-Legenden **Stan Lee** und **Jack Kirby**. Die Geschichte ähnelte der ersten Silver Surfer/**Galactus**-Story aus *Fantastic Four* 48-50, doch diesmal tauchen der Surfer und sein kosmischer Herr auf der Erde auf, ohne dass die **Fantastic Four** oder andere Superhelden zur Stelle sind. Wieder empfindet der Surfer Mitleid mit den Menschen und fleht Galactus an, ihre Welt zu verschonen. Galactus will die Entschlossenheit des Surfers schwächen, indem er eine Gefährtin für ihn erschafft (die schöne **Ardina**), doch der Surfer gibt nicht nach. Am Schluss bleibt er der Herold von Galactus, weil dieser sich bereit erklärt, die Erde zu verschonen.

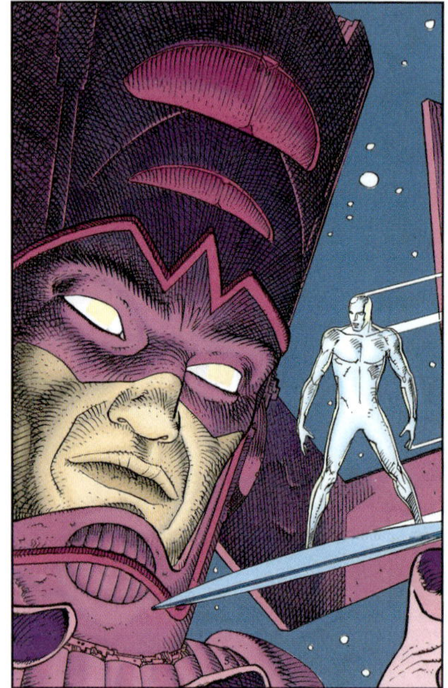

Silver Surfer: Parable war ein interessanter Mix aus amerikanischen und europäischen Comic-Stilen. Zeichnung von Moebius.

1988 arbeiteten Stan Lee und der französische Zeichner **Jean Giraud** (besser bekannt unter seinem berühmten Pseudonym **Moebius**) an einer weiteren Story zusammen, die außerhalb der Marvel-Kontinuität angesiedelt war: *Silver Surfer: Parable*. Hier lebt der Surfer in der Zukunft heimlich auf der Erde. Galactus taucht wieder auf und stellt sich den Menschen der Erde als Gott vor. Er will die Menschen dazu bringen, sich in einem heiligen Krieg selbst zu zerstören. Denn so kann er vermeiden, den Schwur zu brechen, die Erde nie anzugreifen. Moebius' Version des Surfers war elegant und geschmeidig und hatte großen Einfluss auf viele Zeichner, die ihm folgten.

Es gab viele unterschiedliche Ansätze, sich dem Surfer zu nähern. Einer der erfolgreichsten war eine der jüngsten Serien. In der Geschichte von **Dan Slott** und **Michael Allred** nimmt der Surfer eine junge Gefährtin, **Dawn Greenwood**, mit auf seine Reisen. Es wird gewiss nicht die letzte gewesen sein.

▶ Moebius fühlte sich bei *Parable* enorm unter Druck: „Silver Surfer war einer der schwierigsten Aufträge, die ich je hatte. Bevor ich mit der Arbeit begann, hatte ich große Angst und fragte mich, was ich tun sollte. Bis zum letzten Augenblick hatte ich keine Ahnung, wie ich die Geschichte zeichnen würde." Er hatte die „Marvel-Methode" noch nie ausprobiert. „Stan gab mir einen recht gut ausgearbeiteten Plot – etwa sechs Seiten –, aber keine Layouts oder Dialoge." Aber dann gefiel ihm diese Art des Arbeitens ausgesprochen gut, wie die wunderschönen Zeichnungen deutlich belegen.

Herr und Geliebte

Vor der Geburt unseres Universums gab es eine andere Realität, in der eine fast unendliche Anzahl bewohnter Welten existierte. Eine der größten war **Taa**, ein technologisches Paradies. Einer der klügsten Köpfe von Taa war ein Entdecker namens **Galan**. Er und seine Kollegen erkannten, dass die Lebensspanne des Universums ihr natürliches Ende erreichte – nichts konnte die tödliche Strahlung aufhalten, die sich im Kosmos verbreitete. Am Ende war Galan das einzige Wesen, das noch lebte. Und da sprach das Bewusstsein des Universums zu ihm – und es verriet ihm, dass er allein dessen Tod überleben würde.

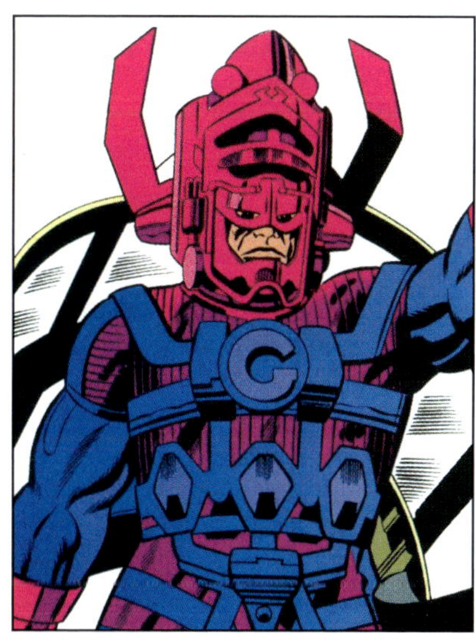

Galactus ist ein Wesen, das im ganzen Universum gefürchtet wird. Zeichnung von **Jack Kirby**.

Galan erlebte die Geburt eines neuen Universums, als er in ein unglaubliches Wesen verwandelt wurde. Nach Jahrhunderten in einer Inkubationskammer tauchte er als Weltenverschlinger **Galactus** wieder auf.

Shalla-Bal ist eine Bewohnerin von **Zenn-La**, einer wunderschönen, hochentwickelten Welt, die eines Tages Gefahr lief, von Galactus verschlungen zu werden. Ihr Geliebter **Norrin Radd** bot Galactus seine Dienste als Herold an, wenn Zenn-La verschont bliebe – und wurde in den **Silver Surfer** verwandelt. Shalla-Bal hatte, wie alle Bewohner ihrer Welt, eine extrem hohe Lebenszeit, und wartete Jahrhunderte auf die Rückkehr von Norrin Radd.

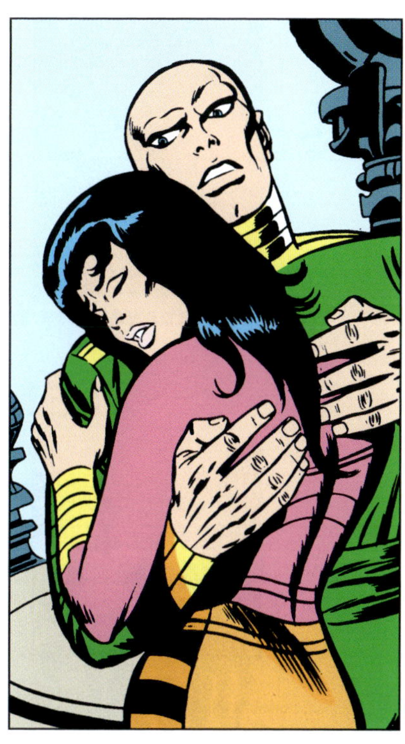

Shalla-Bal und Norrin Radd. Zeichnung von **John Buscema**.

Der Surfer widersetzte sich später Galactus und kämpfte an der Seite der **Fantastic Four**, um die Erde zu retten. Da der Surfer seinen Eid gebrochen hatte, kehrte Galactus nach Zenn-La zurück. Er gab den Bewohnern genug Zeit, um ihre Welt zu verlassen, bevor er die Lebensenergie des Planeten verschlang und eine tote Hülle zurückließ.

Shalla-Bal war zuvor bereits vom Dämon **Mephisto** zur Erde gebracht und als Spielfigur in dessen Schlachten gegen den Silver Surfer eingesetzt worden. Der Surfer brachte sie mit einem Stück seiner kosmischen Macht nach Zenn-La zurück, was die Wiedergeburt ihrer Welt ermöglichte. Shalla-Bal wurde schließlich zur Herrscherin von Zenn-La.

WEITERE MUST-HAVE-TITEL

BEREITS ERHÄLTLICH

CIVIL WAR
AVENGERS: HELDENFALL
SPIDER-MAN: SPIDER-VERSE
WOLVERINE: OLD MAN LOGAN
DEADPOOL KILLT DAS MARVEL-UNIVERSUM
THANOS: DIE GEBURT EINES MONSTERS
DAREDEVIL: DER MANN OHNE FURCHT
MILES MORALES: ULTIMATE SPIDER-MAN
MS. MARVEL: META-MORPHOSE
DER TOD VON WOLVERINE
INFINITY GAUNTLET: DIE EWIGE FEHDE
PLANET HULK
X-MEN: DIE DARK PHOENIX SAGA
VENOM: DARK ORIGIN
IRON MAN: EXTREMIS

FANTASTIC FOUR - 4
PUNISHER: FRANK IST ZURÜCK!
MARVEL KNIGHTS SPIDER-MAN
BLACK PANTHER: WER IST BLACK PANTHER?
X-MEN: EIN NEUER ANFANG
FANTASTIC FOUR: ALLES GELÖST?!
SPIDER-MAN: HEIMKEHR
CAPTAIN AMERICA: WINTER SOLDIER
ASTONISHING X-MEN: BEGABT
SPIDER-MAN: KRAVENS LETZTE JAGD
HOUSE OF M
DEADPOOL: WEIBER, WUMMEN UND WADE WILSON
AVENGERS: AUSBRUCH

ULTIMATE SPIDER-MAN: LEKTIONEN FÜRS LEBEN
DER TOD VON CAPTAIN AMERICA
ANNIHILATION
MARVELS
DAREDEVIL: AUFERSTEHUNG
GUARDIANS OF THE GALAXY: SPACE-AVENGERS
AVENGERS PRIME
WOLVERINE: STAATSFEIND
THE SIEGE DIE BELAGERUNG
SPIDER-MAN/BLACK CAT
DAREDEVIL: IN DEN ARMEN DES TEUFELS
THOR: DIE RÜCKKEHR DES DONNERS
SECRET INVASION
UNCANNY AVENGERS: DER ROTE SCHATTEN
WOLVERINE: WAFFE X
MARVEL ZOMBIES

JETZT ERHÄLTLICH

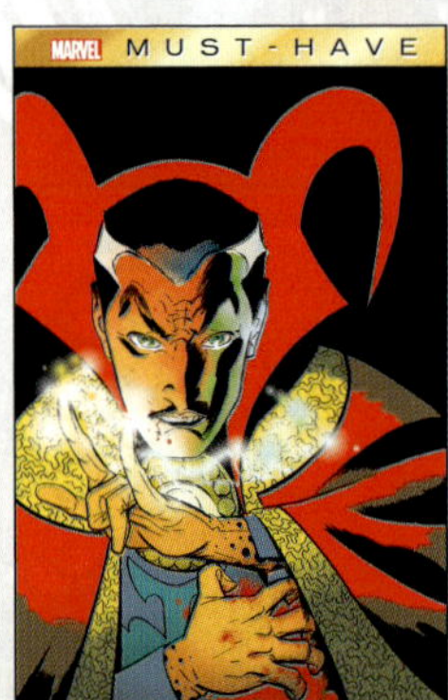

DOCTOR STRANGE: DER EID

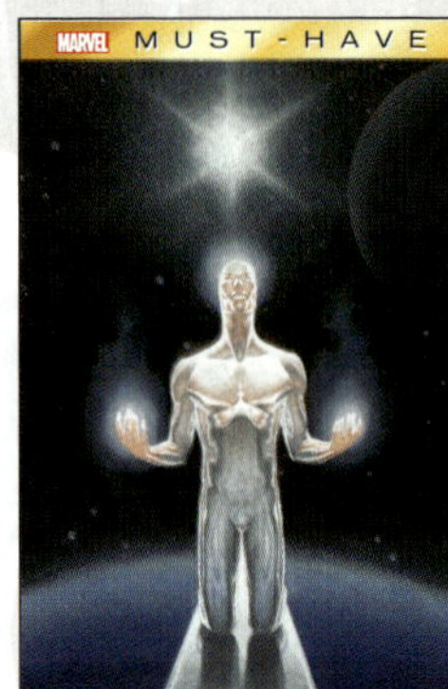

SILVER SURFER: REQUIEM

DEMNÄCHST

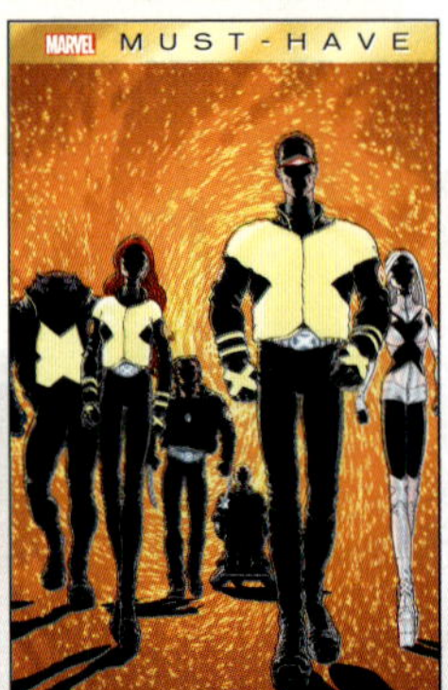

X-MEN: BEDROHTE SPEZIES

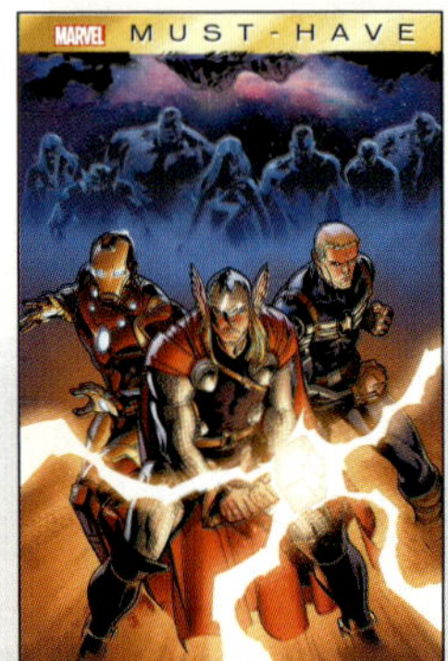

FEAR ITSELF - NACKTE ANGST